上海社会科学院法学研究所学术精品文库

两宋法制风云录

殷啸虎　著

上海三联书店

总　序

上海社会科学院法学研究所成立于 1959 年 8 月,原名"政治法律研究所",是我国成立最早、规模最大、最早招收研究生的地方社科系统法学研究机构。

法学所的历史可以追溯到 1952 年由原圣约翰大学、复旦大学、南京大学、东吴大学、厦门大学、沪江大学、安徽大学等 9 所院校的法律系、政治系和社会系等合并组建成立的华东政法学院,1958 年华东政法学院并入上海社会科学院,翌年成立了上海社会科学院政治法律研究所。彼时上海滩诸多法学大家汇聚于斯,潘念之、齐乃宽、浦增元、张汇文、卢峻、周子亚、何海晏、丘日庆、徐开墅、徐振翼、肖开权、郑衍杓、陈振国、李宗兴、程辑雍等均在各自领域独当一面、各领风骚。1984 年,东吴大学上海校友会也正式在上海社会科学院注册成立,成为东吴法学的精神传承,一时颇有海派法学的大气候。

1979 年复建后,"政治法律研究所"正式更名为"法学研究所"。作为南方地区的法学理论研究重镇,在中国社会经济快速发展的浪潮中,法学所勇立潮头,不断探求中国特色社会主义法治的发展规律,解决我国改革开放和现代化建设中的现实问题。法学所在法理学、公法学、国际法学、刑法学和民商法学等领域为国家法治建设鼓与呼,在新时期法学学科建设、民法通则制定、港澳回归、浦东开发等重要历史性事件进程中均作出了重大贡献。

进入新世纪,随着国家科研方针政策的转型以及各大高校法学研究的崛起,社科院系统的体制模式受到重大挑战,加上老一辈学人的隐退,法学所也开始了二次创业的征程。近年来,法学所通过"内培外引"大力加强人才梯队建设,引进和培养了一批在国内有影响力的中青年学者,特别是一批青年才俊陆续加入,他们充满朝气,基础扎实,思想活跃,承载着法学所的未来与希望。通过不断提高学科队伍建设,夯实智库研究基础,法学所得以进一步加强和形成了"经济刑法""租借·租借地等特殊地区研究""刑事法创新学科""法治中国及其上海智库实践智库""比较法学""生命法学""党内法规""青少年法学"等多个优势学科和特色研究团队。如今的法学所安立于古典而又繁华的淮海中路的静谧一角,立足上海,面向全国,以"国家高端智库"和院"创新工程"为平台,坚持学科建设和智库建设双轮驱动,在法学研究领域焕发出新的生机。

为弘扬学术精神、传播学术成果、传承学术血脉,我们策划了"上海社科院法学所学术精品文库"。法学所科研人员的重要理论成果和学识智慧,将收入本文库,以期学脉绵延,薪火相传,续写法学所的当代辉煌篇章。本文库主要由两部分组成,一部分是法学所科研人员的重要学术专著,另一部分是法学所青年学术沙龙系列。前者秉持学术为本、优中选优的原则,遴选并最终确定出版的著作,后者是对法学所学术品牌青年法学学术沙龙的整理。在条件成熟时,本文库也将陆续整理出版老一辈法学所专家的代表性作品。

文章千古事,希望纳入文库出版的作品能够不负学术精品之名,服务国家法治建设与社会发展,并能够历经岁月洗礼,沉淀为经世之作。

是为序。

上海社会科学院法学研究所所长、研究员、博士生导师

姚建龙

2020 年 7 月 30 日

目　　录

前　言

近年来,民间对宋朝历史文化给予了越来越多的关注,而一些以宋朝历史为背景的影视剧的热播,更是带热了宋朝历史的研究。而被网络热炒的"崖山之后无中国"之说,也说明了宋朝在当代人心目中的历史地位。就整个中国古代史而言,宋朝尤其是北宋的政治与法制的文明化程度无疑是最高的。就宋朝法制文明的总体而言,在其自身制度运行过程中,努力朝着制度化、规范化和程序化方向发展,并积累了不少有益的经验,其中有些依然为后人津津乐道,为古代中国的法律文化史和法制文明史写下了浓墨重彩的一笔。

当然,作为传统中国专制文化的一部分,宋朝的法律制度不可能背离整个文化传统的影响,在其发展和运行过程中,同样也充满着各种矛盾和冲突,甚至是种种黑幕。历史上著名的文字狱"乌台诗案",著名的冤案"岳飞谋叛案",乃至最为残酷的刑罚"凌迟",都是在宋朝发生和形成的。特别是在一些奸臣当道的时期,法制秩序遭到了极大的破坏,一些很好的制度,如御史监察制度等,不仅名存实亡,甚至成为了助纣为虐的工具和帮凶。

因此,宋朝的法律文化和法制文明发展的历史,也可以说是整个中国法律文化和法制文明发展历史的一个缩影;了解和研究宋朝的法律文化和法制文明的发展,不能局限于静态的制度层面,更要从动态的制度运行层面去考察。本书也正是基于这一点,力图通过一些制度的形成过程,一些重大案件的审理过程,乃至一些人物与法律相关的活动过程,奉献给读者一部"活"的宋朝法制史;通过一些看似"碎片化"的片段,勾勒出两宋法制风云变幻的发展历程与画卷。

第一章 奠 基

01.《宋刑统》的由来与特点

北宋建国后,在立法方面的一个重大举措,就是在继承和沿袭《唐律》的基础上,结合了唐朝中期至五代以来的立法经验,以《刑统》作为法典编纂的形式。

《唐律》自开元年间刊定后,基本上没有再做过修订。但是一部一成不变的《唐律》,显然是不能适应社会情况变化的需要的。因此,自中唐以后,在立法实践中,通常以"编敕"的方式来补律条的不足,即对一些以皇帝的名义发布的临时性的条款进行整理汇编,作为律文的补充。唐宣宗大中年间,由张戣将通用的令、格、式以及敕条附于相关律文之后,并将律文按性质分为 121 门,加上律文后所附的令格式及敕条,共1250 条,称之为"刑律统类"(又称"刑法统类",简称刑统),因为它是在大中七年(853 年)颁布的,所以又称为《大中刑律统类》。与《唐律》相比,《大中刑律统类》在体例及内容上的一个重要变化,就是在《唐律》的基础上,分类为门,并附以唐高宗以后各朝颁布的敕令格式之可用者汇编而成。从史籍的有关记载看,《大中刑律统类》在律文之后并没有附"律疏"(即《唐律疏议》),律疏 30 卷是单独被适用的。

《大中刑律统类》的颁布,是中国古代法典编纂体例的一项重大变化,它改变了自秦汉以来的单纯的以律文为主的律典编纂形式,而代之以律文为主,附以相应的解释性及补充性、修正性的条款,使律典更具实用性和应变性。

由于"刑统"这一形式具有注重实用,便于随时增补、灵活援用的特点,因而也成为五代时期主要的法律形式。尤其是后周的《显德刑统》在《大中刑律统类》的基础上,参以律疏及五代时期的敕条,重加详定,并在体例及内容方面作了较大修改:"其所编集者,用律为正;辞旨之难解者,释以疏意,义理之有易了者,略其疏文。式令之有附近者次之,格敕之有废置者又次之。事有不便与该说未尽者,别立新条与本条之下;其有文理深古,虑人疑惑者,别以朱字训释。至于朝廷之禁令,州县之常科,各以类分,悉令编附。"①

后周《显德刑统》与唐《大中刑律统类》相比,在内容上有两个重要变化:一是除了律文及令格式敕条外,还补入了"律疏"(《唐律疏议》)的内容,并根据各条的具体情况,或全录,或节录;二是增加了五代时期颁布的一些敕条,"刑名之要,尽统于兹"。② 从现本《宋刑统》所收录的五代时期颁布的敕条看,尚有后唐 13 条,后晋 2 条,后周 38 条。

由于"刑统"这种形式在体例及内容上在继承、发展前朝律典的同时,注重了法律的实用性,因此不仅成为五代时期主要的法典编纂形式,而且对后来北宋的立法也产生了直接的影响,

宋朝初年的法典编纂沿用了"刑统"的体例,以后周的《显德刑统》为蓝本,将《唐律疏议》全文收录,补入敕条 15 条,删除 109 条,另增加"起请"32 条,共 31 卷(包括目录 1 卷),分为 213 门,其中律文 502 条,令格式敕条 177 条,起请 32 条,共 711 条,于建隆四年(963 年)刊印颁行,因此称为《建隆重定刑统》,通称《宋刑统》,这也是中国历史上第一

---

① 《旧五代史》卷 147《刑法志》。

② 《旧五代史》卷 147《刑法志》。

部雕版印行的法典。①

《宋刑统》虽然全文抄录了《唐律疏议》的内容,但体例却完全不同。与《唐律》相比,《宋刑统》在编纂体例上的变化主要有以下几方面:

1. 分门

《宋刑统》在每篇律中按律文的性质归类分为若干门,计:《名例律》24门,《卫禁律》14门,《职制律》22门,《户婚律》25门,《厩库律》11门,《擅兴律》9门,《贼盗律》24门,《斗讼律》26门,《诈伪律》10门,《杂律》26门,《捕亡律》5门,《断狱律》17门,共213门,便于检索,增强了实用性。

2. 令格式敕条

《宋刑统》在一些律文后面,附有相关的令格式敕条,这些令格式敕条按发布的时间先后分列,内容有删节的,也都注明"节文"。这些令格式敕条或用以补律文之不足,或用以更改律文的规定。

3. 起请

《宋刑统》在一些令格式敕条之后,还附有"起请",这是法典编纂者对原有律文及新增令格式敕条的内容审核详虑后提出的修改意见和建议,这些意见、建议一概冠之以"臣等参详"等字样。

除此之外,《宋刑统》在体例及内容上,还有几项重要变化:一是在《名例律》的"杂条"门所附的"疏议"之后,有20则"议",这些"议"主要是对"疏议"内容的补充;二是将《唐律》中原有的"余条准此"的规定归并为一门,共44条,列于《名例律》,以便于检索;三是对律文中的个别疑难字句,进行了训释,这类训释一律标以"释曰"的字样,约有30处;四是作了一些文字上的改动,删去了一些不必要的或过时的文字,并增加了一些新的内容。

《宋刑统》虽然沿袭了《唐律疏议》的内容,但并不是简单的抄袭,而是在体例及内容上有较大的发展,尤其是律敕合编、分门别类的律典编

---

① 通行的说法,都认为《宋刑统》的条文为502条,其实这只是其中律文部分的条文数,并不是《宋刑统》的全部。《宋刑统》的条文除律文外,还有令格式及敕条,以及"起请"部分,所以总数应为711条。

纂体例的确立,在注重律典的继承性的同时,更注重其实用性,使其更能灵活地适应社会发展变化的要求。自北宋中期以后,虽然编敕成为主要的立法活动,但这些编敕大都是按照十二篇律文的体例,将相关的敕条编为一门。这种编敕体例,正是《刑统》编纂的继承和发展。

02. 宋朝为什么要实行"折杖法"

从汉朝废除肉刑开始,中国古代建立了以生命刑(绞、斩)、自由刑(徒、流)和身体刑(笞、杖)为核心的五刑体系,一直延续至清末。但在北宋时期,却曾经一度实行了"折杖法",将除死刑外的笞、杖、徒、流四种刑罚都用杖刑来代替执行。现今的不少研究者都认为适用折杖法的目的就是为了"变相减轻刑罚",是"轻典治世"的表现。事实果真是如此吗?

翻开史书,我们可以发现,折杖法起源于唐末五代时期,而这一时期恰恰是中国法制史上的"重刑"时期。宋人文彦博就曾说过:"唐末五代,用重典以救时弊。"[1]现在能够看到的最早的使用折杖法的记载,是唐宣宗大中七年(853年)四月敕:"今法司处罪,用常行杖。杖脊一,折法杖十(原注:法杖,谓常行臀杖也);杖臀一,折笞杖五。使吏用法有常准。"[2]五代时期后唐也明确折杖的标准:赃一匹杖脊十八(折徒二年半),不满一匹杖十五(折徒一年半);不得财,杖臀十五(折杖七十)。[3] 从内容上看,同后来宋朝的折杖法的标准是一样的,因此北宋的折杖法可以说是在五代的基础之上发展起来的。

北宋初年对折杖法的适用,主要是针对强盗、窃盗等"赃罪"。如建隆三年(962年)十二月五日敕节文:"今后应强盗计赃满三贯文足陌皆处死。不满三贯文,决脊杖二十,配役三年。不满二贯文,决脊

---

① 《宋史》卷 201《刑法三》。

② 《资治通鉴》卷 249。

③ 《册府元龟》卷 613。

杖二十,配役二年。不满一贯文,决脊杖二十,配役一年。其赃钱并足陌。不得财者,决脊杖二十,放。"次年三月颁布了《折杖格》,将折杖法作为一种法定的刑罚制度。同年七月颁布的《宋刑统》又将其全文收入。《宋刑统·名例律》"五刑"门中,对折杖法的适用作了明确规定:

> 流刑:加役流决脊杖二十,配役三年;流三千里决脊杖二十,配役一年;流二千五百里决脊杖十八,配役一年;流二千里决脊杖十七,配役一年。
>
> 徒刑:徒三年决脊杖二十,放;徒二年半决脊杖十八,放;徒二年决脊杖十七,放;徒一年半决脊杖十五,放;徒一年决脊杖十三,放。
>
> 杖刑:杖一百决臀杖二十,放;杖九十决臀杖十八,放;杖八十决臀杖十七,放;杖七十决臀杖十五,放;杖六十决臀杖十三,放。
>
> 笞刑:笞五十决臀杖十下,放;笞四十、三十决臀杖八下,放;笞二十、一十决臀杖七下,放。

实行折杖法之后,除死刑以外,其余刑罚均以杖刑执行。流、徒刑较重,执行脊杖(责打犯人背部),流刑犯(除加役流)杖后还须在原地配役一年;杖、笞刑较轻,执行臀杖(责打犯人臀部),但数目大为减少。这样,"流罪得免远徙,徒罪得免役年,笞杖得减决数",[①]即流刑折杖后可在原地服役,得免远徙;徒刑折杖后可当场释放,得免劳役;笞杖也可以减少被打的数目。北宋沈括的《梦溪笔谈》中,就记载了一起适用折杖法的案例:

包拯副枢知开封府,号为严明。有民犯法,罪当杖脊。吏受赇,与之约曰:今见尹,必付我责状。汝第号呼自辨,我与汝分罪。汝决

---

① 《文献通考》卷168《刑考七》。

杖,我亦决杖。既而拯引囚问毕,果付吏责状。囚如吏言,分辨不已,吏大声呵之曰:但受脊杖出去,何用多言!拯谓其招权,捽吏于庭,杖之十七。特宽囚罪,止从杖坐,以折吏势。不知乃为所卖,卒如素约。①

　　在这则案例中,那个囚犯依法本应被处以徒刑,按折杖法即折为脊杖后当庭释放(即"但受脊杖出去")。但因府吏作弊欺骗包拯,使得囚犯仅仅被处以杖刑,按折杖法即折为臀杖后释放(即"止从杖坐")。在这个案例中,比较具体地反映了折杖法的适用情况。

　　因此,从表面上看,折杖法比起原来的处罚是的确是减轻了。那么,北宋为什么会将原本是特别执行手段的折杖法作为一种法定的刑罚制度呢?这应该是由当时特殊的社会现实所决定的。五代时期,封建军阀割据混战,造成了两种特殊现象,一是中原王朝实际控制的疆域版图狭小;二是政权更迭频繁,政局不稳,并屡行大赦。这两种现象反映在司法上,就是直接影响了徒、流刑的执行。流刑三等,分别为二千里至三千里,而五代及宋朝初年的实际疆域,北不过燕、云十六州,南不过长江,西不过山西,在如此狭小的疆域内,显然是无法执行的;徒刑五等,为徒一年至徒三年,每等递增半年。而五代及宋朝初年大赦频繁,仅后唐十三年间,就大赦七次、降二次、免流罪以下二次,几乎是每年一赦。宋朝初年的三年间,就有建隆元年正月大赦、六月大赦,建隆二年五月又赦杂犯死罪以下。如此频繁的大赦,使得徒刑实际上是很难执行完毕的,有是甚至刚判不久就遇大赦而被赦免了。因此,从这一实际情况出发,用折杖法来代替徒、流刑,在某种程度上解决了因疆域狭小和屡行大赦而造成的徒、流刑执行上的问题。这大概就是制定折杖法的初衷,也是为什么后来对折杖法的适用逐渐减少的真正原因吧。折杖法的适用,也说明了法律制度必须与社会现实相适应,才能够得到切实有效的贯彻执行。

————————————

① 《梦溪笔谈》卷22。

03. 从秦王"谋反"案看宋朝的杂治和集议程序

　　秦王赵廷美"谋反"案,是北宋初年的第一大案,它是因皇族内部权力斗争而引发的。这一案件改变了朝廷的政治格局,包括当朝宰相卢多逊在内的一批官员也遭到牵连。其幕后推手,就是宋初有名相之誉的赵普。

　　宋太祖赵匡胤是在后周"国无长君"的情况下,从孤儿寡母手中夺取天下。对此,北宋的统治集团也是很清楚的。因此,如何保证不犯同样的错误,无疑是需要认真考虑的问题。据司马光的《涑水记闻》记载,北宋王朝建立次年的建隆二年(961年),宋太祖的母亲杜太后临终前,同他有过一番对话。杜太后问赵匡胤:"汝自知何以得天下?"宋太祖回答:"此皆祖考与太后之余庆也。"杜太后说:"不然,正由柴氏使幼儿主天下耳",并告诫赵匡胤:"汝万岁后,当以次传之二弟,则并汝之子亦获安矣!"并教赵普将此记下,藏于金匮,这就是著名的"金匮之盟"。①

　　虽然后人对此事的内容及真实性有不同争议,但宋太祖生前未确定继承人,却是一个不争的事实。开宝九年(976年),宋太祖突然去世,死得不明不白,留下了"斧声烛影"的悬案;而赵光义在太监王继恩的帮助下,登基做了皇帝,是为宋太宗。宋太宗即位后,表面上对弟弟赵廷美和赵匡胤的儿子"友爱尤笃",但私下里却百般防范。太平兴国三年(978年),宋太宗北伐幽州失败,借故逼死了宋太祖之子赵德昭。这样一来,剩下对他皇位威胁最大的,就是他的弟弟秦王赵廷美了。而赵普正是在这种情形下,掀起了一场大案。

　　赵普可以说是赵匡胤的身边人,因此,当政权稳固后,之前留用的前朝宰相范质、王溥等人被罢免后,宋太祖任命赵普为宰相,对他极为信任,事情无论大小,都向他咨询以后决断。而赵普大权在手,独断专

① 《涑水记闻》卷1。

行,朝臣对他非常忌惮,自然有人在赵匡胤面前说他的坏话。而赵普却不加检点,对部下的贪赃受贿、胡作非为的行为也不加约束,难免就弄出事来。宋太祖得知后大怒,惩治了违法官吏,同时"始有疑(赵)普意矣"。而翰林学士卢多逊同赵普素来不和,这时也趁机在赵匡胤面前说赵普的坏话。不久,宋太祖解除了赵普的宰相职务,外放为河阳三城节度,赵普在政治上失势了。

宋太祖去世后,宋太宗继位,卢多逊被任命为宰相。次年赵普自河阳入朝,只是保留了太子太保的虚职,"奉朝请"而已。而卢多逊则排挤打压赵普,使得赵普在朝几年"郁郁不得志"。当然,作为一个老练的政治家,赵普自然不甘心这种局面,在暗中等待时机。

机会终于来了。宋太宗继位后,最为忌惮的就是他的弟弟秦王赵廷美,但又苦于找不到借口。赵普洞察到他的这种心理,决定从这里开始做文章。太平兴国六年(981 年),宋太宗做晋王时的部属、如京使柴禹锡等举报赵廷美图谋不轨,宋太宗为此召见赵普,询问他的意见。赵普趁机表态:"臣愿备枢轴以察奸变",提出只要恢复宰相之职,就能够帮助处理好此事,并上密奏讲述了当年"金匮之盟"之事。宋太宗心领神会,当即任命赵普为司徒兼侍中,恢复了他的宰相职务。不过宋太宗仍不放心,以是否要将皇位传给赵廷美一事对赵普进行试探。赵普断然回答说:"太祖已误,陛下岂容再误邪!"这就是成语"一误再误"的由来。在这种情形下,秦王赵廷美在劫难逃了,正如《续资治通鉴长编》中所说:"(赵)普复入相,(赵)廷美遂得罪。凡廷美所以得罪,则赵普为之也。"①

其实,赵普真正要打击的对象,是他的政敌卢多逊,对此卢多逊也很清楚。所以赵普恢复了宰相职务后,他就"益不自安"。而赵普则暗示他主动引退让位,可是卢多逊贪恋权位,犹豫不决。赵普见他如此"不识相",便于次年罗织了卢多逊勾结赵廷美的"罪证"。在宋朝,大臣结交亲王是一项重罪。于是宋太宗先拿卢多逊开刀,罢免了他

---

① 《续资治通鉴长编》卷 22。

的宰相职务,将他投入御史台监狱,并将他身边的一些亲信官吏也都逮捕审讯。

由于赵廷美身为亲王,而卢多逊身为宰相,根据宋朝的司法制度,对于王公大臣的审讯,要经过"杂治"和"集议"的特别程序。"杂治"是由君主指派官员组成特别法庭,负责调查犯罪事实,主要是"审"而不是"判";"集议"则是根据"杂治"审理的结果,由朝廷大臣集体讨论,提出审判意见,最终由君主定夺。一般来说,君主都会从轻发落。在此之前,曾启动过的集议程序是乾德五年(967 年)的王全斌案。忠武节度使王全斌率军平定了后蜀之后,"豪夺子女玉帛,及擅发府库、隐没货财诸不法事",被人告发。宋太祖"以全斌等新有功,不欲付之狱吏",而是由中书门下组织官员调查之后,"令御史台集百官于朝堂,议全斌等罪"。百官集议定其罪"法当死",但宋太祖最终还是"特赦之"。①

而在此案中,先是启动"杂治"程序,"命翰林学士承旨李昉、学士扈蒙、卫尉卿崔仁冀、膳部郎中知杂事滕中正杂治之",然后"诏文武常参官集议朝堂"。太子太师王溥等 74 人经过集议,"奏(卢)多逊及(赵)廷美顾望呪诅,大逆不道,宜行诛灭,以正刑章"。最终,卢多逊被削夺官爵,同家属一起流放崖州;赵廷美被勒归私第软禁,不久又在赵普的挑唆下,被降为涪陵县公、房州安置,并于两年后去世;其他一些官员也受到牵连,遭到贬斥;而卢多逊的属下则多被处死。② 而宋太宗则排除了最后一道障碍,可以心安理得地将皇位传给自己的子孙了。

秦王赵廷美的"谋反"案,是宋太宗和赵普君臣为一己之私利,在"合法"的程序下,联手打造的一起冤案。对此,后世的史学家们也直言不讳。《宋史》对赵普的评价虽然多有褒美之词,唯独在这件事上不得不承认"晚年廷美、多逊之狱,大为太宗盛德之累,而(赵)普与有力焉。岂其学力之有限而犹有患失之心欤?君子

---

① 《续资治通鉴长编》卷 8。
② 《续资治通鉴长编》卷 23。

惜之。"①

04. 北宋初年是如何惩治贪官的

严刑惩贪是北宋初年法制的一个突出特点。清代学者赵翼在其
《廿二史札记》"宋初严惩赃吏"一文中说:"宋以忠厚开国,凡罪罚悉从
轻减,独于治赃吏最严。盖宋祖亲见五代时贪吏恣横,民不聊生,故御
极以后,用重法治之,所以塞浊乱之源也。"另据《续资治通鉴长编》记
载:宋太宗赵光义即位后,在惩治贪官问题上也是"注意治本,深惩赃
吏""京朝幕职州县官犯赃除名配诸州者,纵逢恩赦,所在不得放还,已
放还者有司不得叙用。"②

北宋初年的宋太祖赵匡胤和宋太宗赵光义两朝在惩治贪官方面的
一个重要特点,就是大大加重了对贪赃行为的量刑。《宋刑统》对于官
吏贪赃的行为,基本上是沿袭了《唐律》规定。据《宋刑统·名例律》之
"疏议":"在律,正赃唯有六色:强盗、窃盗、(受财)枉法、(受财)不枉法、
受所监临及坐赃。自外诸条,皆约此六赃为罪。《杂律》"坐赃"条"疏
议"也规定:"赃罪正名,其数有六,谓受财枉法、(受财)不枉法、受所监
临、强盗、窃盗并坐赃。"其中(受财)枉法、(受财)不枉法、受所监临及坐
赃都是属于官吏贪赃行为。从量刑上看,除了受财枉法的最高刑为死
刑(绞刑)外,其余都为流刑与徒刑。然而,从《续资治通鉴长编》记载的
北宋初年的一些典型的贪赃案件的处理来看,几乎都没有按照《宋刑
统》的规定量刑。

北宋初年查处的第一起贪赃案,是发生在建政后的第二年,即961
年(建隆二年)。左赞善大夫(正五品官员)申文纬奉诏巡查清点农田,
商河县令李瑶受赃,但申文纬并未察觉。李瑶受赃之事被百姓举报,结

---

① 《宋史》卷 256《赵普传》。
② 《续资治通鉴长编》卷 19。

果被下令"杖杀",申文纬也因为失察,被"除籍为民"。① 如果说这是建政之初的非常之举,那么在《宋刑统》颁布之后,对贪赃行为的处理,依然是特事特办。

其实,这个问题从一开始就有过争议。乾德四年(966 年),光禄少卿、卫州知州郭玘贪赃事发,宋太祖赵匡胤委派左拾遗袁仁凤审理。袁仁凤认为郭玘罪不至死,但宋太祖不满这一处理,另派左拾遗张纯复审,最终将郭玘判处了死刑。② 此后,对官吏贪赃行为的处理,基本上是遵循了这一原则。

从《续资治通鉴长编》记载的 16 起北宋初年的"受赃"和"坐赃"案件来看,除了 3 起案件外,其余都被判处了死刑。而这未被判处死刑的 3 起案件,一起是宗正少卿赵砺,"坐赃决杖,除籍为民";另一起是殿中侍御史刘光辅,"坐知楚州日受赂,除籍为民";再一起是太子中舍郭粲,"除名,坐监莱芜监,受冶官景节私赂"。从这 16 起案件官员的职务来看:除 1 人为朝官(宗正少卿)外,其余均为地方官,计知州 3 人,通判 2 人,知县 2 人,判官和参军各 1 人,主簿 2 人,监管(监税官等)3 人,下级武官 1 人。由此也可以看出,北宋初年惩治贪赃行为的重点,是那些中下级的地方官。

除了一般的贪赃行为外,还有一些比较特殊的相关案件:一是"隐官钱官物",类似于今天的贪污行为;二是"盗用官物",类似于今天的挪用公款;三是"假贷官钱射利",即挪用公款囤积货物以牟利的行为,对于这些行为基本上也是判处死刑。

北宋初年严刑惩治贪官,固然有"治乱世用重典"的考虑。客观地说,对于遏制五代以来的贪污之风,净化官场环境,督促官员廉洁奉公,无疑是具有一定的积极作用。但同时也要看到:正是由于打击的重点是那些中下级的地方官,因此在具体案件的处理上,难免会实行双重标准,即对于一些高级官员,特别是一些高级将领,往往是

---

① 《续资治通鉴长编》卷 2。
② 《续资治通鉴长编》卷 7。

网开一面。其中比较典型的,就是宋太祖对沧州节度使张美的处理。

司马光的《涑水记闻》中记载:张美在沧州节度使任上时,有百姓上书控告他强娶民女为妾,并受民财四千贯。宋太祖收到控告信后,把上书的百姓找来,对他说:张美来沧州后,"全活百姓之命,其赐大矣,虽娶汝女,汝安得怨?"并问他:"汝女值钱几何?"百姓说:"值钱五百缗(贯)。"宋太祖当场叫来官员,将五百贯钱交给百姓,并替张美偿还了收受的四千贯钱。然后又把张美的母亲叫来,给了她一万贯钱,对她说:"语汝儿,汝欲钱,当从我求,无为取于民也。"张美得知后,"惶恐,折节为廉谨",并"以政绩闻"。① 而在欧阳修的《归田录》中,也有类似的记载,不过主人公是镇守北方边关的大将、关南巡检使李汉超,由此可见这种做法也不是个别的。彰义节度使张铎贪赃数额巨大,事发后,当地官府逮捕了他的儿子和部下,但宋太祖却因为他是宿将而不予追究,连贪赃的钱也不再追回,仅仅只是罢免他节度使的职务。②

而即便是进入了司法程序,最终也可能是不了了之。忠武节度使王全斌率军平定了后蜀,同部下将领大肆抢掠贪污,"凡所取受隐没共为钱六十四万四千八百余贯",被人告发,逮捕下狱。百官集议定其罪"法当死",但宋太祖"特赦之",只是将其贬为崇义留后,事情过后又改任武宁节度使。③

当然,这样做也是有其考虑的。宋太祖"杯酒释兵权"之后,对高级将领用金钱进行收买,客观上纵容了他们的贪赃行为;此外,宋朝对士大夫采取宽容政策,宋太祖曾立有三条誓碑其中之一就是"不得杀士大夫及上书言事人",对于中高级官员通过道德自律来抑制贪赃行为。其结果,是到了北宋的中后期,严刑惩治贪赃就难以为继了。正如赵翼在《廿二史札记》中所说:"益可见姑息成风,反以庇奸养贪为善政,其于不

---

① 《涑水记闻》卷1。
② 《续资治通鉴长编》卷17。
③ 《续资治通鉴长编》卷8。

肖官吏之非法横取,盖已不甚深求。"[1]

05. 北宋时的登闻鼓是如何运作的

登闻鼓是古代悬于朝堂之外的大鼓,凡百姓等有冤情或有重大事项,都可以击鼓上闻。胡三省注《资治通鉴》中说:"登闻鼓,令负冤者得诣阙挝鼓,登时上闻也。"[2]据现有史料记载,登闻鼓是在魏晋南北朝时期逐步发展起来的,至隋唐时正式成为一项法律制度。在《唐律·斗讼律》中,就有关于"挝登闻鼓"的规定,但除了所反映的情况不能"不实"外,没有太多的限制;对于纠正和平反错案冤案的作用也非常有限,更多的是一种摆设而已。到了北宋时期,登闻鼓才真正成为司法制度的一项重要内容。

由于登闻鼓能够起到"下情上达"的作用,对于北宋初期致力于中央集权的君主而言,无疑是非常有助益的。也正因为如此,对于击登闻鼓上诉的事件,君主一般都会亲自过问。宋太宗太平兴国九年(雍熙元年,984 年)就发生了这样一起案件:开封府寡妇刘氏与他人通奸,担心奸情败露,忧悸成疾;又怕前夫之子王元吉去衙门控告,便恶人先告状,派婢女去开封府控告王元吉企图毒死自己。开封府受理此案后,将王元吉屈打成招。后来在录问时,觉得案情有疑,便移送司录司别勘。在别勘过程中发现了问题,将案件奏请皇帝裁决,对王元吉"免死决徒",即判处徒刑,按折杖法执行杖刑。但在行刑时,王元吉大叫冤枉;他的妻子张氏也击登闻鼓声冤。这样一来,案件就由宋太宗亲自受理了。

宋太宗"临轩顾问,悉见其冤状",将开封府原审此案的官吏都交由御史台审讯,最终查明了案情的真相,王元吉得以平反,而原审此案的官吏则受到了相应的处罚:开封府知府刘保勋夺俸三月,推官张雍等主

① 《廿二史札记》卷 24。

② 《资治通鉴》卷 122。

审官员夺一官勒停（免官降级），具体负责审讯的官吏决杖流放海岛；而别勘发现问题的司录司官吏则"赏缗钱、赐束帛"；击登闻鼓上诉的张氏也赐帛十四。据说开封府在审讯王元吉时，用了一种叫"鼠弹筝"的酷刑，"极其惨毒"。宋太宗下令对施刑的狱卒也适用此刑具，结果他"宛转号叫，求速死。及解缚，两手好久不能动"。宋太宗感慨道："京邑之内，乃复冤酷如此，况四方乎！"①

大概也正因为如此，所以对击登闻鼓的案件不论大小，君主常常会亲自受理。淳化四年（993 年），"京畿民牟晖击登闻鼓，诉家妇失䝔豚一"，结果宋太宗"诏令赐千钱偿其直"，并对宰相说："似此细事悉诉于朕，亦为听决，大可笑也，然推此心以临天下，可以无冤民矣。"②

显然，"无冤民"是设置登闻鼓的最终目的。登闻鼓作为一项制度设计的初衷，是加强司法监督、纠正和平反错案、冤案，但在实际运作中，已不限于刑事案件。如宋真宗景德二年（1005 年），大理寺详断官仇象先等因"议狱不当"，被开封府法官定罪，给予"削官一任"的处罚。仇象先等不服，"诣登闻诉理"，宋真宗命大臣复审。复审官员认为仇象先等虽有过失，但"法不至追官"。于是撤销处罚，各复旧职，而开封府的法官反过来被追责。③

也有因在击登闻鼓上诉的案件中发现法律错误，从而加以改正的。宋真宗大中祥符七年（1014 年）就发生了这样一起因婚骗财的案件：京城开封百姓娶妻后，带着财产和妻子的陪嫁逃走了，但法律规定，丈夫逃亡的，需六年之后才能改嫁。妻子迫于饥寒，只得到登闻鼓院上诉。为此专门下诏规定："不逞之民，娶妻给取其财而亡，妻不能自给者，自今许改适。"④

此外，一些具有重大争议的事项，也是通过击登闻鼓得到解决的。宋太祖开宝六年（973 年）开科取士，引起争议，进士徐士廉等击登闻鼓

① 《宋史》卷 200《刑法二》。
② 《续资治通鉴长编》卷 34。
③ 《续资治通鉴长编》卷 61、62。
④ 《续资治通鉴长编》卷 82。

控告主考官李昉等"用情取舍",宋太祖下令对相关人员重考,并亲自在殿堂上阅卷,"自兹殿试遂为常式","殿试"制度也由此确立下来。①

北宋前期因登闻鼓受理的影响最大的一起案件,就是宋真宗咸平五年(1002 年)发生的左领军卫将军薛惟吉的遗孀柴氏击登闻鼓上诉案件,从这一"两个宰相争娶寡妇"的案件,也可以基本看出登闻鼓运作的实际情形。②

薛惟吉是宋初著名宰相薛居正的养子,他少有勇力,家财万贯,又能折节下士,轻财好施,但治家无法。薛惟吉于至道二年(996 年)去世,年仅 42 岁。他遗孀柴氏是续娶的,没有生子;前妻所生的两个儿子薛安上和薛安民又素来与柴氏不合;柴氏年纪轻轻,也不愿替薛惟吉守寡。她私藏了薛惟吉留下的几万贯财产,以及大量书籍文物,打算改嫁。原宰相、官拜右仆射的张齐贤得知后,自然不愿放过如此好的机会,派人去求亲,双方约定了日期迎娶。

但就在好事将至之时,突生变故。薛惟吉的儿子薛安上一纸诉状把柴氏告到了开封府。开封府见事关重大,涉及的都是达官贵人,不敢擅自处理,将案件上奏给皇帝。宋真宗本不想把事情搞大,但当事双方都不服,只得将案件交由御史台审理。而柴氏则击登闻鼓上诉,控告新任宰相向敏中低价购买了薛惟吉的老宅,又因向自己求婚不成,所以唆使薛安上诬告自己。这样一来,又把另一位宰相也牵扯进来了。因向敏中是宋真宗信任并提拔的官员,所以便召见向敏中询问详情。向敏中只是承认了购买老宅的事,对向柴氏求婚之事则矢口否认。

宋真宗见状,便想将案件压一压,来个冷处理。可柴氏不干,又一次击登闻鼓上诉,一定要讨个说法。宋真宗无奈,只得令御史台详查,结果查明向敏中所说的都是谎话,气得宋真宗当面斥责向敏中不诚实;薛安上兄弟之前因争夺遗产打过官司,宋真宗曾下令不许他们变卖祖上遗产,因此低价出售老宅显然是违反圣旨的行为。当然,柴氏私下侵

---

① 《续资治通鉴长编》卷 14。
② 《续资治通鉴长编》卷 53。

吞财产的行为也因此暴露了,而且在背后唆使她几次三番击登闻鼓上诉的,正是前宰相张齐贤的儿子、太子中舍张宗海!

于是,宋真宗亲自对此案作出裁决:张齐贤和向敏中都被罢免职务;薛安上被处以笞刑,并用被柴氏侵吞的财产从向敏中那里赎回老宅;张宗海削一任,贬为海州别驾。当然,最倒霉的还是挑起此案的柴氏,几番击登闻鼓上诉,结果不仅落得个人财两空,还被判赎铜八斤(折抵杖八十)。

06. 别勘:宋代错案防范的制度设计

在中国古代错案防范的制度设计中,宋代的"别勘"制度可以说是较有特色的。中国古代州(府)县衙门承担了地方案件初审和复审,一般来说,审结的案件报上级衙门;如果有疑问或犯人不服的,则往往会"发回重审"。由原衙门乃至原审官员进行审理,冤假错案在所难免。北宋承五代大乱之后,把健全和完善司法程序作为施政的一项重要内容,其中"别勘"就是一项重要的制度设计。

所谓"别勘",是指将有疑问或临刑翻供的案件移交另一机关或委托其他官员复审的制度。如我们之前所谈到,北宋的不少制度是沿袭五代时期的,别勘也不例外。后唐天成三年(928年)敕令规定:"诸道州府凡有推鞫狱囚,案成后,逐处委观察(使)、防御(使)、团练军事判官,引所勘囚人面前录问,如有异同,即移司别勘。若见本情,其前推勘官吏,量罪科责。"① 而据现有史料记载,宋朝别勘始见于建隆二年(961年)的一则关于平反冤狱奖励的诏令:"自后凡雪活者,需原推勘官枉死已结案,……若检法官或转运,但他司经历官举驳别勘,因此驳议,从死得生,即理为雪活";"或因罪人翻异别勘雪活者,即覆推官理为雪

---

① 《宋刑统·断狱律》引。

活。"①而建隆四年(963年)颁布的《宋刑统》收录了后唐天成三年的敕令,将别勘作为一项制度确立下来,并不断趋于规范化。宋太宗赵光义淳化三年(992年)就明确规定:"诸州决死刑,有号呼不服,及亲属称冤者,即以白长吏移司推鞫。"②

别勘制度与宋朝州府衙门的司法程序是密切联系的。根据北宋法律规定,各州府衙门的案件一般是由司理参军、录事参军等负责审理(称为"推鞫"),然后由司法参军负责"议法断刑",即根据案情提出量刑意见(称为"检法"),这就是所谓的"鞫谳分司"制度,即将"鞫"——推问事实和"谳"——检断法律两种职责分开,由两个不同的机构行使。从而做到"鞫之与谳者,各司其职,初不相关,是非可否,有以相济,无偏听独任之失。"③在推鞫和检法程序结束之后,再由判官、推官等对罪犯进行录问,发现问题则予以指出、改正,这一程序也称为"勘结"。别勘程序的启动,一般都是在录问阶段之后,包括宣判阶段,一旦发现问题,分别对案件的"推鞫"和"检法"两个环节进行审查,明确责任。而启动别勘程序也有两种情形:一种是主动启动,即在录问环节发现问题,可以通过别勘进行重审;另一种是被动启动,即在录问乃至宣判阶段,犯人翻供或者称冤的,启动别勘重审,称为"翻异别勘"。

主动启动别勘程序并没有特殊要求,只要衙门官员认为有必要。宋真宗赵恒在担任开封府尹时,就曾审理过这样一起案件:"有殴小民者,吏纳赂,移于仆夫,仆夫伏辨。将断,朕(宋真宗)疑其非本情也,再令鞫问,乃得实。"④

相比较而言,被动启动别勘程序要求比较明确,只要犯人翻供或者称冤的,就必须启动别勘程序。在具体适用中,如果犯人在录问或复审时翻供的,即由知州将此案移交本州另一法院或移请邻州的法官审理,称为"移司别勘";如果经移司别勘后犯人仍不服,或是在临刑时称冤

---

① 《宋会要辑稿·刑法四》。
② 《文献通考》卷166,《刑考五》。
③ 《历代名臣奏议》卷217。
④ 《续资治通鉴长编》卷85。

的,则由转运司或提点刑狱司差派官员重审,即"差官别勘"。

但在实践中,仍然会遇到在别勘过程中"发回重审"的问题。宋真宗大中祥符二年(1009年),光化军(今湖北老河口市)百姓曹兴被控强盗罪,临刑称冤,军衙指派县尉复审。但刑部认为县尉"本捕盗,复令鞫案,虑其避收逮平民之罪,或至枉滥"。于是宋真宗下诏规定:"自今大辟案具,临刑称冤者,并委不干碍官覆推之。如缺官,即白转运、提点刑狱使者就邻州遣官按之。"①因此,为了保证案件复审的公正,在别勘的过程中,原审官吏一律回避。

在《续资治通鉴长编》中,就记载了宋真宗大中祥符六年(1013年)发生的一起案件:成州同谷县(今甘肃成县)百姓句知友被其妻张氏缢死,儿媳妇杜氏回娘家时,将这件事告诉了自己的父亲。杜父觉得人命关天,便向州衙告发了。经知州刘晟、推官时群和录事参军孙汝弼等人审讯,张氏供认了犯罪事实。但刘晟等认为杜氏控告自己的婆婆,判处其流三千里,并同其夫离婚;而张氏则按自首论,"原其罪"。案件上报转运使后,"移邻州检断",结果张氏按律处斩,杜氏免罪,原审此案的刘晟等都被罢免官职。②

为防止多次移推造成案件的淹滞,北宋明文规定了三推制:"但通计都经三度推勘,每度推官不同,囚徒皆有伏款,及经三度断结,更有论述,一切不在重推问之限。"③并且还专门制定了《推状条样》,"凡三十二条,御史台、开封府、诸路转运司或命官鞫狱,即录一本付之,州府军监长吏及州院、司寇院(即后来的司理院)悉大字揭于板,置厅事之壁。"④此外,还规定了别勘官员平反冤案、雪活人命的奖励及别勘失实的责罚;而且,凡经别勘后改正或平反的案件,原审官吏均要按出人人罪给以相应的处罚,借以强化司法官员的责任,保证案件审理的公允。

宋人蔡襄在《送张惚之温州司理序》一文中,对于这种司法程序的

① 《续资治通鉴长编》卷72。
② 《是资治通鉴长编》卷81。
③ 《宋刑统·断狱律》。
④ 《续资治通鉴长编》卷16。

运行做过具体的描述:"凡邑之民事,不得其平者,则告之于尹(县令);尹不能平及事之大者,咸得平之于守(知州),守视其事之小者立决之,其大者下于理官(司理参军等),理官得以考其精而弃之。故曰:守之责不若理官之重。然每一事之下审狱(司理院、州院),具谘于从事(判官、推官),谋于郡监(通判),上于太守,而又质于掌法(司法参军)者,若文不比,囚不直,则移而讞之(别勘)。众皆可焉,班而署之,然后乃得已矣。"①

07. 宋真宗时的"惩贪"与"打黑"

北宋真宗赵恒虽然是一个颇有争议的人物,但在吏治整顿方面,延续了宋初严惩贪官的传统,力图打造一个吏治清明的社会;特别是在依法维护社会秩序方面,严厉"打黑",依法惩治豪强恶霸,稳定了社会秩序。

有论者在谈到宋真宗的"惩贪"时,说他没有杀一个贪官,却在不动声色间打造了一个廉洁高效的政府。这个评价并不符合历史事实。在惩治贪官方面,宋真宗同宋太祖赵匡胤和宋太宗赵光义一样,虽然不轻易杀,但也并不手软,该杀则杀。据《续资治通鉴长编》记载:国子博士、荣州知州褚德臻和判官郑蒙利用职权,将官银占为己有,结果东窗事发,褚德臻被"杖死",郑蒙决杖配流;②晋城县令王琬奇、章县主簿苗文思等也都因"枉法受赇",被处以死刑,并由刑部"以其事告谕天下"。③ 即便是侥幸免死的,大都也是决杖配流。考功员外郎、晋州知州齐化基因贪赃被"黥面流崖州,纵封恩赦,不在放还之限";④比部员

---

① 《皇朝文鉴》卷87。
② 《续资治通鉴长编》卷52。
③ 《续资治通鉴长编》卷68。
④ 《续资治通鉴长编》卷70。

外郎、齐州知州范航"坐受财枉法,免死,杖脊黥面配沙门岛"。①

为了严厉惩治贪官,宋真宗时还确立了两项相关的制度:一是对贪赃枉法的行为同"十恶不赦"一同对待。当时经常以"德音"的方式赦免罪犯,"降天下死罪囚,流以下释之",但"十恶至死、劫杀、故杀、谋杀、犯枉法赃,论如律"。二是官员犯赃罪的,要连坐其保举者。当时经常要求朝廷的中高级官员举荐官吏,被举荐者有政绩的,对举荐者进行奖励;但"有赃私罪,亦连坐之"。天禧二年(1018年),采纳了判大理寺李虚己的建议,扩大了连坐的范围,凡"命官犯赃,不以轻重,并劾举主"。②

关于惩治贪官的问题,宋真宗同宰相王旦有过一次对话。宋真宗对王旦说:"数有人言官吏犯赃者多,盖朝廷缓于惩戒",王旦回答说:"今品官犯赃,情理乖当,但千钱以上,皆配隶衙前",即便得以赦免,"每赴选调,必首载其赃滥,为辱极矣",因此,"陛下即位以来,赃吏若比前代,则犯者亦似差少"。③

宋真宗在"惩贪"的同时,还严厉"打黑",这大概在宋朝的君主中是独一无二的。地方豪强的黑恶势力之所以肆无忌惮、为非作歹,无非是依仗背后那些朝廷官员作为自己的保护伞;而朝廷官员之所以愿意为地方豪强的黑恶势力撑腰,无非是有着千丝万缕的利益勾兑。从这个意义上说,"惩贪"离不开"打黑","打黑"必定要"惩贪"。宋真宗即位的第七年(景德二年,1005年)发生的赵谏案的处理,就是一个典型的事例。

曹州民赵谏与其弟赵谔,皆凶狡无赖,结交权贵,称霸一方,干预地方事务,连地方长官都同他们分庭抗礼。曹州通判李及因得罪了赵谏,就被他写匿名信控告"非毁朝政"。大理寺丞任中行向宋真宗密告赵谏的种种不法行为,宋真宗为此专门派出使者查访,查明事实,将其逮捕,关进御史台监狱,并"命搜其家,得朝士、内职、中贵所与书尺甚众,计赃

---

① 《续资治通鉴长编》卷87。
② 《续资治通鉴长编》卷91。
③ 《续资治通鉴长编》卷85。

巨万"。赵谏兄弟被"斩于西市,党与(羽)决杖流岭外"。宋真宗还打算严厉追究同赵谏交往的官员,并将70余人的名单交御史台。但御史中丞吕文仲认为"逮捕者众,或在外郡,苟悉索之,虑动人听",并说:"今纵七十余人悉得奸状,以陛下之慈仁,必不尽戮,不过废弃而已。但籍其名,更察其为人,置于冗散,或举选对扬之日摈弃之,未为晚也。"宋真宗听从了他的建议,将这些官员或降职、或罢免。①

大中祥符八年(1015年),京城开封又发生了崔白案。崔白"素无赖,凌胁群小,取财以致富",称霸一方。赵谏因豪横伏法,崔白居然大言不惭对人说:"赵谏,吾门人耳"。他看中了邻居梁文尉的住宅,欲强行购买;梁文尉不同意,崔白便不断骚扰人家。不久,梁文尉去世,崔白欺负孤儿寡妇,不仅用低价强行购买,还贿赂开封府官吏,诬告梁文尉妻子张氏擅自增加交易税,结果张氏被开封府判官韩允处以杖刑。崔白的种种恶行引发了开封府百姓的众怒。宋真宗得知后,下令将崔白逮捕,交御史台审讯得实,崔白被决杖配崖州牢城,其子崔端决杖配江州牢城;崔白在官府中的保护伞、大理少卿阎允恭和开封府判官韩允等也都被除名发配。②

一些地方黑恶势力本人就在衙门担任一定职务,同官府有着千丝万缕的联系。他们仗着这层关系,杀人越货,胡作非为。青州定陶县尉麻士瑶横行不法,"郡境畏之,过于官府"。地方官自知州以下"多与亢礼,未尝敢违忤"。临淄知县孙昌"愤其凶恶,有犯必讯理之",麻士瑶竟然扬言派人刺杀孙昌,孙昌被迫将家人送往他处,自己则"每夕宿县廨,列人严更为备"。后麻士瑶杀人事发,宋真宗下令将其杖杀,麻士瑶在朝中为官的亲属也牵连被削职罢官,"青州知州、通判,悉降等差遣",并"诏刑部遍牒三京、诸路,揭榜谕民"。③

在《续资治通鉴长编》中,收录了多起打击黑恶势力的事例,可见严厉"打黑"的确是宋真宗时施政的一项重要举措。宋真宗的"惩贪"与

---

① 《续资治通鉴长编》卷60。
② 《续资治通鉴长编》卷85。
③ 《续资治通鉴长编》卷95。

"打黑",也收到了很好的社会效果。明末清初的思想家王夫之在《宋论》一书中,谈到这一段历史时,有过这样的评价:"民以恬愉,法以画一,士大夫廉隅以修,萑苇草泽无揭竿之起。"①

08. 北宋开封知府是如何办案的

说起北宋开封知府,人们可能首先会想到包拯,这在很大程度上是受到了包公戏"铡美案"的影响。但戏剧毕竟是虚构的,历史上的包拯虽然做过开封知府,也的确是"立朝刚毅,贵戚宦官为之敛手,闻者皆惮之。人以包拯笑比黄河清,童稚妇女,亦知其名",并且"京师为之语曰:关节不到,有阎罗老包"。但他担任开封知府的时间并不长,也没有留下什么具体的办案记录。正史中的记载,就是"旧制,凡讼诉不得径造庭下。拯开正门,使得至前陈曲直,吏不敢欺。中官势族筑园榭,侵惠民河,以故河塞不通,适京师大水,拯乃悉毁去。或持地券自言有伪增步数者,皆审验劾奏之"②。这也正反映了包拯不惧权贵的性格。

北宋开封府的司法地位比较特殊,除了审理开封府地方管辖的案件外,也可以受理官员犯罪的案件,所谓"群臣犯法,体大者多下御史台,小则开封府、大理寺鞫治。"③而开封作为京城,又是皇亲国戚、达官贵人聚集之处,各种关系错综复杂,事情极为烦琐。当年范仲淹上书谏诤,得罪了当朝宰相吕夷简,吕夷简为排斥他,竟然任命他为开封知府,"欲挠以剧繁,使不暇他议,亦幸其有失,亟罢去"。好在范仲淹"处之弥月,京师肃然称治"。④ 所以开封府的知府不好做,开封府的案件也不好办。而北宋开封府的知府中,的确有不少像包拯这样不惧权贵的"法律专家",当然也有因办案不力而丢官的。

---

① 《宋论》卷 3。
② 《宋史》卷 316《包拯传》。
③ 《宋史》卷 153《刑法二》。
④ 《续资治通鉴长编》卷 117。

北宋开封知府中办案最为著名的,程琳应当算一个。他曾两度担任开封府,大概也是正史中留下办案记载最多的一位。程琳于宋仁宗天圣九年(1031 年)出任开封知府,上任伊始,就遇到了一件棘手的案子:蔡州知州王蒙正的儿子王齐雄将一个老兵打死,对官府谎称是病死的,请求不要验尸。但程琳见他们颜辞有异,命有司验劾,查明是被殴打致死的。但王蒙正同当时临朝听政的刘太后是儿女亲家,刘太后将程琳找来,对他说:"(王)齐雄非杀人者,乃其奴尝捶之耳。"程琳回答说:"奴无自专理,且使令与己犯同。"刘太后无奈,只得听凭程琳依法处置了王齐雄。①

在《续资治通鉴长编》和《折狱龟鉴》中,都收录了程琳侦办的一个案件:宋仁宗明道元年(1032 年),皇宫内发生火灾,烧了八个宫殿。事后查明是裁缝的熨斗引发的,裁缝也已认罪,此案便交由开封府处理。但程琳认为有疑,因不能亲自入宫勘查,便让宫中将过火之处用图纸画出,查看之后,认为是壁板干燥引发的火灾。于是对宋仁宗说:"此殆天灾,不可以罪人"。监察御史蒋堂也上书认为:"火起无迹,安知非天意。陛下宜修德应变,今乃欲归咎宫人,且宫人付狱,何求不可,而遂赐之死,是重天谴也。"最终宋仁宗同意对此案从轻发落,"卒无坐死者。"②

明道二年(1033 年),程琳以翰林侍读学士兼龙图阁直学士的身份,再次被任命为开封知府。他在开封知府任上"决事神速,一岁中狱常空者四五"③。

在任上查办有重大影响案件的开封知府,郑戬应该算一位。他于宋仁宗宝元二年(1039 年)查办的冯士元一案,牵涉到包括当朝宰相吕夷简和参知政事(副宰相)程琳在内的一大批高级官员。冯士元是开封府的小吏,但人脉很广。他因受贿及收藏禁书等事案发,被郑戬下令查处,结果发现冯士元曾帮助包括知枢密院事盛度、参知政事程琳(即之前的开封知府),以及宰相吕夷简的儿子太常博士吕公绰、吕公弼等在

---

① 《续资治通鉴长编》卷 110。
② 《续资治通鉴长编》卷 111。
③ 《折狱龟鉴》卷 2。

内的官员干了不少违法的事。郑戬便下令严查,将吕公绰、吕公弼等逮捕,并按规定将此案移交御史台查办。而宰相张士逊则借此案打击程琳等政敌,使得案件的牵连面越来越大。最终冯士元被流放海岛,而盛度、程琳以及御史中丞孔道辅等一大批官员牵连受到处罚,郑戬则因此案声名大著。①

当然,也有查办案件不力而丢官的,最著名的就是因查办"卢氏案"而被罢官的慎从吉。在北宋的开封知府中,慎从吉称得上是一位精通法律的专家。他曾担任判刑部及纠察在京刑狱等司法职务,"颇留意法律,条上便宜,天下所奏成案率多纠驳"。②但担任开封知府仅仅几个月后,就发生了"卢氏案",并因此而丢了乌纱帽。

开封府咸平县富豪张赟去世后,他的妻子卢氏和侄子张质一同生活,两人关系并不好,而张质原是刘姓过继给张家收养的。于是卢氏借张质酒后谩骂自己一事,要求将张质赶出去,解除收养关系。但张质通关系找到了慎从吉的儿子慎锐,让他同咸平知县打了招呼,作出了有利于己的判决。卢氏不服,将官司打到了开封府。原被告双方都动用了各种关系,收买开封府的官吏,使得案件越来越复杂。这时,卢氏的哥哥又通关系找到慎从吉的长子慎钧,并行贿70万钱。但慎从吉对儿子受贿之事并不知情,只是觉得案件难办,干脆请求移送御史台处理,企图以此摆脱干系。宋真宗见此案牵涉到了多名官员,便委派殿中侍御史王奇、直史馆梁固等审理,"仍遣中使谭元吉监之,逮捕者百余人"。最终慎从吉因办案过错,被勒令停职,他的两个儿子也受到处理,其余相关官员也牵连受到处罚。③

宋真宗曾以亲王的身份担任过开封府尹,深知京城的事情复杂难办,所以在任命慎从吉担任开封知府时,专门告诫他说:"京府浩穰,凡事太速则误,缓则滞,惟须酌中耳。有请属,一切拒之。"并说:"府吏多

① 《续资治通鉴长编》卷 125。
② 《宋史》卷 277《慎从吉传》。
③ 《续资治通鉴长编》卷 86。

与豪右协谋造弊,……如此等事,所宜深察。"①但慎从吉并未把宋真宗的告诫放在心上,结果在开封知府任上栽了跟斗。

09. 北宋时期的司法考试

在中国古代,行政官员和司法官员没有严格的区分,因此很长时间里并不存在今天意义上的为选拔司法官员而专门进行的司法考试。科举考试中的"明法科"虽然以法律为主要考试内容,但它同进士科、明经科等一样,只是科举考试的科目而已。不过在北宋时期,曾出现过为选拔中央司法机关的官员而专门举行的司法考试——试刑法,并一直延续到南宋末年。试刑法作为司法集权、实现司法和专业化的努力的一项措施,曾产生过重要影响。

北宋初期为加强中央集权,首先收回了地方死刑案件的复核权。建隆三年(962年),令"诸州决大辟,录案奏闻,付刑部复视"。② 其后又规定:"诸道公案,宜并下大理寺检断,刑部详复。"③宋太宗时,"虑大理、刑部吏舞文巧诋",又专门设置了审刑院,"凡狱具上奏者,先由审刑院印讫,以付大理寺、刑部断复以闻,乃下审刑院详议、中复裁决讫,以付中书,当者即下之,其未允者,宰相复以闻,始命论决,盖重慎之至也。"④因此,如何保证案件在大理寺详断、刑部详复和审刑院详议的公允,法官(大理寺详断官、刑部详复官、审刑院详议官)的素养就成为了一个重要因素。北宋时期的司法考试正是在这种背景下产生的。

北宋的司法考试作为选拔法官的一种方式,最初是由应试人自行主动提出的。由于中央司法机关法律专业人才的缺乏,所以允许熟谙法律的官员主动要求参加司法考试,合格者即授予法官之职。宋太宗

---

① 《续资治通鉴长编》卷85。
② 《廿二史札记》卷25。
③ 《宋大诏令集》卷200。
④ 《续资治通鉴长编》卷32。

端拱二年(989年),"诏京朝官有明于律令格式者,许上书自陈,当加试问,以补刑部、大理寺官属,三岁迁其秩。"①即京官和朝官中精通法律的,可以自行提出申请参加考试,合格者即派到大理寺和刑部任职,满三年后或补缺,或升职,将参加司法考试出任法官作为基层官员晋升的一条捷径。

真正意义上的司法考试,从现有史料看,应该是宋真宗时正式实行的。咸平二年(999年),"诏审刑院举详议官,自今宜令大理寺试断案三十道,取引法详明、操履无玷者充任。"②咸平六年(1003年),又对考试的内容和录取标准作了具体规定:"自今有乞试法律者,依元(原)敕问律义十道外,更试断徒以上公案十道,并于大理寺选断过旧条,律稍繁,重轻难等者,拆去元(原)断刑名法状罪由,令本人自新别断。若与元(原)断并同,即得为通。若十道全通者,具状奏闻,乞于刑狱要重处任使;六通以上者,亦奏加奖擢;五通以下,更不以闻。"③从这一规定来看,一是考试内容为"律义"和"断案",类似于今天的论述题与案例分析;二是以60分为合格线。

自此之后,参加司法考试成为法官(特别是中央司法机关的法官)选拔的一个主要途径。但由于法律专业人才缺乏,在实际考试过程中,会出现降低标准,甚至是作弊等情形发生。大中祥符元年(1008年)举行司法考试时,就因此发生了争议。时任权判刑部的慎从吉与大理寺官员在对主考官温仲舒录取的详议官彭愈等人进行复试时,发现与标准答案多有不符;而温仲舒则辩称是参照之前主考官魏庠对大理寺详断官裴常、慎锴(慎从吉之子)等人的录取标准。于是诏令尚书省集百官议定,发现他们都不合格,结果他们都被取消了法官资格。④

由于担任法官的人在任满之后可以优先提拔升职或任职,因此有不少人以此为捷径,在考试中通过作弊的手段得以录取。当朝宰相王

---

① 《宋会要辑稿·选举十三》。
② 《宋会要辑稿·职官十五》。
③ 《宋会要辑稿·职官十五》。
④ 《续资治通鉴长编》卷70。

且就指出了其中的弊端,要求严格考试纪律:"此辈虽云详练格法,或考试不精,则侥幸者多矣。或擢于审刑院,则例改章服,岁满又加等差使,以此尤须得人尽公程试。"为此,于大中祥符六年(1013年)专门规定:"自今应京朝、幕职、州县官乞试断案者,委考试官等就库密拣公案,亲自封记,候试时于中更选合要道数,依元(原)敕精加考试,不得仍前令库胥检签,致有漏泄。其所试断案,须是引用格敕分明,方始定断合得何罪,勿使卤莽。如违,其所试官并重寘之法。其大理寺应系新旧草检宣敕等库,自后并差官封锁,无使人吏擅有开闭。"①

为了防止考试过程中泄题事件的发生,宋仁宗天圣元年(1023年)规定:御史台主持考试,"诏试法官日,仍令知审刑院或判寺官与断狱官同诣御史台"。②

同时,北宋时期对司法考试也进行了一些改革,特别是对参加考试官员的基层经历和录取条件作了规定。天圣九年(1031年)令:"自今举详断官,须有出身,入令录、幕职官人,曾历录事参军见任二年以上,有监司一人若常参官二人同罪保举者;其尝乞试律者,须及五考已上,乃听举之。凡试律义三道,疏二道,以三同为合格,二同亦留。别试中小案三道,每道约刑名三条,其断重罪一同若二粗,与除京官;其一粗或书札稍堪引用可取者,送寺试断案三二十道,保明以闻。法直官试律义外,以旧案三道,计刑名十分为率,以六分为合格,用法不及六分、约律不及二同者罢之。仍令审刑详议官二员、判大理寺或少卿同试于御史台。"③

宋神宗时,王安石出于变法的需要,"疑学者不能通意,遂立刑法科,许有官无赃罪者试律令、刑统大义、断案,取其通晓者,补刑法官。"④在继承前朝司法考试的基础上,将其进一步制度化,这就是《文献通考》中所说的"试刑法者,亦自熙(宁元)丰间始"的由来。首先,参

---

① 《续资治通鉴长编》卷80。
② 《续资治通鉴长编》卷100。
③ 《续资治通鉴长编》卷110。
④ 《续资治通鉴长编拾补》卷7。

加考试的条件,须有一定年限的任职经历和推荐人;其次,考试内容为:"每日试一场,每场试案一道,每道刑名约十件以上,十五件以下,并取旧断案内挑拣罪犯,攒合为案,至五场止。仍更问《刑统》大义五道";再者,录取的标准为:"其所断案,具补陈合用条贯,如刑名拟虑,即于所断案内声说;所试人断案内刑名有失,令试官逐场具录,晓示错误;亦许试人再经试官投状理诉,改正其断罪,通数及八分以上,须重罪,刑名不失,方为合格。"此外,对于考试纪律,也作了相应的规定。①

虽然之后在不同时期有所变化,但通过司法考试选拔法官的做法一直延续到南宋末年,此后便未再实行过。

---

① 《续资治通鉴长编拾补》卷7。

第二章　守　　成

01. 纠察在京刑狱司如何行使"纠察权"

纠察在京刑狱司是北宋为加强对京城司法机关的监督而专门设立的。北宋时京城的案件一般是由开封府审理的,但涉及京城官员及一些特殊人群的案件,则是由大理寺和御史台负责审理。开封作为京城,是皇亲国戚、达官贵人聚集之处,各种关系错综复杂,事情极为烦琐。案件的审理往往会受到各方面的影响,为了保证案件审理的公正,宋真宗大中祥符二年(1009 年)专门设立了纠察在京刑狱司这一机构。

纠察在京刑狱司设立的起因,缘于一个普通的案件。进士廖符被控犯罪,开封府的官吏在大热天将他"械系庭中,曝裂其背",但最终未能查明有犯罪事实。宋真宗得知后,认为"炎暑之月,罪未见情,横罹虐罚,良可嗟恻"。于是下令设置纠察在京刑狱司,"应御史台、开封府及在京凡有刑禁处,徒以上罪,实时具收禁移报,内未尽理及淹延者,取款词驳奏。若旷于举职,致有枉滥,因事彰露,则重罚之"①。即凡是京城开封府及相关部门(如三司、御史台等)徒刑以上的案件,都要将案件材料报送纠察在京刑狱司,如果发现违反程序、滥用职权或判决有问题

---

① 《续资治通鉴长编》卷72。

的,都可以及时上报,必要时可以直接向君主汇报,并享有"即赴内殿起居,仍免常朝"的特权。①

纠察在京刑狱司是一个监督机构,而非审判机构,因此,按照规定,它只能根据开封府、御史台等相关机关提交的案件审理材料(供报)或者罪犯的"陈状"进行审查,一般不直接审讯犯人。但如果是那些特别交办的"定夺公事",有可能需要直接审讯犯人。为此,宋真宗天禧三年(1019年),时任纠察在京刑狱使的吕夷简认为"本司累奉诏旨,勘鞫定夺公事,或止将公案详阅,亦无妨碍。若勘鞫公事即动须追逮罪人,辨证词理,显是兼置刑狱,不便"。为此下令"纠察刑狱司自今免鞫劾公事",②将其职权基本限定于京城案件的审判监督范围内。

纠察在京刑狱司设立后,受理的第一个重大案件,就是著名的"卢氏案",这个案件我们在《北宋开封知府是如何办案的》一节中做过介绍。卢氏与亡夫的侄子张质之间围绕是否解除收养关系打起了官司,双方都动用了各种关系,不仅牵涉到了开封府的官吏,而且时任开封府知府慎从吉的两个儿子都牵扯进去,他们各自收受了贿赂,但慎从吉对此并不知情,只是觉得案件难办,请求移送御史台处理,企图以此摆脱干系。但时任纠察在京刑狱使的王曾发现了问题,直接"诣便殿以闻",向宋真宗做了汇报,由宋真宗委派官员组成特别法庭审理此案,"逮捕者百余人"。最终大批官吏受到追究,慎从吉被罢免,其余官吏"决罚有差,情重者配隶外州"。③

纠察在京刑狱司作为京城司法监督机关,享有广泛的监督权(纠察权),只要是在京城的机关涉及案件审判的,都有权监督,包括御史台。北宋的御史台不仅具有监察权,而且具有审判权,因此设立纠察在京刑狱司时,将御史台审判的案件也纳入了"纠察"的范围。但御史台审判的案件主要是官员犯罪以及一些重大案件,实际上是将审判权和监督权融为一体;如果由纠察在京刑狱司对御史台的案件也行使"纠察权",

---

① 《宋会要辑稿·职官十五》。
② 《续资治通鉴长编》卷94。
③ 《续资治通鉴长编》卷86。

从关系上说也不顺。因此,御史台提出了这一问题,"言其非体"。于是宋仁宗天圣八年(1030 年)又"诏御史台狱自今勿复关纠察司"。①

当然,遇到一些"顶真"的纠察在京刑狱使,则会极力维护自身的"纠察权"。范仲淹任权开封府知府,在审判案件适用法律问题上,就多次遭到时任纠察在京刑狱使的胥偃的纠察,特别是在审理阿朱一案时,由于适用法律不当,胥偃直接要求将案件移送大理寺复审。结果宋仁宗"诏(范)仲淹自今似此情轻者,毋得改断,并奏裁"②。这个胥偃就是欧阳修的老丈人,因为"爱欧阳修有文名,置门下,妻以女"。而欧阳修同范仲淹的关系又非常好,结果因此同老丈人产生了隔阂。

纠察在京刑狱司维护自身"纠察"权威最典型的案件,就是宋仁宗嘉祐四年(1059 年)御营士卒酗酒闹事案。禁军士卒桑达等数十人酗酒之后斗殴闹事,还出言不逊,"指斥乘舆",但禁军主管部门对此竟然"不之觉"。事情闹到了皇帝那里,宋仁宗命主管皇宫警卫的皇城使将桑达等逮捕,交开封府审讯。

根据《宋刑统》规定,指斥乘舆属于"十恶"中的"大不恭"(即大不敬):"诸指斥乘舆,情理切害者,斩。"因此,开封府将他们判处斩刑后,未履行复核程序,也未将案卷移送纠察在京刑狱司,便直接处斩了。时任纠察在京刑狱使的刘敞发文给开封府质问,但开封府回复说:"近例,凡圣旨、中书门下、枢密院所鞫狱,皆不虑问。"刘敞认为如此不合法,要求一律按法定程序进行复核,枢密院回文明确拒绝。但刘敞不同意,"争之曰":"先帝仁圣钦恤,以京师刑狱最繁,故建纠察一司,澄审真伪。自尔以来,每有大辟,倍加精审""今乃曲忤圣旨,中书门下、枢密院所鞫公事,不复审察,未见所以尊朝廷,审刑罚,而适足启府县弛慢,狱吏侵侮,罪人衔冤不得告诉之弊。又朝廷旧法,不许用例破条,今顾于刑狱极谨、人命至重之际,而废条用例,此臣所不喻也。"宋仁宗认为刘敞说得有理,"乃以敞章下开封府,著为令"。③

① 《续资治通鉴长编》卷 109。
② 《续资治通鉴长编》卷 118。
③ 《续资治通鉴长编》卷 190。

宋神宗元丰年间官制改革,将纠察在京刑狱司的职能归并到刑部,后又将其隶属于御史台。虽然其职能事实上被御史台所取代而逐步淡化,但在北宋时期,纠察在京刑狱司作为京城司法审判的专门监督机关,在维护司法权威、防范冤假错案方面发挥了重要作用。当然,这也同像刘敞这样的敢于据法力争的官员的努力是分不开的。

02. 北宋大将刘平被诬案

宋仁宗时,西夏李元昊的势力不断发展,对宋朝西部构成了严重威胁。康定元年(1040 年),双方在延州(今延安)三川口发生激战,宋军战败,主帅刘平等被俘。而在他是否投降问题上,因被人诬陷,险些造成一起冤案。

当时,延州知州范雍在西夏军队的进攻面前惊慌失措,请求驻守庆州(今甘肃庆阳)的鄜延环庆副都部署刘平前来救援。刘平同鄜延副都部署石元孙一同带数千骑兵赶赴延州,并命令鄜延路都监黄德和等诸路兵马前来汇合。宋军与西夏军在三川口遭遇,西夏军有 10 万人,而宋军仅万余人,双方兵力悬殊,但刘平毅然率军向西夏军发起攻击。宋军奋勇杀敌,刘平的左耳和右腿都中箭负伤。西夏军死伤惨重,但仗着人数优势,拼死搏杀。战至日落时分,宋军在西夏军的顽强攻击下被迫稍作退却,而担任后卫的黄德和见宋军退却,擅自率领麾下人马逃离战场,结果"众军随皆溃"。刘平派儿子驰马追上黄德和,"执其辔拜之曰:当勒兵还,并力拒贼,奈何先引去!"但黄德和不听,"遂策马遁"。刘平只拦下了千余溃兵,奋力拒敌,同西夏军激战了三天,终因寡不敌众,全军覆没,刘平和石元孙也一同被西夏俘虏。[①]

---

① 《续资治通鉴长编》卷 126。

宋军三川口之败，震惊了朝廷。黄德和临阵脱逃，率溃兵逃到甘泉后，竟大肆纵兵抢掠，然后一路逃到鄜州（今陕西鄜县）。此时，其他一些从三川口溃败下来的士卒也逃到了鄜州，黄德和便向他们打听刘平和石元孙的情况。有士卒对黄德和说：交战时战场十分混乱，不知刘平所在，听说是因为损失惨重，刘平怕因此担罪责，不敢回来，可能已经投降西夏了。黄德和一听大喜，对士卒说：如此说来，刘平的确已经投降，我当上奏朝廷，就说我同你们一同奋力杀敌，突出重围，这样不仅可以免除罪责，还能够立功。于是便让士卒作证，说刘平已经投降西夏，并说凡是在奏章上署名作证的人都可以得到奖赏。同时，又虚列了一些士卒的姓名，写了一份奏章上奏朝廷，说："贼以生兵冲破大阵，臣与刘平等阻西山为寨，再接战，而平败降贼。臣等不受屈，力战得出。"这样一来，刘平成了临阵投降敌人的怕死鬼，而临阵脱逃的黄德和反倒成了奋勇杀敌的功臣了。

几天后，刘平的亲随王信也从前线逃到鄜州，鄜州知州张宗诲和黄德和向他询问刘平的下落。王信担心说出刘平被俘真相，自己作为亲随难逃罪责，便谎称刘平独自一人赴西夏大营同李元昊议和，没带自己一同去。黄德和私下要求王信附和自己的说法，证明刘平已经投降西夏，并给他一笔钱进行贿赂。但王信既怕承担罪责，又不愿诬陷刘平投降，便给刘平的儿子送去一封信，说："（王）信从太尉，与贼战不利，入贼中，与贼约和。今人乃言太尉降贼，信当以死明之。今衣装悉为贼所掠，愿少有所济，保太尉一家。"这封信被官府得到，立刻上报给朝廷。①

刘平是否投降一事已经闹得沸沸扬扬，宋仁宗命殿中侍御史文彦博、入内供奉官梁致诚赴河中府设置诏狱，并派遣天章阁待制、陕西体量安抚使庞籍一同负责审讯此案。此时河东都转运使王沿又传来消息说："访闻延州有金明败卒二人，自虏逃还，云（刘）平等皆为贼缚去。平在道不食，数骂贼云：狗贼，我颈长三寸余，何不速斩我！缚我去何也？"文彦博立刻发文给延州，要求找到这两个人，但却查无下落，也可能已

---

① 《续资治通鉴长编》卷126。

经被灭口了。

而宋仁宗收到黄德和的奏章后,相信了刘平已经投降的说法,派禁军包围了刘平的家,打算将他的家属200余人都抓起来投入大牢。天章阁侍讲贾昌朝立即上奏,说:"汉杀李陵母妻,陵不得归,而汉悔之。先帝厚抚王继忠家,卒得其用。(刘)平事未可知,而先收其族,使平果存,亦不得还矣。"贾昌朝提到的李陵之事,想必读者都知晓;王继忠是宋真宗时的著名将领,在与契丹的战争中力竭被俘。宋真宗以为他已阵亡,追赠他为大同军节度使。后契丹要他传话同北宋议和,才知道他还活着。在后来宋辽双方议和,最终促成"澶渊之盟"的过程中,王继忠发挥了重要作用。宋仁宗听了贾昌朝的话,觉得有理,撤销了抓捕刘平家属的决定。知谏院富弼也力奏刘平"引兵赴援,行不淹日,以奸臣不救故败,竟骂贼不食而死,宜恤其家";延州的官吏和百姓也纷纷替刘平声冤。在这种情形之下,宋仁宗下令撤回包围刘平家的禁军,并各赐给刘平及石元孙平家绢五百匹、钱五百贯、布五百端。①

同时,文彦博等查清了黄德和诬陷刘平的事实;庞籍也上奏,认为"(黄)德和退怯当诛,刘平力战而没,宜加恤其子孙。"时任驻守西部边关的大臣韩琦更是直言:"(刘)平以疲兵数千,敌贼十余万众,昼夜力战,为(黄)德和所累,既被执,犹骂贼不已,忠勇不愧于古人。今坐诬言所惑,悯忠恤孤之典未下,边臣岂不解体乎!"

于是,朝廷对此案作出最终裁决:黄德和被判腰斩,并在延州城下枭首示众;王信诬告主人,被杖杀。追赠刘平为忠武节度使、兼侍中,赐给他信陵坊第,并封其妻赵氏为南阳郡太夫人,家人也得到安排。② 但关于刘平的下落,依然有不同说法,甚至有传言说他已经在西夏结婚生子。几年后,北宋与西夏达成议和,石元孙被放回,说出了刘平的下落:刘平被俘后拒不投降,已在西夏去世了。③

---

① 《续资治通鉴长编》卷126。
② 《续资治通鉴长编》卷127。
③ 《宋史》卷325《刘平传》。

03.《岳阳楼记》背后的一桩公案

范仲淹的《岳阳楼记》是应好友滕宗谅之邀而写的一篇文章。它的开篇,就道出了写作这篇文章的缘由:"庆历四年春,滕子京谪守巴陵郡。越明年,政通人和,百废俱兴。乃重修岳阳楼,增其旧制,刻唐贤今人诗赋于其上。属予作文以记之。"其中的"滕子京谪守巴陵郡",就是当时轰动朝野的一桩公案。

滕宗谅字子京,与范仲淹是同榜进士,既是范仲淹的好友,也是与范仲淹一同驻守边关、抵御西夏的同僚。范仲淹为环庆路都部署兼庆州(今甘肃庆阳)知州,滕宗谅为泾州(今甘肃泾川)知州。庆历二年(1042 年)秋,西夏李元昊兴兵进犯泾原,北宋泾原路副使葛怀敏率军抗击,结果在定川兵败身亡。西夏大军逼近泾州,"诸郡震恐"。此时泾州城中兵微将寡,但滕宗谅沉着应对,他召集数千农民穿上士兵的衣服上城防守,并招募勇敢之士打探敌情,并告知周边州郡做好防守准备。为了安定人心、鼓舞士气,滕宗谅又大设牛酒,犒劳士卒,并对定川之战中的阵亡将士举行隆重的追悼仪式,并优厚抚恤他们的家属。当然,这样做也花费了不少钱,据说共动用了 16 万贯的公款。此时,范仲淹又亲率环庆路的军队前来支援,西夏军队见势不妙,被迫撤退。

不久,范仲淹被宋仁宗召回朝廷,出任枢密副使,后又任参知政事。范仲淹便推荐滕宗谅接替自己,担任了庆州知州。同时,朝廷委派郑戬出任陕西四路都总管兼经略、安抚、招讨使,驻守泾州,允许其便宜行事。郑戬素以行事果敢、不惧权贵而著称。他到任后,便向朝廷举报滕宗谅挪用公款之事,要求严厉追查;监察御史梁坚也就此事对滕宗谅进行弹劾。宋仁宗得知后,"天威震怒",立即委派太常博士燕度前往邠州(今陕西彬县)查办此案。燕度又发现了滕宗谅用这笔钱笼络犒赏当地的少数民族头领,以及夹带着馈赠自己的亲朋好友等事实。

滕宗谅见势不妙，担心更多的人会因此受到牵连，干脆一把火将账本烧毁了。①

这样一来，等于是销毁罪证，不打自招，坐实了自己的罪行。燕度也不是一盏省油的灯，他将相关人员抓到邠州监狱，严刑拷问。在欧阳修给朝廷的奏折中，记述了当时的情景："近来传闻燕度勘鞫滕宗谅事，枝蔓勾追，直使尽邠州诸县枷杻，所行拷掠，皆是无罪之人，囚系满狱。"②

朝廷中的一些人借此案大做文章，其实是醉翁之意不在酒，真正的目标是借此打击滕宗谅的同僚及好友范仲淹等人。对此，范仲淹也非常清楚，所以上书一一列举事实，为滕宗谅辩白。在他后来替滕宗谅写的《天章阁待制滕公墓志铭》中，也专门就此事做了说明："御史梁坚奏劾君用度不节，至本路费库钱十六万缗。及遣中使检察，乃君受署之始，诸部属羌之长千余人皆来谒见，悉遗劳之，其费仅三千缗，盖故事也。"③谏官欧阳修更是指责燕度等"无故意外侵陵，乃是轻慢朝廷，舞弄文法。每见前后险薄小人，多为此态，得一刑狱，勘鞫踊跃，以为奇货，务为深刻之事，以邀强干之名，自谓陷人若多，则进身必速，所以广张声势，肆意罗织。"直言燕度是"节外生事"，并说："朝廷本为台官上言滕宗谅用钱过多，未明虚实，遂差燕度勘鞫，不期如此作事，摇动人心。若不早止绝，则恐（李）元昊因此边上动摇、将臣忧恐解体之际，突出兵马，谁肯为朝廷用命向前？"④

宋仁宗正重用范仲淹等，也不想把事情搞得不可收拾，便听从了范仲淹的建议，对滕宗谅从轻发落，仅对他降一级，改任虢州（今河南灵宝）知州。但这一处理遭到了御史台的强烈反对。御史中丞王拱辰说："赏罚者，朝廷之所以令天下也。此柄一失，则善恶不足以惩劝。今滕宗谅在边，盗用公使钱，不俟具狱，止削一官，皆以谓所坐太轻，未合至

① 《宋史》卷303《滕宗谅传》。
② 《续资治通鉴长编》卷144。
③ 《范文正公集》卷13。
④ 《续资治通鉴长编》卷144。

公。"并以辞职相要挟:"臣所以不避而固争者,诚恐来者相效,而陛下之法遂废矣。臣明日更不敢入朝,乞赐责降一小郡,以戒妄言。"监察御史里行李京也认为"滕宗谅在庆州所为不法,而朝廷止降一官",处罚太轻。[1] 于是,滕宗谅于庆历四年(1044 年)春被贬去岳州(今湖南岳阳)任知州。这便是"庆历四年春,滕子京谪守巴陵郡"的由来。

　　滕宗谅到岳州后,决定重修岳阳楼,但又遇到了经费不足的问题。他之前就是因为动用公款惹出大祸,所以这一次他没有动用公款。据司马光《涑水记闻》记载,滕宗谅"修岳阳楼,不用省库钱,不敛于民,但榜民间有宿债不肯偿者,献以助官,官为督之。"即由官府帮助百姓追账,将追来的钱用于修建岳阳楼。结果"民负债者争献之,所得近万缗"。然而,他还是过于自负了,将这些钱"置库于厅侧,自掌之,不设主典案籍"。[2]

　　岳阳楼修建完成后,"极雄丽,所费甚广",但滕宗谅"自入者亦不鲜矣"。[3] 虽然后人对《涑水记闻》中的这一记载表示质疑,认为是对滕宗谅的栽赃陷害。但《涑水记闻》一书是司马光为撰写《资治通鉴后纪》所收集的史料,还是比较严谨的,所以这笔"糊涂账"也是有可能的。好在这不是公款,而且当地百姓对此也"不以为非,皆称其能",朝廷自然也不会追究。而范仲淹也正好借撰写《岳阳楼记》替滕宗谅翻案,并抒发自己的济世情怀,为后世留下了这流传千古的名篇。

04. 庆历党争与石介"诈死"案

　　北宋庆历三年(1043 年),宋仁宗任命范仲淹、富弼、韩琦等为执政大臣,在宰相杜衍的支持下,范仲淹提出了整顿吏治、发展经济等方面的 10 项主张,实施改革,推行"庆历新政"。由于新政触犯了一些既得

---

① 《续资治通鉴长编》卷 146。
② 《涑水记闻》卷 9。
③ 《涑水记闻》卷 9。

利益者,因而遭到了章得象、夏竦等朝廷重臣的反对,夏竦指控范仲淹、富弼与谏官欧阳修等结为朋党。庆历新政的改革演变成了朝廷内部的朋党之争,史称"庆历党争"。最终范仲淹等被免去执政之职,出任地方官,庆历新政也宣告失败。而引发这一事件的导火索,却是一个书生——北宋理学的先驱石介。

石介年轻时曾在范仲淹执掌的应天府书院跟随范仲淹学习,也算是范仲淹的学生,因而对范仲淹极为尊崇。进士及第后,曾担任南京留守推官兼提举应天府书院,后又创建了著名的泰山书院,成为了宋明理学的开山鼻祖。石介性格耿直,"指切当时,无所讳忌"。① 庆历二年(1042年)经执政大臣杜衍推荐,石介被任命为国子监直讲(国立大学教官),"从之者甚众,太学之盛,自先生始"。他认为"民为天下国家之根本",主张"息民之困"。因此,范仲淹等推行新政,石介也是大力支持,认为"此盛事也",并写了《庆历圣德诗》,在称赞杜衍、范仲淹等的同时,暗指反对新政的夏竦等人为"大奸",夏竦自然对他恨之切齿。对此,石介的老师孙复就担忧地说:"子祸始于此矣。"②

夏竦曾任枢密副使、参知政事等执政之职,庆历元年(1041年)被任命为宣徽南院使兼陕西四路经略安抚招讨等使,是主持西北防务、抵御西夏的统帅,韩琦、范仲淹都曾是他的副手,而且范仲淹还是夏竦举荐的。庆历三年(1043年)夏竦被任命为枢密使(此前范仲淹、韩琦已经被任命为枢密副使),但因范仲淹的政治盟友欧阳修、余靖等台谏官的坚决反对,宋仁宗改任杜衍为枢密使。这样一来,夏竦同新政派的关系,更是势同水火了。他看准了石介的书呆子习气,利用他政治上的不成熟,从他的身上寻找突破口。

庆历四年(1044年),石介因韩琦推荐,担任了主管集贤院的"直集贤院"一职。当时,宋仁宗对范仲淹的期望很高,范仲淹也"感激眷遇,以天下为己任",与富弼等谋划新政。石介也希望他们能够大刀阔斧进

---

① 《宋史》卷432《儒林二》。
② 《续资治通鉴》卷45。

行改革,因此在给富弼的信中,直言要他"行伊、周之事"。伊是商朝的伊尹,周是周朝的周公旦,两人是辅佐商、周开国君王的著名辅臣。石介的意思很明白,要富弼学习伊尹和周公,尽心辅佐宋仁宗。

然而,这封信却不知怎么落到了夏竦的手里,他早就想利用石介构陷富弼、范仲淹等人,所以让自己的女奴暗中练习模仿石介的笔迹。现在他如愿以偿拿到了石介的信,便模仿石介的笔迹,将其中的"行伊、周之事"改成"行伊、霍之事"。霍光是汉武帝、汉昭帝和汉宣帝时的三朝元老,曾废海昏侯刘贺、拥立汉宣帝。因此,"行伊、霍之事"就暗示要富弼废立君主。同时,夏竦还伪造了石介替富弼草拟的废立诏书,并故意造谣,让宋仁宗知道了此事。宋仁宗虽然并不相信,但范仲淹和富弼却惶恐不安,为远离朝廷这个是非之地,要求外放驻守西北边关。宋仁宗开始并未同意,但范仲淹等一再请求,便任命范仲淹为陕西、河东宣抚使,保留参知政事的头衔;富弼也以枢密副使身份离京,出任河北宣抚使。[①] 但不久,范仲淹就被免去参知政事,改任知邠州、兼陕西四路缘边安抚使;富弼也被免去枢密副使,改任京东西路安抚使、知郓州;韩琦被免去枢密副使,以资政殿学士出知扬州。宰相杜衍也被罢为尚书左丞,出知兖州。主持庆历新政的执政大臣几乎被一网打尽了。当然,石介也未能幸免,他见势不妙,主动提出外放,担任濮州(今山东鄄城县北)通判,未到任所,就于庆历五年(1045 年)在家病逝了。

然而,夏竦等并未罢休,又在石介是否真的死亡一事上,引发了一场大案。当时,徐州的举人孔直温谋反被杀后抄家时,发现了他与石介之间往来的书信,据说孔直温还曾拜在石介门下求学。夏竦便抓住这一点,说石介是诈死,富弼暗中派他北上联络契丹起兵伐宋,富弼为内应,并请求对石介开棺验尸。执政大臣见事关重大,向宋仁宗报告。宋仁宗命提点京东路刑狱司去彻查此事,并将石介的妻子儿女监押起来。[②] 当时驻守郓州的富弼也被罢免了京西路安抚使之职。为了阻止

---

① 《续资治通鉴长编》卷 150。
② 《续资治通鉴长编》卷 157。

事态扩大,时任兖州知州的前宰相杜衍和泰宁节度掌书记龚鼎臣等具保,证明石介确已亡故。不久,富弼改任青州知州,兼任京东路安抚使,这场风波暂时平息了

两年后,夏竦被召还朝,担任了枢密使。他依然不放过此事,说石介没有说服契丹发兵,又为富弼往登州、莱州等地,勾结开金矿的数万矿工企图作乱,并再度坚持要求开棺验尸,一证真伪。宋仁宗又下诏派使者处理此案。在中国古代,开棺是对死者的一种侮辱,因此御史何郯在奏章中,直言夏竦此举是公报私仇:"夏竦岂不知石介已死,然其如此者,其意本不在石介。盖以范仲淹、富弼在两府日,夏竦曾有枢密使之命,当时亦以群议不容,即行罢退,疑仲淹等同力排摈,以石介曾被仲淹等荐引,故欲深成石介之恶,以污忠义之臣。"提点京东路刑狱吕居简也对使者说:"今破冢发棺,而(石)介实死,则将奈何?且丧葬非一家所能办也,必须众乃济,若人召问之,苟无异说,即令结罪保证,如此亦可应诏矣。"并让石介亲属、门人及参加葬礼的数百人联名具保,使者据实回报。宋仁宗其实对此心里也明白,于是顺水推舟,下令释放了石介的妻子儿女,石介也终得以免于被开棺,一场大案就此消弭。①

石介"诈死"案虽然最终不了了之,但范仲淹等推行的"庆历新政"却就此夭折了,范仲淹直至去世,再也未回朝任职。

05. 儒将张亢因"公使钱"获罪案

北宋时的"公使钱"是州府衙门中专门设立的用于公务接待的一笔公款,目的是"为士大夫出入及使命往还,有行役之劳,故令郡国馈以酒食,或加宴劳"。② 因此,这种"公使钱"可以说是一种陋规。为了加强管理,曾明确规定"公使钱"只能用于公务接待,不能挪作他用,凡盗用、

---

① 《续资治通鉴长编》卷160。
② 《续资治通鉴长编》卷141。

挪用、借支、过数使用公用钱物都是违法的。"祖宗旧制,州郡公使库钱酒,专馈士大夫入京往来与之官、罢任旅费。所馈之厚薄,随其官品之高下、妻孥之多寡。此损有余补不足,周急不继富之意也。其讲睦邻之好,不过以酒相遗,彼此交易,复还公帑。苟私用之,则有刑矣。"①但在西部边关地区,为抵御西夏,安抚当地少数民族、奖励英勇作战的将士等,都需要从"公使钱"里开支。如当时朝廷给渭州的公使钱定额是二千贯,但实际支出却有四千贯,这中间的差额,往往又是通过另一个陋规——回易去填补。所谓回易,就是拿公使钱去放债、做生意,获得的收益充作公用。这样一来,就产生了公使钱使用过程中的漏洞,并由此引发了一系列的"公使钱案"。儒将张亢就是因为滕宗谅挪用公款案(见《岳阳楼记背后的一桩公案》一节)而被卷入了"公使钱案"中,并险些断送他的政治生命。

张亢虽然是进士出身,但入仕后因其卓越的军事见解得到宋仁宗的赏识,投笔从戎,改换武职,成为了著名的儒将。他于庆历元年(1041年)出任并代都钤辖、管勾麟府军马事,率军数次击败西夏军队,取得了琉璃堡和兔毛川大捷。《宋史》中称赞说:"张亢起儒生,晓韬略,琉璃堡、兔毛川之捷,良快人意。区区书生,功名如此,何其壮丽哉!"②次年张亢被任命为泾源都部署经略安抚招讨使兼渭州知州,成为和韩琦、范仲淹、庞籍、文彦博等一同驻守西部边关的大帅。据《宋史》记载,张亢"好施轻财,凡燕犒馈遗,类皆过厚,至遣人贸易助其费,犹不足。以此人乐为之用。"可见,张亢在这方面的开销很大,以至于用公使钱回易赚来的钱都不够花,不得不透支,即"过用公使钱",这就被人抓住了把柄。

庆历三年(1043年),郑戬出任陕西四路都总管兼经略、安抚、招讨使,驻守泾州。他到任后,就着手追查滕宗谅挪用公使钱之事,正巧张亢在一些问题上同郑戬意见不合,郑戬便将张亢也牵连进去,"发(张)

---

① 《燕翼诒谋录》卷5。
② 《宋史》卷324《张亢传》论。

亢在渭州过用公使钱"。宋仁宗委派太常博士燕度前往邠州(今陕西彬县)设立特别法庭,严查此案;张亢也被停职。由于类似情形非常普遍,一些驻守边关的重要将领,如狄青、种世衡等也都因此受到了牵连,搞得人心惶惶,影响了边关的稳定。①

于是,谏官欧阳修率先上书,批评这种将案件扩大化的做法,认为"边上军民将吏见其如此张皇,人人嗟怨,自狄青、种世衡等并皆解体,不肯用心",并说:"国家兵兴以来,五六年所得边将,惟狄青、种世衡二人而已,其忠勇材武,不可与张亢、滕宗谅一例待之。臣料青本武人,不知法律,纵有使过公用钱,必非故意偷慢,不过失于检点,致误侵使而已",如果因此对他们进行追究,"于此要人之际,自将青等为贼(西夏)拘囚,使贼闻之,以为得计"。因此,要求"只将张亢一宗事节,依公根勘,不得枝蔓勾追。其狄青纵有干连,仍乞特与免勘。"接任张亢任渭州知州的尹洙也认为:"自来武臣,将所赐公使钱,诸杂使用,便同己物。其狄青于公用钱物,即无毫分私用",况且"军中将校,每有犒设,以此所费益多。若不别将钱物回易,即无由充用。"建议对这些武将不予追究,"晓谕狄青,庶令安心,专虑边事。"②

宋仁宗也不想把事情弄得不可收拾,便听从了这些大臣的建议,对狄青、种世衡等武将不再进行追究,仅仅对滕宗谅和张亢等"大帅"作出处理:张亢降为引进使,调任并代州副都部署。但对于这一处理,原先负责此案的官员并不认同。御史梁坚又指控张亢"出库银给牙吏往成都市易,以利自入",这样一来,张亢又有构成贪污的嫌疑了。

其实,一些官员借"公使钱案"兴风作浪的根本目的,是借此打击曾同为边关大帅、时任参知政事、主持"庆历新政"的范仲淹;滕宗谅是范仲淹的好友,而张亢任泾源都部署经略安抚招讨使兼渭州知州,也是范仲淹推荐的。因此,在这种情况下,范仲淹不得不出来说话了。他认为,根据查明的事实,"所有张亢借公用钱买物,事未发前,已还纳讫。

① 《续资治通鉴长编》卷142。
② 《续资治通鉴长编》卷144。

又因移任，借却公用银，却留钱物准还，皆无欺隐之情。其余罪状，多未擿实。"根据法律规定："若将公使钱回易到别物公用，但不入己，更不坐罪。"甚至提出自己和韩琦也曾动用公使钱，如果要追究张亢，愿意"将臣与韩琦用钱事状，并张亢所奏二事，一处定断，以正典刑。"并指出，张亢获罪的真正原因，是有人认为他"骄僭不公"，得罪了当朝权贵！①

在范仲淹的坚持下，张亢最终得以免除牢狱之灾，但又由引进使、并代副部署降为四方馆使、本路钤辖。当然，正如前所述，"公使钱案"的真正打击对象并不是张亢，连要求严查此案的权御史丞王拱辰也坦承："张亢本列武臣，不知朝廷大意，不欲以督过之，臣不复言。"②所以，后来张亢虽然仕途坎坷，在各地任地方官，但也曾复任泾源路总管、渭州知州。五年后的庆历八年（1048 年），陕西转运使出具了一个姗姗来迟的证明：张亢用公使钱回易所得并没有放入自己的腰包。③

不过，这一案件也最终推动了公使钱的改革：庆历七年（1047 年），下令"非沿边州军毋得以公使钱回易"；④嘉祐三年（1058 年），又根据御史中丞包拯的建议，"诏河北、陕西、河东路转运使，应有公使钱州军并权停回易"，⑤用公使钱进行回易牟利的行为被完全禁止了。

06. 水洛筑城案的是是非非

水洛（今甘肃庄浪县）原是北宋时期西部羌族聚集的一个小城寨。宋仁宗时，围绕是否在该地修筑城池的问题，引发了朝廷大臣的争议，成为了轰动一时的一桩大案。

宋仁宗康定二年（庆历元年，1041 年），宋军与西夏军在好水川大

---

① 《续资治通鉴长编》卷 146。
② 《续资治通鉴长编》卷 146。
③ 《续资治通鉴长编》卷 165。
④ 《续资治通鉴长编》卷 161。
⑤ 《续资治通鉴长编》卷 188。

战,宋军战败,防线退缩,位于秦、渭之间的水洛城成为了边关重镇。在这种情形下,驻守西部边关的大臣范仲淹提出了"进修水洛,断贼入秦亭之路"的建议。但时任秦州知州的韩琦则明确表示反对,朝廷同意了韩琦的意见,范仲淹的筑城建议被否决了。

庆历三年(1043年),渭州瓦亭寨监押刘沪说降了水洛城城主,使水洛城归附了朝廷,在当地百姓支持下,刘沪向时任陕西四路都部署、经略安抚招讨使郑戬提出了修筑水洛城的建议。郑戬一方面同意筑城,一方面向朝廷汇报此事,却又遭到了同为驻守西部边关的大臣韩琦等人的反对。朝廷最终听从了韩琦等人的意见,停止修筑水洛城,并委派盐铁副使、户部员外郎鱼周询和陕西都转运使程戡等人去协调处理此事。

然而,此时刘沪已经根据郑戬的命令动工筑城,郑戬还派了著作佐郎董士廉带兵协助这一工程。不久,陕西四路都部署被撤销,郑戬被调离,改任知永兴军,渭州知州尹洙命刘沪等停工。但刘沪等坚持要将工程继续下去,并且愿"自备财力修城"。尹洙派人去取代刘沪,但刘沪拒不受代,还加紧施工的进度,企图造成既成事实。尹洙大怒,命大将狄青带兵前往,以"违节度"的罪名将刘沪等就地正法。在中国古代,"违节度"是一项重罪,当年马谡失街亭,就是被诸葛亮以"违节度"的罪名处死的。不过狄青在此事的处理上还是比较谨慎,并没有按照尹洙的命令将刘沪等就地正法,而是将他们逮捕,关进了德顺军司理院大牢。

这样一来,赞成筑城的和反对筑城的官员围绕此事展开了激烈的争论。韩琦依然坚决反对水洛筑城,他列举了13条理由,认为筑城耗费大量人力物力;尹洙也认为筑城有害无利,分散兵力,削弱了防守力量。而范仲淹则认为,刘沪等虽违令施工,但情有可原,况且"刘沪是沿边有名将佐,最有战功,国家且须爱惜,不可轻弃。恐狄青因怒辄行军法,则边上将佐,必皆衔冤,谓国家负此有劳之臣,人人解体,谁肯竭力任边事?"郑戬认为,水洛筑城是得到当地百姓支持的,如果因此事追究刘沪等人的责任,"恐蕃汉人民惊溃,互相仇杀,别生边患"。欧阳修等也纷纷上书,要求对此事谨慎处理,以免酿成大乱。

　　朝廷在水洛城筑城问题上的分歧,的确引发了当地的混乱,"蕃部遂惊扰,争收积聚,杀吏民为乱",局面几近于失控。鱼周询等人到达水洛后,当地羌族百姓纷纷向他们控诉,为刘沪等抱不平。鱼周询立即将此情形向朝廷作了汇报,朝廷下令释放了刘沪等人,并命令他们继续完成筑城工程。于是,刘沪等在关押了 20 多天后被释放了。

　　刘沪等虽然被释放,筑城的工程也得以继续,但围绕筑城的争论却并未停止。特别是刘沪同尹洙、狄青等将帅在筑城问题上矛盾已经激化,无法再一同共事。因此,如何做好善后处理,就成为了一件非常棘手的事情。谏官余靖认为,"若(刘)沪及(董)士廉犯大将之怒,而朝廷不能保全,则今后边臣,谁肯立效?"因此,"朝廷若以(刘)沪与(狄)青等既有私隙,不欲令在一路,则宁移(狄)青等,不可移(刘)沪,以失新附之心。"最终朝廷采纳了余靖和欧阳修的建议,将尹洙同庆州知州孙沔对调,调离了渭州;狄青则调任并、代部署。而水洛城则在争议声中修筑完成了。①

　　刘沪冒着风险完成了筑城工程,当时阻止他施工并差点将他杀了的两位上司也被调离,而且刘沪也被任命为水洛城主,但他和董士廉毕竟是违令在先,对此朝廷不能不给个说法。于是,刘沪由渭州西路巡检、内殿崇班阁门祗侯(七品武职)降为东头供奉官(八品武职);已升任确山县知县的董士廉也被罚铜八斤(折抵杖八十)。②

　　就在水洛城修筑完成的庆历四年(1044 年),北宋与西夏达成议和协议:西夏向宋称臣,西夏所占领的宋朝领土以及其他边境蕃汉居住地全部归属宋朝,双方可在本国领土上自建城堡;宋朝每年赐给西夏银 5 万两,绢 13 万匹,茶 2 万斤;另外,每年还要在各种节日赐给西夏银 2.2 万两,绢 2.3 万匹,茶 1 万斤。此后一直到宋神宗时,双方再无战事。

　　由于围绕水洛城筑城问题的争议双方基本上都是属于当时的新政

---

① 《续资治通鉴长编》卷 148—150。
② 《续资治通鉴长编》卷 151。

派,这场争议以及由此引发的案件使得新政派内部产生了分歧,这就给了反对新政的政敌以可乘之机。庆历五年(1045年),范仲淹被免去了参知政事之职,时任枢密副使的韩琦虽然曾反对修筑水洛城,但依然上书替他辩白。而董士廉则趁机翻案,要求朝廷重审水洛城案,并得到了多数执政大臣的支持。韩琦"不自安,恳求补外",被免去了枢密副使之职,以资政殿学士出任扬州知州。① 但董士廉并未就此罢休,他又控告尹洙"欺隐官钱",结果尹洙也因此被贬为崇信节度副使。②

刘沪镇守水洛城两年后因病去世,他的弟弟刘渊护送他的灵柩东归,被当地百姓拦下,"遮道号泣,请留葬水洛,立祠城隅,岁时祀之"。最终刘沪被安葬在水洛城北,建庙立碑,四时祭祀,并由他的弟弟刘淳继任水洛城都监之职。③ 宋徽宗崇宁四年(1105年),下旨在水洛城为刘沪建"忠勇庙",大观元年(1107年)又敕封刘沪为"忠烈侯"。刘沪也被当地百姓奉为水洛之神,至今祭祀不绝。

07.从"移桥案"看《宋刑统·职制律》的适用

宋代的职务犯罪基本是《宋刑统·职制律》中加以规定的,主要是两类:一类是利用职务谋取私利的行为,即通常所说的贪赃枉法的行为;另一类是履行职务过程中的行政过错行为。前一类犯罪自不用说,为了督促官员依法履行职责,对后一类犯罪一旦查实,也要依法惩处,不过在处理方式上,大都是按照"公罪",即因公务而致罪,并且以金钱和官职(罚铜或追官、免官)为替代的方式进行处理。宋仁宗时对"移桥案"的处理过程,就反映了《职制律》中相关规定的实际适用情况。④

移桥案缘起于一个普通的行政决定。开封府陈留县河边的一座桥

① 《续资治通鉴长编》卷155。
② 《续资治通鉴长编》卷156。
③ 《续资治通鉴长编》卷160。
④ 《续资治通鉴长编》卷148。

是宋真宗时从别处移过来的,由于河道不宽,加上桥墩过密,从而经常导致船撞桥墩的事故发生。庆历三年(1043年),开封府陈留等县催纲(主管河道运输的官员)李舜举建议将桥迁移回原处,以杜绝撞桥翻船事故的发生。开封府知府吴育委派开封县主簿杨文仲和陈留县知县杜衍一同前往勘查,杨文仲和杜衍认为李舜举的建议可行,于是吴育便安排拆桥移建事项。

然而,这一工程在实施过程中却遇到了麻烦。主管国家财政的权(代理)三司使王尧臣认为这座桥地处交通要道,移桥多有不便,况且移桥最终还是要官府掏钱,他对属下户部判官慎钺说:"自移陈留桥,仅三十年,今忽议徙故处,动费官钱不赀。"

此时,开封府已经动工拆桥了。于是王尧臣一面以三司的名义命陈留县不得拆桥,一面奏请朝廷委派提点在京仓草场(主管京城粮草仓库)陈荣古前往查看详情。并根据查看结果,建议不用移桥,只要拓宽河道分流,就可以解决问题;况且桥下有许多官私房屋,动迁过程花费浩大,不值得。

但开封府知府吴育却坚决不同意,"固争之"。宋仁宗无奈,只得命监察御史王砺再行查看定夺。而王砺调查的结果,不仅认为开封府移桥的决定是对的,而且三司所说的桥下有官私房屋的情形并不属实,桥下的房屋都是当地富豪卢士伦开设的商铺客栈。这些商铺客栈平日里生意兴隆,一旦桥拆了,不仅生意会受到影响,而且这些房屋可能也保不住。并指出:都官员外郎王淇此前来陈留县监税时,卢士伦曾低价将房屋出租给他,由此得以同他结交;而王淇与王尧臣又是同榜进士,卢士伦便利用这层关系,通过王淇去劝说王尧臣阻止移桥。因此,其中"恐私有请求"。

这样一来,又牵扯出违法犯罪的问题,案件便复杂化了。宋仁宗启动了刑事调查程序,命工部郎中吕觉前往开封府司录司(主管京城刑狱的衙门)主持案件调查审理,结果查明先前三司和开封府在勘察过程中都有隐瞒和违规之处。于是由大理寺作出判决,并经审刑院复核,对相关人员作出如下处理:权三司使王尧臣罚铜七斤(折抵杖七十),权户部副使郭难、陈留县知县杜衍、开封县主簿杨文仲、陈留等县催纲李舜举等人罚铜六斤（折抵杖六十），但都以"公罪"论处；户部判官慎钺罚铜七斤，提点在京仓草场陈荣古罚铜十斤（折抵杖一百），都官员外郎王渎追一官，卢士伦也有官职在身，因此也被追一官、罚铜十斤，但他们都按照"私罪"处理。

这一判决主要涉及《宋刑统·职制律》中的两项罪名：一是"不应奏而奏"。据《宋刑统·职制律》规定："诸事应奏而不奏，不应奏而奏者，杖八十"。因而对王尧臣罚铜七斤（折抵杖七十），也算是从轻处理了；二是"有所请求"，即请托。王渎接受卢士伦的请托，按照《宋刑统·职制律》的规定："诸有所请求者，笞五十，主司许者与同罪；已施行者，杖一百。"因此卢士伦追一官，仍罚铜十斤，折抵杖一百。而王渎也被罚"追一官"（后以"公罪"改判罚铜二十斤，相当于折抵徒一年，显然是重判了）。

判决结果上奏朝廷后，在朝臣中引起了很大的争论。王尧臣曾任陕西体量安抚使，正是在他的大力举荐下，范仲淹等才得以被重用。范仲淹任参知政事主持"庆历新政"，作为权三司使的王尧臣自然是他的重要帮手。在这种情形下，范仲淹不可能坐视不管。但当时朝廷内朋党之争（即著名的"庆历党争"）闹得很厉害，由于他同王尧臣的这种关系，如果贸然替王尧臣辩白，又很容易被对手扣上"朋党"的帽子。

于是，范仲淹给宋仁宗的上书中，先是主动提出了"朋党"的问题，认为在此案中，一些大臣怕被扣上"朋党"的帽子，"不敢尽心言事"；而自己身为执政大臣，见审刑院、大理寺"奏断王尧臣以下公罪内，有情理不圆，刑名未当之处"，不得不明确指出。然后，从事实和法律层面，针对指控的两项罪名进行了辩驳：

首先，移桥的动议早就提出过，而且提过不止一次，但最终都被否决，这些都是有案可查的，况且此桥不久前三司还拨款维修过。因此，王尧臣奏请朝廷对是否移桥进行调查，属于依法履职的行为，并非"不应奏而奏"；其次，是王尧臣在是否要拆桥的问题上，主动找王渎了解情况，王渎不过是据实汇报而已，并不是先接受卢士伦请托之后再同王尧臣说的,不存在"有所请求"的行为。其余各人的行为,也是情有所缘,并非主观过错。

同时,范仲淹还特别指出,监察御史王砺同王尧臣"素不相喜",因此利用这个机会夸大和歪曲事实,诬陷王尧臣等。与此同时,谏官欧阳修也上书,列举了王砺的四条罪状,指责他"内挟私徇情,妄将小事张皇""欺罔天听,合行黜责"。

案情发展到这一步,宋仁宗只得赶紧刹车,各打五十大板。王砺被免去御史之职,贬为邓州通判;王渶免追官,改为罚铜二十斤;陈荣古和慎钺也都按照"公罪"处理,其余人员处理不变,由一起普通的移桥案所引发的大案就此了结。需要指出的是,因为都是按照"公罪"论处,所以对这些官员仕途的影响并不大。王尧臣此后没过几年就升任枢密副使,后拜参知政事,成为执政大臣。

08. 王则起义引发的连环案

北宋仁宗虽然励精图治,但并非如后人所称道的"盛世"。在他亲政之后,对外受制于契丹,受困于西夏,军事上一败再败,被迫割地赔款;内部因派系斗争引发的党争不断,昙花一现的"庆历新政"也被迫夭折。各地农民起义更是频发,仅庆历三年(1043 年),就发生了山东王伦、陕西张海、光化军(今湖北老河口市)邵兴,以及荆湖南路瑶民起义等较大规模的农民起义。其中影响较大的,当数庆历七年(1047 年)冬王则在贝州(今河北邢台清河县)发动的起义。虽然仅 60 多天就被平定,但又引发了一系列的连环案,从中也反映了当时法律运行的一些基本情况。

王则起义有两个特点,一是以兵变的形式发动的。王则本为军中小校,起义的参与者大多为军人,有着较强的战斗力;二是利用了民间宗教迷信吸引参与者,当地习俗是"妖幻相与习五龙滴泪等经及图谶诸书",因此王则声称"释迦佛衰谢,弥勒佛当持世",从而吸引了大批民众参与,并且还"僭号东平郡王",建国号为安阳,定年号得圣,称居所为中京,封丞相、枢密使等官职,建立了自己的政权。①

起义发生后,朝廷命权知开封府明镐为河北体量安抚使,督率诸路军队征讨王则,但主管军事的枢密使夏竦"恶明镐,恐其成功,凡镐所奏请,辄从中沮之",从而导致明镐"督诸将攻贝州城,久不下"。后来还是枢密副使、参知政事文彦博主动请缨,"乞身往破贼",于是以文彦博为宣抚使,以明镐为副,费尽九牛二虎之力,终于平定了起义。②

由于王则起义打的是佛教的旗号,利用民间宗教习俗迷惑、鼓动参与者,因此,朝廷又以借追查所谓"妖党"为名,掀起了一场大案。

在王则发动起义之前,河北武邑就发生过一起传播"妖术"的案件。屯田员外郎李昙之子李教跟随真定人赵仲学习"妖术",被人告发,转运司衙门将案件移请德州通判梁倩审理,但李昙将李教藏了起来,拒不交出。官府便发海捕文书,捉拿李教。李教被迫自杀,转运司衙门判处赵仲死刑,但没有连坐他的父母妻子,案件就此了结。不久,王则起义爆发,有人又举报李教并没有死,而是跑到了王则军中,并说李昙向官员行贿,逃脱了连坐。因牵涉到许多官员,便由御史台彻查此案。虽然查下来李教确已自缢身亡,李昙行贿之事也查无实据,但认为当地的一些官员在此案中确有失察之处,结果转运使张昷之、张沔,冀州知州李端懿、通判韩赞,以及先前主审此案的德州通判梁倩等都被贬官;李昙被贬往岭南,诸子也被流放岭南。龙图阁直学士、给事中张存因担任真定知府时对此案失察,被降为汀州知州,后又查出他与李昙为儿女亲家,因此受到牵连,被免去学士之职,追贬为池州知州。③

李昙一案,大批官员受到牵连,说明北宋朝廷对所谓"妖术"和"妖党"案件高度重视,严惩不贷。在这种情形下,各地官员为了怕承担责任,掀起了一场"大索妖党"的大案,"被系者不可胜数",殃及大批无辜百姓。虽然后来宋仁宗下令停止这种滥捕滥杀的行为,"诸传习妖教,

① 《续资治通鉴长编》卷161。
② 《续资治通鉴长编》卷162。
③ 《续资治通鉴长编》卷163。

非情涉不顺者,毋得过有追捕",①但正如翰林学士张方平在奏折中所揭露的那样:"州郡承风,觉发妖事,至于诵经供佛,符咒禁术,尽遭捕系,蔓延平民,岂无奸人乘便创造疑似,或挟雠怨更相攀引,榜掠之下,何求不获。"②

王则起义引发的另一起大案,就是贝州知州张得一"从逆"案。张得一是著名将领张耆的儿子,属于典型的"官二代"。张耆是宋真宗做亲王时的随从,后屡立战功,一直做到武信军节度使、同平章事。宋仁宗时被任命为枢密使,并历任河阳、泰宁、山南东道节度使,加右仆射,封徐国公,庆历三年(1043年)以太子太师致仕。正是靠着这层关系,张得一混迹官场,一直做到贝州知州。但上任仅仅8天,就发生了王则起义。

起义发生后,张得一和通判董元亨都被义军抓住。义军逼迫董元亨交出仓库的钥匙,被董元亨严词拒绝:"我有死耳,钥(匙)不可得也",并厉声张目大骂,被义军杀害。③ 而张得一的表现就不同了,他不仅交出了知州大印,而且屈膝投降,称王则为"大王",每见王则,必"先揖而坐,坐必东向";王则建立政权,封官设衙,张得一又为他们设计了一套礼仪制度。王则起义平定后,张得一自然无法逃脱罪责,被投入御史台问罪。因其父张耆的关系,所以在朝廷讨论对他的处罚时,开始决定免其一死。但御史中丞高若讷不同意,认为"守臣不死自当诛,况为贼屈乎!"最终张得一被处死,但看在张耆的份上,妻儿和家产免于被籍没。④ 不久,张耆去世,被追赠为太师兼侍中。

北宋实行比较严格的任官保举制度,一旦被保荐的官员犯罪,保荐者要承担连带责任。北宋初年定制:"凡被举擢官,于诰命署举主姓名,他日不如举状,则连坐之。"⑤张得一虽然职务不高,但看在其父份上,

---

① 《续资治通鉴长编》卷163。
② 《续资治通鉴长编》卷163。
③ 《续资治通鉴长编》卷161。
④ 《续资治通鉴长编》卷162。
⑤ 《宋史》卷113《选举六》。

自然保举者众多,尤其是一批学士职务的官员,都是皇帝的"身边人"。但张得一案性质恶劣,影响重大,因此,不仅被处以极刑,那些保举者也难逃罪责,纷纷连带受罚贬官,学士的头衔都被剥夺,成为北宋建政以来因保举连带受罚官员人数最多的一次。最倒霉的是原龙图阁直学士、给事中张存,他先前在李昙一案中已经受到牵连,两度被降官;这次又因保举张得一,再次受罚,追贬为郴州知州。①

09. 从张尧佐任职争议看北宋御史的监察权

北宋建立后,为了加强中央集权,大大强化了御史台的监察权能。一方面,赋予了御史台实际的司法审判权限,对于涉及官员职务犯罪的案件,御史台有独立的审判权;另一方面,融合了御史台的监察权和谏院的谏议权,提升了御史在朝廷政务以及对官员监督方面的实际效能,并为这种监督的实现营造了一个制度和舆论环境。宋仁宗时围绕张尧佐任职所引发的争议及最后的处理,可以说是一个典型的案例。

张尧佐是贵妃张氏的伯父,他也是科举出身,"持身谨畏,颇通吏治,晓法律",②算得上是一个干练之才和法律专家,但长期担任中下级官员。张贵妃得宠后,他凭借这层关系,得到快速提拔,短短几年后,于皇祐元年(1049年)就被任命为掌管朝廷财政大权的三司使。但这一任命遭到了朝廷大臣的普遍反对,监察御史陈旭认为,"(张)尧佐以后宫亲,非才也,不宜使制国用",③知谏院包拯等也上书,认为这一任命是"失天下之望,误天下之事"。④ 侍御史知杂事何郯更是直言张尧佐"至今不五六年间,遂历尽要""止缘后宫之亲,不复以才能许之"。⑤ 面

① 《续资治通鉴长编》卷163、164。
② 《续资治通鉴长编》卷188。
③ 《续资治通鉴长编》卷167。
④ 《续资治通鉴长编》卷168。
⑤ 《续资治通鉴长编》卷169。

对众大臣的反对,宋仁宗不得不免去了张尧佐三司使之职,但又扛不住张贵妃的枕边风,改任张尧佐为淮康军节度使、群牧制置使、宣徽南院使、景灵宫使,并赐他的两个儿子进士出身。

北宋的宣徽使是仅次于参知政事、枢密副使等执政大臣的重要职位,地位虽高,但没有实际的权力,往往是给一些大臣的荣誉兼职。宋仁宗虽然一下子封了张尧佐四个"使",但基本是虚职,他认为这样既提拔了张尧佐,也可以安抚那些反对的大臣。可没想到任命一下,还是遭到了大臣们的反对。包拯等认为,"必不得已,宣徽、节度使,择与其一,仍罢群牧制置使之命,畀之外郡,以安全之。如此,则仰合天意,俯顺人情,而重新盛德矣。"御史中丞王举正甚至打算在退朝时留下百官,进行"廷议"。宋仁宗大怒,认为自己已经按照大臣们的意见,免去了张尧佐的三司使之职,现在又提出反对,显然是"前后反覆,于法当黜。其令中书戒谕之。"而张尧佐自己也表示愿意辞去宣徽使和景灵使,宋仁宗便顺水推舟,声称对张尧佐另有任用,总算是将朝臣安抚住了。①

但这样一来,张贵妃又不干了。于是,过了不久,宋仁宗又改任张尧佐为宣徽南院使、判河阳(今孟州),这个安排实际上是听从了包拯"宣徽、节度使,择与其一,仍罢群牧制置使之命,畀之外郡"的建议,既应付了张贵妃,也安排了张尧佐,同时也不让自己太丢面子。果然,任命下达后,以包拯为首的谏官们便不再吭声了。

然而,殿中侍御史里行唐介却依然不肯罢休。唐介虽然只是一个"编外"御史,但他不顾自己官小位卑,固执己见,据理力争。如前所述,宋仁宗改任张尧佐以宣徽使的身份做河阳的地方官,事实上是接受了大臣们的意见,做出的妥协,所以那些原本持反对意见的大臣也就适可而止、见好就收了,唯独唐介认为宣徽使一职仅次于执政大臣,地位重要,不能授予张尧佐。宋仁宗为此专门召见了唐介,对他解释说任命是中书省下的,目的无非是让唐介不要在这件事情上再纠缠了。但唐介听后,当众在朝堂上弹劾宰相文彦博,指责他"专权任私,挟邪为党",并

① 《续资治通鉴长编》卷169。

说他在张尧佐任宣徽使一事上"奸谋迎合,阴结贵妃,外陷陛下有私于后宫之名,内实自为谋身之计",要求罢免文彦博。同时,又指责同为知谏院的吴奎在这件事上"表里观望"。宋仁宗一怒之下,下令将唐介送御史台治罪,并将他贬为春州(今广东阳春)别驾。

春州地处岭南,自然环境恶劣,所谓"岭南水土,春(州)最恶弱",一直是安置犯有严重罪错官员的场所。唐介虽然话说得过火,但毕竟是在依法履行御史的职责,这样的处罚显然是过于严厉了,后果更是可想而知。于是被弹劾的宰相文彦博第一个出来反对,表示"(御史)台官言事,职也,愿不加罪";御史中丞王举正也上疏直言对唐介的处罚太重。宋仁宗也后悔了,担心在这件事上造成"内外惊疑";但贬官的决定又无法收回,于是改任唐介为环境和条件都比较好的英州(今广东英德)别驾,并"遣中使护送(唐)介至英州,且戒必全之,无令道死"。①

宋仁宗对唐介的处理,虽然是盛怒之下作出的,但毕竟是按照法定程序,不好轻易收回;但如果唐介真的出了意外,自己就会背上了"杀直臣"的恶名,那对朝廷、对舆论都不好交代。所以仅仅过了几个月,就将唐介调往内地任职,不久又召回任殿中侍御史,并亲自召见,赞誉他"不易所守"。后又提任他为"知谏院",担任了谏院的长官。(宋神宗时,唐介又被任命为参知政事,成为了执政大臣。)而就在唐介被贬为英州别驾后不久,文彦博就被罢免了宰相职务,改任许州知州;知谏院吴奎也改任密州知州;唐介弹劾的两个大臣都被免去了重要职务。

张尧佐任职引发的争议以及后来对唐介的处理,从一个侧面反映了北宋监察制度运行的实际情况。唐介身为御史,其职责就是"纠绳百官,肃清纪纲",在张尧佐任职问题上提出意见,是依法履行职责的行为。北宋初年宋太祖赵匡胤曾立下规矩:"不得杀士大夫及言官",这也为御史履行监察职责提供了相应的制度保障。而更为重要的是,一些官员的政治素养也为这种制度的贯彻执行营造了一个良好的政治和舆论环境。就此案而言,御史唐介敢于犯颜直谏,一定程度上阻止了君主

① 《续资治通鉴长编》卷171。

的肆意妄为。而宰相文彦博在遭到唐介的严厉弹劾后,反而还替他辩解,不同意对他进行责罚;后来虽因此被罢免宰相,但复职后依然为唐介回朝任职而努力奔走。而事件的主角张尧佐不久也被召回京城,改任天平军节度使这样一个虚职。这也说明,良好的制度要得到切实的运行,同样离不开一个良好的政治环境和舆论环境,以及官员的政治素养。

10. 从庞籍罢相案看北宋的司法连带责任

在后人撰写的有关宋朝的小说中,杨家将、包公、寇准以及狄青等,都是真实的人物。但其中被"污名化"最厉害的,大概非庞籍莫属了。在小说中,以庞籍为原型的庞太师是一个无恶不作的奸臣;而历史上的庞籍,却是北宋时的一代名相和名将。他与韩琦、范仲淹等同为驻守西部边关、抵御西夏的大臣;名将狄青是他的部将,也正是在他的大力支持和举荐下,狄青才得以建立卓越功勋。不仅如此,他还是一个法律专家。他进士及第后,先后担任黄州司理参军、开封府法曹参军;入朝后又担任刑部详复官、侍御史、御史台知杂事(御史台主持工作的长官),以及判大理寺等,都是同司法相关的职务,并参与了宋仁宗时重要的立法《天圣编敕》的编纂。[1]

庞籍在抵御西夏的战争中战功卓著,被任命为枢密副使,又改任参知政事,成为朝廷的执政大臣;后又升任枢密使,不久又担任宰相之职,成为北宋时少有的独任宰相之人(北宋时宰相一般为二至三人)。史称庞籍"晓律令,长于吏事",但"持法深峭,军中有犯,或断斩刳磔,或累笞至死"。[2] 而他被罢免宰相职务,也是同牵连到他的一起案件有关。

案件发生于皇祐五年(1053 年)。齐州学究皇甫渊参与抓捕盗贼

① 《宋史》卷 311《庞籍传》。
② 《宋史》卷 311《庞籍传》。

立功,按规定可以领取赏钱,但皇甫渊是个官迷,不愿要赏钱,而想做官,为此几次上书朝廷,要求给自己个官,并找到道士赵清贶替自己帮忙。这个赵清贶同庞籍的姐姐家有些沾亲带故,对外称自己是庞籍的外甥,经常背地里打着庞籍的旗号捞外快。因此,赵清贶骗皇甫渊说能替他搞定,并与宰相府的小吏勾结,收受了皇甫渊一笔贿赂,但庞籍对此并不知情。而皇甫渊以为事情已经搞定,几次去待漏院(百官早上等候上朝的办公场所)找庞籍,结果被庞籍下令赶回齐州。小吏见事情败露,反过来向官府举报赵清贶受贿之事。

开封府受理案件后,逮捕了赵清贶,并将其刺配远恶州郡。看过《水浒传》的都知道,宋朝的刺配是将犯人脸上刺字、杖脊之后发配远方的刑罚。赵清贶杖脊发配之后,走到半路,因棒疮发作而死。因此案涉及到当朝宰相,谏官韩绛上书弹劾,认为是庞籍授意开封府杀人灭口。这样一来,朝廷不得不下令彻查,可最终查无实据。但韩绛不肯罢休,"言不已",最终宋仁宗不得不罢免了庞籍宰相之职,出任郓州知州。[①]

在庞籍遭到弹劾的同时,负责审理此案的开封府官员也遇到了麻烦,因为如果赵清贶之死的确与开封府有关,那么包括知府吕公绰在内的相关官员都脱不了干系。宋朝沿袭了《唐律》的规定,实行官员的错案连带责任制。《宋刑统·名例律》"同职犯罪"门规定:"诸同职犯公坐(公罪)者,长官为一等,通判官为一等,判官为一等,主典为一等,各以所由为首。"根据北宋州府衙门案件审理程序,案件在经过推鞫、检断、勘结三道程序后,由长吏当厅虑问(也称录问),认定事实无误,由相关官员联署方可作出判决。判决之后,如果发现判决有错的,不仅主审官要承担责任,所有联署官员包括长官都要根据各自在案件审理中的职责及过错,承担相应的连带责任。北宋初年就规定:"应断狱失人死刑者,不得以官减赎,检法官、判官皆削一任,而检法仍赋铜十斤,长吏则停任",[②]这就明确了主审官(主典)、检法官(司法、法曹参军)、判官、长

---

① 《续资治通鉴长编》卷175。
② 《宋史》卷199《刑法一》。

吏的连带责任。在北宋历史上,类似的案例是很多的。

　　我们之前谈到过的宋太宗雍熙元年(984 年)的"王元吉"一案(见《北宋的登闻鼓是如何运作的》一节)在平反昭雪后,原审此案的开封府官员都受到了连带处罚:知府刘保勋夺俸三月,推官张雍及左右军巡院判官韩照裔、宋廷照并夺一官勒停(免官降级),左右军巡使殿直庞刚、王业降职处分,主审的官吏决杖流放海岛。① 宋仁宗天圣九年(1031 年),陇州陇安县民庞仁义诬告马文千、高文密等五人为劫盗,州衙对五人严刑逼供,高文密死于刑讯之下,其余四人屈打成招。知州孙济在草草录问之后即判处四人死刑。后来真正的劫盗在秦州被捕。尽管正值大赦,但朝廷依然对审理此案的官吏给予了相应的处罚:司理院狱吏杖脊配沙门岛,司理参军严九龄、推官李廓、判官李谨言并除名配广州衙前,知州孙济贬雷州参军。②

　　当然,如果在审理过程中,相关官员对定罪和量刑有不同意见的,可以拒绝签署,或记录在案,若日后证实此案判决确为不当的,则可免于连坐;若是因此而雪活人命的,还要给予相应的奖励。据《宋史·邵晔传》记载:宋太宗时,邵晔任蓬州录事参军时,知州杨全"性悍率蒙昧",属下百姓张道丰等被诬为劫盗,草草审讯后都被判处死刑。邵晔察觉这是个冤案,拒绝在判决书上签署,请求杨全再仔细核查,但被杨全拒绝。张道丰等临刑称冤,案件便按照"别勘"程序重新复核。不久,真正的劫盗被抓获,张道丰等人被无罪释放,而杨全则被"削籍为民"。邵晔任满回京,宋太宗召见他,对他说:"尔能活吾平民,深可嘉也。"并"赐钱五万,下诏以(杨)全事戒谕天下;授(邵)晔光禄寺丞,使广南采访刑狱。"③

　　因此,在本案中,谏官韩绛弹劾庞籍授意开封知府吕公绰在对赵清贶脊杖时做了手脚,从而使得赵清贶半道而亡,以达到杀人灭口的目的。因涉及到开封府官员犯罪,杖杀赵清贶一案便由御史台进行审理。

---

① 《宋会要辑稿·刑法五》,《宋史》卷 276《刘保勋传》。
② 《续资治通鉴长编》卷 110。
③ 《宋史》卷 426《循吏》。

御史台认为吕公绰接受庞籍旨意、杖杀赵清贶以灭口的事实存在,吕公绰因此被贬为徐州知州;原开封府推官孙锡和判官王砺此前已经提任,现在案发,连带遭到追贬;侍御史吴祕因未及时对此案进行监察弹劾,也被贬为濠州知州。吕公绰对这一处理决定不服,上书为自己辩解。宋仁宗令现任开封知府杨察复审,查明对赵清贶进行脊杖是在判官厅执行的,并非吕公绰亲自所为;但吕公绰作为长官,依然有不可推卸的责任。因此宋仁宗只是将复核的结果告知他,并未改变贬官的处理决定,只是在过了一段时间后又将他召回。① 而庞籍被罢免宰相职务后,一直在地方任职,直到上书告老才回到京城。

11. 六塔河狱:北宋的重大责任事故案

宋仁宗庆历八年(1048 年),黄河在澶州商胡埽(今河南濮阳东北)决口,造成大名府及恩、冀等州河水泛滥;而黄河改道北上,也失去了抵御北方契丹侵略的地理优势。因此,当时就有人提出堵塞黄河北流通道,将黄河改道六塔河引向东流的计划。但在后来实施的过程中,由于决策失误,演变成为了一起重大责任事故案。

商胡决口发生后,宋仁宗立即派翰林学士宋祁等前往视察决口情况及统计修复工程所需人工材料等,可见最初的想法还是修复决口。但时任判大名府的前宰相贾昌朝建议修复黄河故道,然后堵塞黄河由商胡北流的通道,引黄河水东流,“永为大利”。宋仁宗对他的建议也很重视,几次委派官员去实地察看,“相度修复黄河故道利害以闻”。②

由于修复河道需要大量人力物力和财力,而各地连续发生的水灾,使得朝廷无力进行大规模的治水工程,这件事就这样被耽搁下来。皇

---

① 《续资治通鉴长编》卷 175。
② 《续资治通鉴长编》卷 165。

祐三年（1051年），黄河又在馆陶县郭固决口，于是治理河道之事又被提上日程。在是否恢复黄河故道还未拿定主意时，时任勾当河渠司事的李仲昌又提出新的建议：开六塔河，堵住北流的河水，将水引入黄河故道。宋仁宗将这一建议交大臣讨论，引发了不同意见的争论，出现了反对兴建工程的第三种意见。

澶州知州、建武节度使曹偯就认为："河决殆天时，未易以人力争""以臣之见，不如徐观其势而利导之，万全之算也。"①翰林学士欧阳修也说："贾昌朝欲复故道，李仲昌请开六塔，互执一说，莫知孰是。臣愚见皆谓不然。"认为"商胡不可塞，故道不可复，此所谓有害而无利者也。就使幸而暂塞复，以纾目前之患，而终于上流必决，如龙门、横陇之比，重以困国劳人，此所谓利少而害多也。"并特别指出，六塔河宽仅五十步，"欲以五十步之狭容大河之水，此可笑也！"河北转运使周沆更是警告说："所规新渠，视河广不能五之一，安能容受？此役若成，河必泛溢，齐、博、滨、棣之民其鱼矣。"②

但时任宰相的文彦博、富弼等支持李仲昌主张，于至和二年（1055年）底决定堵塞商胡，借道六塔河将黄河水引入故道，并委派官员负责工程实施。同时，任命李仲昌为都大提举河渠司，内殿承制张怀恩为修河都监，具体负责工程的施工。

次年夏天，六塔河工程正式开工。李仲昌等堵塞了商胡，将向北流的黄河水引入六塔河。果然，由于六塔河的河道过于狭窄，无法容纳汹涌奔腾而来的黄河水，当晚再度决口，"溺兵夫、漂刍藁不可胜计"，③造成重大事故。

事故发生后，自然要查明事故原因，追究相关人员的责任。殿中侍御史赵抃认为，这是一起因违法施工所造成的重大责任事故："今春朝廷指挥，商胡北流口，候至秋冬闭塞。其修河司李仲昌、张怀恩等全不依禀制旨，妄称水势自然过六塔新河，盛夏之初，遂尔闭合，一日之内，

---

① 《续资治通鉴长编》卷176。
② 《续资治通鉴长编》卷181。
③ 《续资治通鉴长编》卷182。

果即冲开,失坏物料一二百万,溺没兵夫性命不少。民力疲敝,道途惊嗟。岂非意在急功,力觊恩赏,失计败事,罪将谁归?伏望陛下特赐宸断,其(李)仲昌、(张)怀恩及应管勾臣僚使臣等,亟加贬黜,以正典刑。"①

但此时朝廷考虑的,首先是采取补救措施,尽量减少损失,并委派龙图阁直学士、给事中施昌言为枢密直学士、知澶州,继续完成六塔河工程。何况这项工程是得到宰相支持的,因此对于负有责任的官员,也仅仅给予降职处分:知澶州、修河都部署、天平留后李璋改任曹州知州,河北转运副使、同管勾修河、司封员外郎燕度改任蔡州知州,提举开封府界县镇公事、同管勾修河、度支员外郎蔡挺改任滁州知州。李仲昌、张怀恩被撤销了原任修河职务。

对于这样的处理决定,赵抃第一个出来表示反对,认为"(李)仲昌等奸谋辨口,诬惑朝廷,邀利急功,兴起力役,为害不浅,败事已多,固宜行窜殛之刑,岂得蒙宽宥之诏?伏望特赐指挥,其李仲昌、张怀恩、李璋、蔡挺、燕度等并从公议,改置严科。"②而新任河北体量安抚使的韩绛则要求成立特别法庭,专门审理此案。于是,原先主管工程的官员遭到追贬,张怀恩潭州编管,李仲昌英州衙前编管,而且即使今后遇到恩赦,也"不得复官及差遣"。宋朝对官员的编管是类似于流刑的一种处罚,可见对李仲昌等人的处罚是非常严厉的。③

按理说对此案的审理到此结束了,可没想到又节外生枝。原宰相贾昌朝因自己恢复黄河故道的建议未被采纳,故而怀恨在心,想借此案打击宰相文彦博、富弼。为此,宋仁宗专门设置"诏狱",派遣御史和宦官审理。但御史吴中复认为"恐狱起奸臣,非盛世所宜有,臣不敢奉诏",请求由中书按照程序处理,避免案件处理扩大化,只是对李仲昌等给予了严惩。④

---

① 《续资治通鉴长编》卷182。
② 《续资治通鉴长编》卷182。
③ 《续资治通鉴长编》卷184。
④ 《续资治通鉴长编》卷184。

六塔河狱作为一起重大责任事故,根源还是在于治理河道的决策方面,但承担责任的却是具体的执行者,而且关于黄河改道的工程并未就此停止。其后宋神宗时又两度启动黄河改道工程,结果同样造成大规模的黄河决口,河北、山东和苏北一带大片土地成为荒地,极大消耗了宋朝的国力,成为了北宋灭亡的一个重要原因。后人甚至认为,如果没有这三次黄河改道工程,河北依然保持原样,估计北宋没那么快灭亡。

12. 铁面御史与宰相家虐杀女奴案

在北宋历史上的御史群体中,有"铁面御史"之称的赵抃可以说是比较突出的一个,史称其"弹劾不避权倖,声称凛然,京师目为铁面御史",[1]包括宰相、枢密使、宣徽使及翰林学士在内的一大批高级官员都因他的弹劾遭到罢免,而他对当朝宰相陈执中家虐杀女奴案的弹劾,则是轰动一时的一起大案。

陈执中两度入朝为宰相,他"在中书八年,人莫敢干以私,四方问遗不及门",[2]称得上是一个干练之才。但他治国虽有道,治家却无方。《宋史》引用礼官对他评价的话说:"闺门之内,礼分不明,夫人正室疏薄自绌,庶妾贱人悍逸不制,其治家无足言者。"[3]他宠幸的爱妾张氏骄横跋扈,难免弄出事来。宋仁宗至和元年(1054年)冬,家中13岁的女奴迎儿因小事拂逆张氏,结果被张氏毒打,"累行箠挞",还"穷冬裸冻,封缚手腕,绝其饮食,幽囚扃鑶,遂致毙踣",被活活折磨致死。[4]

家里弄出了人命,不得不报官处理。开封府派人验尸,见尸身伤痕累累,显然是被殴打致死的。根据《宋刑统·斗讼律》的规定:"诸主殴

---

① 《宋史》卷316《赵抃传》。
② 《宋史》卷285《陈执中传》。
③ 《宋史》卷285《陈执中传》。
④ 《续资治通鉴长编》卷177。

部曲至死者,徒一年。故杀者,加一等。其有愆犯,决罚致死及过失杀者,各勿论";但如果是妾杀了奴婢,虽然可以减轻处罚,依然要承担刑事责任。因此,陈执中为了袒护自己的爱妾,便将事情揽了下来,说是自己打死的,按照《宋刑统》的规定,自然也不用承担责任。然而,民间纷纷传言迎儿是被张氏打死的。因此,时任殿中侍御史的赵抃上书要求彻查此案。而陈执中为了应付舆论,也不得不要求成立"诏狱"查办此案。①

宋朝的"诏狱"是官员犯罪以及涉及朝廷高级官员的案件而专门成立的特别法庭,由皇帝指派官员进行审理。为此,宋仁宗应陈执中的请求,下令在嘉庆院设置诏狱,并命太常少卿、直史馆齐廓负责审理此案。但不久齐廓就声称生病,宋仁宗改命龙图阁直学士、左司郎中张昇负责审理;张昇又借口不干,宋仁宗只得再另行委派给事中崔峄负责审理。但陈执中却阳奉阴违,拒绝配合"追取证佐",相关人证也"皆留不遣",理由是"不欲枝蔓多人",使得案件真相无法查明。而崔峄则顺水推舟,声称是陈执中因迎儿出言不逊,顶撞自己,一气之下不慎将其打死,并非张氏所为,"颇左右(陈)执中"。此案的审理就此结束,陈执中投桃报李,不久就委任崔峄为庆州知州兼陕西四路安抚使。②

一起影响重大的案件就此草草了结,显然难以服众。赵抃向宋仁宗上奏弹劾陈执中,一口气罗列了他的八大罪状,并揭露除迎儿外,另有两名女奴也遭到残害,"凡一月之内,残忍事发者三名,前后幽冤,闻固不少,因而兴狱,寻自罢之,厚颜复来,无所畏惮",要求罢免陈执中。御史中丞孙抃也上奏,认为迎儿一案,朝廷多次派官员审理,"狱体之重,未尝有如此者",但陈执中"务徇私邪,曲为占庇,上昧圣德,下欺僚寀,凡所证逮,悉皆不遣,致使狱官,无由对定,罔然案牍,喑默而罢","欺罔悍顽,一至于此!"如果就此草草结案,"如国体何,如朝法何,如公议何,如庙社何,如四方何!"③

① 《续资治通鉴长编》卷177。
② 《续资治通鉴长编》卷178。
③ 《续资治通鉴长编》卷178。

然而,知谏院范镇因得到陈执中的提拔,此时出来替陈执中辩白,认为不能以宰相的"家事"而废其"职事"。赵抃指斥范镇"惑蔽听断,肆为诬罔"。但范镇也不是省油的灯,他在给宋仁宗的奏章中,承认陈执中"乞置诏狱,却不遣干连人赴制院,此诚执中之罪也",但认为陈执中这么做也有他自己的难处,因为一旦相关人员出庭接受调查,那陈执中本人也必须到场,如此一来,"为一婢子令国相下狱,于国之体,亦似未便";况且从法律上说,奴婢"有愆犯决罚致死及过失杀者,各勿论。昔之造律之人,非不知爱人命而造此律,直以上下之分不可废也。今(陈)执中之婢正得有愆犯决罚致死,无罪当勿论";而赵抃等御史要求追查此案,是"弃法律而牵于浮议也,任私情而不顾公道也,务己胜而专于逆诈也"。因此,他建议宋仁宗"敕大臣以法律处之,以古所行之事折衷之,则是非辨而赏罚当矣。"①

根据当时官场惯例,宰相一旦遭到弹劾,应主动向皇帝提出待罪停职,由皇帝决定去留,这也是北宋为了牵制宰相权力的一个重要举措,陈执中自然也不例外。他在被赵抃弹劾后,便"家居待罪";赵抃也见好就收,"不敢再三论列,惧成喋喋,烦黩宸听也"。但没过两个月,陈执中又"遽然趋朝,再入中书,供职如旧"。赵抃见状,再度上奏章,一定要就此案分个是非曲直。御史台的长官孙抃也要求率御史台全体官员上朝论辩,被宋仁宗阻止。这时,翰林学士欧阳修、知制诰贾黯也上书请求"议正(陈)执中之过恶,罢其政事"。翰林学士和知制诰是中书省的要职,是宰相的下属,因而欧阳修和贾黯上书的同时,提出外放的请求。宋仁宗居然答应了他们的要求,任命欧阳修为蔡州知州,贾黯为荆南知府。这样一来,更是激化了矛盾。在大臣们的反对下,宋仁宗被迫收回了外放欧阳修和贾黯的任命。②

赵抃见宋仁宗百般袒护陈执中,迟迟不作出处理,便再次上书弹劾,要求宋仁宗"早发宸断,正(陈)执中之罪,而罢免之"。迫于压力,宋

---

① 《续资治通鉴长编》卷178。
② 《续资治通鉴长编》卷179。

仁宗不得不于至和二年（1055年）六月下诏，免去了陈执中的宰相职务，罢为镇海节度使，总算是给这场纷争画上了句号。^① 四年后的嘉祐四年（1059年），陈执中去世。而张氏后来则被自己的媳妇串通奴婢所杀，并因此又引发了另一起大案。^② 当然，这是后话了。

13. 铁面包公的另一面

历史上的包公（包拯）素以铁面无私、执法如山著称。他进士及第后，在朝廷，主要担任御史和谏官；在地方，主要担任转运使。这些职务都具有监督和监察职能，尤其是御史和谏官等"台谏官"，主要职责就是监督弹劾违法乱纪的官员。包拯在御史和谏官岗位上，不惧权贵，"数论斥权倖大臣"。^③ 他担任御史时，就多次弹劾转运使王逵，最终迫使宋仁宗免了王逵转运使的职务。他任知谏院时，又同御史们一起，阻止宋仁宗任命张贵妃的伯父张尧佐为宣徽使。而世人对包拯的铁面无私、执法如山的认识，更多的还是体现在办案方面，这无疑是受到戏剧舞台上包公戏的影响。实际上，包拯担任开封知府的时间并不长，也没有留下什么具体的办案记录。他于嘉祐元年（1056年）12月被任命为开封知府，嘉祐三年（1058年）4月调任权御史中丞，在开封知府任上不过一年零四个月的时间，但从史书中关于他在开封知府任上"立朝刚毅"的记载来看，也充分反映了他的这种性格。

按照惯例，百姓告状不能直接到开封府大堂上递诉状，而是由胥吏收受后转交。而包拯上任后，下令将开封府衙大门敞开，百姓可以直接前来申诉曲直。这样一来，胥吏就不敢弄权作弊了。开封府是达官贵人、豪门望族聚居之处，他们的私家园林侵占了惠民河，堵塞了河道。正好遇上开封发大水，包拯便借此机会将这些权贵们侵占河

---

① 《续资治通鉴长编》卷180。
② 见本书第三章：《陈世儒妻杀婆案的疑云》。
③ 《宋史》卷316《包拯传》。

道而建的亭台水榭统统拆掉。这样一来，"贵戚宦官为之敛手，闻者皆惮之。"这些举措，自然赢得了普通百姓的欢迎，"人以包拯笑比黄河清，童稚妇女，亦知其名"，并且"京师为之语曰：关节不到，有阎罗老包"。①

然而，包拯的铁面无私、执法如山，似乎并不是那么僵化，有时也是要看情况的。《宋史》在谈到这个问题时，有过这样一个评价："（包）拯性峭直，恶吏苛刻，务敦厚，虽甚嫉恶，而未尝不推以忠恕也。"②显然，所谓铁面无私、执法如山，也有例外的时候。

先看执法如山。包拯任三司使时，河北都转运使李参一下子裁减清退了老弱士兵万余人，被裁的士卒自然不满，"颇出怨言"。骁骑张玉素来性情凶狠，怀疑是包拯因皇室祭祀临近，为节约经费，减少受赏士卒人数（一般祭祀后都会给予军士一定的奖赏），故意授意李参提前裁减军士员额。因此，公然闯入三司使衙门，当众大骂包拯。而包拯不仅不治罪，反而叫来医生给他诊治，说他有精神病，将他交给禁军衙门殿前司处理。倒是负责京城治安巡逻的官员看不过去，向宋仁宗作了汇报，将案件交开封府审理。而台谏官交相认为张玉"骄悖，敢凌辱大臣，不可不诛"。结果开封府将张玉杖杀。③

驻守泾州的士卒因对朝廷欠饷不满，密谋叛乱。虽然被及时平定，但朝廷认为三司衙门官吏在这件事上负有责任，下令追查。而包拯竟然袒护下属，"护吏不遣"。提举在京诸司库务胡宿认为，包拯这一行为"可谓曲法申慈。而拯不知省惧，公拒制命如此，则主威不行，纲纪益废矣！"结果包拯"皇恐遣吏就狱"。④

从这两件事来看，包拯对违法者的"宽容"和"袒护"，可能有他的理由，但也反映了他"虽甚嫉恶，而未尝不推以忠恕也"的性格，说明他的确有"曲法申慈"的一面，在执法如山方面还是打折扣的。

———————————

① 《宋史》卷316《包拯传》。
② 《宋史》卷316《包拯传》。
③ 《续资治通鉴长编》卷190。
④ 《续资治通鉴长编》卷190。

再看铁面无私。包拯在这方面最受当时和后人诟病的,就是在三司使人选问题上的"蹊田夺牛"。张方平曾经担任三司使之职,是一个著名的理财专家。嘉祐元年(1056年),张方平再度出任三司使,向朝廷提出了漕运十四策。宰相富弼向宋仁宗读张方平的奏折,时已半夜三更,卫士都打瞌睡了,而宋仁宗听得很投入,"太息称善",要求按照张方平的建议施行。富弼对张方平赞叹道:"自庆历以来,公论食货详矣,朝廷每有所损益,必以公奏议为本,凡除主计,未尝敢先公也。"① 然而,张方平因低价购买了开封富商刘保衡的宅子,被时任御史中丞包拯弹劾,说他身为三司使,"乘势贱买所监临富民邸舍,无廉耻,不可处大位。"结果张方平被免去了三司使之职,出任陈州知州。②

张方平免职后,朝廷任命宋祁为三司使。任命发布后,包拯又上奏说宋祁之兄宋庠为当朝宰相,宋祁应当回避,不宜担任三司使,而且"累论之不已"。结果宋祁没做几天就被罢免,出任郑州知州。③

宋祁被罢免后,朝廷又任命包拯为三司使。任命发布后,舆论大哗。翰林学士欧阳修上书反对,认为这一任命对包拯而言是"逐其人而代其位",有损名节;对朝廷而言是"贪(包)拯之材而不为拯惜名节",希望宋仁宗为包拯的名节考虑,"别选材臣为三司使,而处(包)拯他职,置之京师,使拯得避嫌疑之迹,以解天下之惑,而全拯之名节,不胜幸甚!"④

虽然宋仁宗最后还是维持了对包拯三司使的任命,而且从后来包拯在三司使任上的所作所为来看,也算是称职的。但这一事件,尤其是欧阳修对他的"蹊田夺牛"(牛踩踏了田地,不仅责罚牵牛人,还要将牛据为己有)的指责,的确给包拯铁面无私的形象蒙上了一层阴影。是非曲直,至今仍难有定论。

---

① 《续资治通鉴长编》卷183。
② 《续资治通鉴长编》卷189。
③ 《续资治通鉴长编》卷189。
④ 《续资治通鉴长编》卷189。

14. 欧阳修的两起"风流案"

　　北宋的大文豪欧阳修不仅文章名满天下,而且为官正直敢言,不惧权贵。《宋史》中说他"论事直切,人视之如仇",而且"平生与人尽言无所隐"。① 那些被他弹劾的大臣,包括宰相陈执中在内,大都被免去了职务。甚至在担任枢密副使和参知政事、成为执政大臣后,依然"士大夫有所干请,辄面谕可否,虽台谏官论事,亦必以是非诘之,以是怨诽益众"。因此,他的政敌对他恨之入骨,一旦有机会就罗织罪名对他进行打击诬陷。虽然欧阳修"以风节自持",但"数被污蔑"。其中对他打击最大、险些使他遭受牢狱之灾,并且为后人留下诬蔑他的口实的,恰恰是两起"风流案"。

　　第一起案件发生在庆历五年(1045 年)。当时,在朝廷重臣夏竦等人的打击下,主持"庆历新政"的范仲淹、富弼和韩琦等先后以"朋党"的罪名被罢免了执政之职,出任地方官;支持他们的杜衍也被罢免了宰相职务。时任河北都转运使的欧阳修上书宋仁宗为他们申辩,称"杜衍、韩琦、范仲淹、富弼,天下皆知其有可用之贤,而不闻其有可罢之罪",指斥那些反对"庆历新政"的人"欲广陷良善,不过指为朋党,欲动摇大臣",并说:"今此四人一旦罢去,而使群邪相贺于内,四夷相贺于外,臣为朝廷惜之。"这样一来,那些"邪党"对他更加嫉恨,借他与外甥女"通奸"一事,掀起了一场大案。

　　欧阳修有个妹妹嫁给了张龟正,张龟正与前妻生育有一女张氏。结婚不久张龟正便去世了,欧阳修的妹妹孤苦无依,带着年仅 4 岁的张氏回到了娘家。张氏 15 岁时,欧阳修将她嫁给了族兄之子欧阳晟为妻。但不知怎么,张氏居然同欧阳晟的仆人陈谏私通,结果东窗事发,案件交由开封府审讯。

---

① 《宋史》卷 319《欧阳修传》。

时任权（代理）开封府知府的杨日严之前担任益州知州时，因贪赃不法行为遭到欧阳修的弹劾，便打算将案件往欧阳修身上扯，借此机会对欧阳修进行打击报复，"因使狱吏附致其言以及（欧阳）修"。根据《宋刑统》的规定："诸奸者，徒一年半；有夫者徒二年。"但如果是奴仆同女主人通奸的，要处以绞刑，女主人减一等，流三千里。陈谏同张氏通奸的行为，就属于"奴奸主"。因此，在开封府右军巡院审讯时，张氏害怕受到重罚，"且图自解免"，竟然声称是与欧阳修通奸，而且"其语皆引公未嫁时事，词多丑异。"但负责审讯此案的军巡判官、著作佐郎孙揆认为张氏的说法不可信，因此"止劾张与（陈）谏通事，不复支蔓"。而当朝宰相贾昌朝等不满这一结论，谏官钱明逸则趁机上书弹劾欧阳修"私于张氏，且欺其财"，还举出欧阳修所作的一首《望江南》词为证，说欧阳修早就对张氏图谋不轨：

> 江南柳，叶小未成阴。人微丝轻那忍折，莺怜枝嫩不胜吟。留取待春深。
> 十四五，闲抱琵琶寻。堂上簸钱堂下走，恁时相见已留心。何况到如今。

于是，宋仁宗听从了宰相贾昌朝等人的建议，组成特别法庭，由太常博士、三司户部判官苏安世专门负责，并委派宦官王昭明监督案件的审理。苏安世慑于贾昌朝的权势，打算按照张氏的指控，坐实欧阳修的罪名。但王昭明见到苏安世撰写的判决意见后大惊，对苏安世说：宋仁宗对欧阳修极为欣赏，"无三日不说欧阳修；今省判所勘，乃迎合宰相意，加以大恶，异日昭明吃剑不得。"苏安世听他这么一说，也害怕了，不敢更改孙揆先前的判决意见，只是将欧阳修挪用张氏的钱购买田产的事实如实上奏。最终欧阳修因"坐用张氏奁中物买田立欧氏券"，被贬为滁州知州。① 在贬斥的诏书中，称他"不知淑慎以远罪辜，知出非己

---

① 《归田录》卷下，《续资治通鉴长编》卷 157。

族而鞠于私门,知女归有室而纳之群从","语连张氏之资,券既不明,辨无所验。"①但因此有了那篇脍炙人口、流传后世的《醉翁亭记》。

第二起案件发生在治平四年(1067年),起因也是与他的亲戚有关。欧阳修妻子的堂弟薛良孺因举荐的官员犯罪而连带受到处罚,当时欧阳修身为参知政事(副宰相),他妻子自然希望能够帮忙使薛良孺免于受到处罚。而正逢大赦,按规定薛良孺可以被赦免,但欧阳修却认为,不能因为自己是执政大臣而使薛良孺侥幸得以免罪,因而要求不能对薛良孺法外开恩,结果薛良孺因此而遭到免官的处罚。薛良孺对欧阳修恨得咬牙切齿,寻找机会报复,竟然编造出欧阳修同自己的长媳、盐铁副使吴充之女吴氏通奸的谣言。集贤校理刘瑾正好与欧阳修有仇,听到这个谣言后便四处传播。御史中丞彭思永听说后,又当作小道消息讲给了他的部属殿中侍御史里行蒋之奇听。蒋之奇听说后,觉得奇货可居,立即独自上殿,向宋神宗弹劾欧阳修,请求对他严加惩处,"肆诸市朝"。宋神宗觉得此事不可思议,"疑其不然";但蒋之奇又"引(彭)思永为证,伏地叩首,坚请必行。"彭思永证明确有此事,说欧阳修"罪当贬窜"。

宋神宗见事关重大,便将此案交由枢密院调查。欧阳修上书自辩:"乞选公正之臣,为臣辨理";欧阳修的亲家吴充"亦上章乞朝廷力与辨正虚实,明示天下,使门户不致枉受污辱"。宋神宗要求彭思永和蒋之奇提供证据,但彭思永却抬出了御史有"风闻言事"的特权,拒绝提供消息来源,并说:"法许御史风闻言事者,所以广聪明也,若必问其所从来,因而罪之,则后不得闻矣,宁从重谪,不忍塞天子之言路。"

最终还是宋神宗亲自出面,将彭思永贬为黄州知州,蒋之奇贬为监道州酒税,"仍榜朝堂,使中外知其虚妄"。并安抚欧阳修说:"事理既明,人疑亦释,卿宜起视事如初,无恤前言"。但欧阳修经此打击,已无意继续在朝中任职,"力求退",被免去了参知政事,以观文殿学士、刑部

①　《默记》。

尚书出任亳州知州。①

15. 因贪腐而获罪的北宋法律专家孙沔

宋仁宗时,在抵御西夏的战争中,涌现出了一批杰出的官员,如韩琦、范仲淹等。他们入朝之后大都担任执政大臣,堪称一时之选,孙沔也是其中比较突出的一位。然而,与其他人不同,孙沔虽然文武全才,而且精通法律,却在金钱和女色之上栽了跟斗,未能很好发挥他的才干。正如史书中所评价:"(孙)沔居官以才力闻,彊直少所惮,然喜宴游女色,故中间坐废",②不能不说是非常可惜的。

孙沔为官以干练敢言著称,他曾因直言连遭贬斥,但无论在哪里做官,"所在皆著能迹"。他并未因直言遭贬而退缩,而是"论事益有直名"。他在陕西转运使任上,上书批评当朝宰相吕夷简:"自夷简当国,黜忠言、废直道。为相不进贤,但引若己者,以为自固之计","虽尽南山之竹,不足书其罪也。"赢得舆论的高度赞誉。③

孙沔在庆历年间曾担任陕西都转运使,环庆路都总管、安抚经略使,并三度出任庆州知州,是驻守西边、抵御西夏的重要军事统帅之一。侬智高在南方发动叛乱后,孙沔被任命为湖南、江西两路安抚使,"以便宜从事",后又加封广南东路和广南西路安抚使,负责防范侬智高北进。大将狄青受命征讨侬智高,孙沔与他合兵一处,击败了侬智高。叛乱平定后,孙沔又"留治后事"。因此,宋仁宗时的几次重要战争孙沔不仅都参与了,而且作出了重要贡献。也正因为如此,不久就被任命为枢密副使,成为执政大臣。

孙沔的干练之才,还突出反映在他的办案能力方面。孙沔可以说是北宋时期的法律专家和办案能手。据宋人张鎡的《仕学规范》记载,

---

① 《续资治通鉴长编》卷 209。

② 《宋史》卷 288《孙沔传》。

③ 《宋史》卷 288《孙沔传》。

孙沔进士及第后任赵州司理参军时，就办过这样一起案件：属县一群16人的盗贼为逃脱追捕，将凶器和赃物扔进了一户民家。而这户民家正在聚会饮酒，恰好也正是16人。官差便将他们"人赃俱获"，严刑逼供之下，都被屈打成招，依法应当判处死刑，因此县衙将案件上报州衙。但孙沔觉得案情可疑，因此并未立即判决，而是将案件压下复审。知州见他迟迟不签发判决，非常恼火。我们前面谈到过，北宋实行审判连带责任制，如果知州越过司理参军作出判决，一旦发生差错，就要承担主要责任，因此只得听任孙沔处理。不久，真正的盗贼被捕获，知州又喜又惊，说：要不是你，我逃脱不了罪责。[①]

在宋人郑克编纂的案狱集《折狱龟鉴》中，收录了4起（其中1起重复，实为3起）孙沔办理的案件。孙沔任杭州知州时，一个乞丐被控偷人铁锅，但乞丐辩称自己左臂没手，右臂也只有两根手指，不可能偷锅。孙沔见乞丐的手确实如此，便斥责原告诬良为盗，将其轰出衙门。同时，为了弥补乞丐，将铁锅判给他作为补偿。开始乞丐还推辞，在孙沔再三安慰之下，乞丐接受了，只见他用两根手指夹起铁锅，再用左臂顶在头上走出衙门。孙沔一见，立刻下令将乞丐追回，当场将他的手指砍断示众。

孙沔虽然巧妙地破了这起案件，但法外用刑，手段未免过于残忍。因此《折狱龟鉴》在点评这起案件时也说："丐者盗镬，事极微末，谲得其情，法外刑之，亦何忍哉？此世俗所夸以为严明，而君子不取者也。"[②]其实，这也反映了孙沔一贯的性格。《宋史》中称其"跌荡自放，不守士节，然才猛过人"，可以说是一个中肯的评价。也正是这种"跌荡自放"的性格，造成了他的悲剧。

孙沔辞去枢密副使之职后，在杭州、并州和青州等地任知州，但秉性不改，"淫纵无检，守杭及并（州）所为不法"，结果御史中丞韩绛、监察御史沈起以及谏官吴及等相继对他进行弹劾。宋仁宗将他调任寿州知

---

① 《仕学规范》卷27。
② 《折狱龟鉴》卷5。

州并派使者去调查,结果他在任上的种种不法行为因此被揭露出来。从查明的种种"劣迹"来看,大体上是三种情形:

一是强夺民女、生活淫乱。他在处州(今浙江丽水)时,在游人中遇见女子白牡丹,心生爱慕,便引诱她与自己通奸;他在杭州时,看上了金家的女子,便在大白天派吏卒用轿子将她抬进府内淫乱;赵家的女子已经许嫁给莘旦,孙沔在游西湖时看见她,便设计将她弄入府中霸占,"与饮食卧起"。

二是利用职权,巧取豪夺。他任杭州知州时,从萧山百姓郑旻那里购买棉纱,因郑旻要价过高,便怀恨在心。后来发现郑旻有偷税行为,便公报私仇,将其发配;他看上了百姓许明收藏的郭虔晖的《秋郊鹰雉图》,但许明拒绝送给他,他便捏造罪名将许明刺配,并趁机将画据为己有;在并州知州任上,役使吏卒往来青州、麟州等地贩卖纱、绢、绵、纸、药物等,牟取私利。

三是任情滥刑,草菅人命。他在杭州任上,判决刺配的犯人多达百余人。等到离任时,将案卷私藏,使得诉冤者因找不到案卷而无法伸冤;他在州衙大堂上摆放大棒,常常因暴怒而杖责告状的人,还用私刑处置盗贼,甚至挑断他们的脚筋使其致残。①

案情上报后,宋仁宗下令将孙沔贬为宁国节度副使。北宋时的节度副使、团练副使等都是专门用于安置那些犯有罪错的官员的,如苏东坡就曾因"乌台诗案"被贬为黄州团练副使。因此,贬为节度副使的处罚相当于是徒刑,这个处罚对孙沔而言应该是比较重的。好在宋朝对士大夫还是比较宽容的,后来还是给他安排了一个闲职,并以礼部侍郎的身份退休。

宋英宗即位后,因缺乏有才干的大臣镇守西部边关,时任参知政事欧阳修便推荐孙沔,说他"养练士卒,招抚蕃夷,恩信最著。今虽七十,心力不衰,中间曾以罪废,然宜弃瑕使过。"因此重新起用他为庆州知州,又改任延州知州,但不幸在半道去世。

---

① 《宋史》卷288《孙沔传》。

第三章 变 革

01. 阿云之狱的真相与影响

阿云之狱是宋神宗熙宁初年发生的一起普通的刑事案件,同时也是中国法制史上的一起著名案件。在审理过程中,围绕"谋杀已伤"是否适用自首减刑的问题,在朝廷官员之间展开了激烈的争论,最终是以君主敕令取代了法律规定,成为后来王安石推行变法改革的前奏曲。之后围绕案件又不断进行争论,直至今日,也不断有人在网上就这个案件衍义出了种种说法,更加深了人们对这个案件的关注。

阿云是登州(今山东烟台)的一个农家女子,在母亲死后服丧期未满时,便由尊长作主,将她许配给了一个叫韦阿大的男子。可阿云嫌韦阿大相貌丑陋,不愿意嫁给他,于是便趁韦阿大夜间独宿田间小屋熟睡之机,用刀砍杀。但终因力气太小,砍了十几刀也未能将他杀死,只是砍断了一根手指。韦阿大被砍后大声呼救,阿云则趁着天黑逃走了。官府抓不到凶手,怀疑是阿云干的,将她抓起来审讯。还未动刑,阿云就全盘招供了。

案情清楚了,但在如何定罪量刑的问题上,却遇到了麻烦。阿云已经许配给了韦阿大,从法律上说属于夫妻关系,按照《宋刑统·贼盗律》

的规定:谋杀丈夫的一律处斩。但登州知州许遵认为:阿云是在母亲丧服期间许配给韦阿大的,按照《宋刑统·户婚律》的规定属于"违律为婚",婚姻关系无效,应按照普通人谋杀处理;同时,阿云是在审讯过程中主动坦白的,按照《宋刑统·名例律》"疏议"的解释:"犯罪之徒,知人欲告,及按问欲举而自首陈"的,"归首者各得减罪二等坐之。"而宋仁宗嘉祐年间的《嘉祐编敕》也规定:"应犯罪之人,因疑被执,赃证未明,或徒党就擒,未被指说,但诘问便承,皆从律按问欲举首减之科。"①因此,阿云的行为应当属于"自首",减谋杀罪二等,按照"二死、三流各同为一减"(即死刑减一等为流刑,流刑减一等为徒三年)的规定,判处阿云徒三年。

许遵提出的判决意见,虽然援引了《宋刑统》和敕令的规定,但忽略一个具体情节:杀伤的后果。《宋刑统》中在规定"按问欲举自首减二等"的同时,还有一个例外规定:"因犯杀伤而自首者,得免所因之罪,仍从故杀伤法",比如,因盗而杀伤人而自首的,盗罪可免,但杀伤罪仍要依法论处,不适用"减二等"的规定。因此,案件上报朝廷后,大理寺、审刑院认为应按照《宋刑统》的规定,定阿云死罪,但考虑到"违律为婚"的特殊情节,奏请皇帝免除了阿云的死罪。许遵不服,上书坚持认为应当按照"按问欲举自首减二等"的规定处理。而刑部的复核,依然维持了大理寺和审刑院的判决。

按理说案件的审理到此就结束了。不久,许遵调任"判大理寺",任命发布后,立即遭到了御史台的弹劾。我们在前面也谈到过,北宋对法官的断案责任是非常严格的。御史台认为许遵在断阿云一案时适用法律错误,因此不适合担任大理寺的长官。许遵不服,要求启动特别程序,交由"两制"(翰林学士和知制诰)审议。于是宋神宗命翰林学士司马光和王安石共同审议此案,但两人意见迥异,司马光赞同刑部的复核意见,而王安石支持许遵的主张,两人各自向宋神宗提出了自己的见解。宋神宗支持王安石的意见,于熙宁元年

---

① 《宋史》卷 201《刑法三》。

(1068年)七月下诏："谋杀已伤,按问欲举,自首者,从谋杀减二等论。"①

从目前保存下来的记载来看,司马光的观点更符合法理,因而得到了多数官员尤其是司法机关官员的支持。而王安石支持许遵的主张,也有他自己的目的。宋神宗继位后,打算任用王安石进行变法改革。而进行变法改革的一个重要路径,就是要突破现行法律,以君主的"敕令"推行新法。而根据敕令对案件的处理进行裁决,无疑是树立敕令权威的机会。因此阿云之狱争论的实质,就是律敕之争。

但宋神宗的诏令并未被官员认同。御史中丞滕甫请求再选官定议,御史钱顗则要求罢免许遵。宋神宗将此案又交由翰林学士吕公著、韩维,知制诰钱公辅等重议,他们都赞同王安石的意见,但又遭到了法官齐恢、王师元等人的集体反对。宋神宗让王安石同法官进行集议,"反复论难,久之不决"。宋神宗无奈,只得又下诏:"今后谋杀人自首,并奏听敕裁。"②

不久,宋神宗任命王安石为参知政事,主持变法。王安石上任后,要求终止对此案的争论,按照原先敕令的规定处理。但判刑部刘述等不同意,坚持要求再将案件交"两府"(中书与枢密院)讨论,这是议事的最高决策程序。但两府的意见也不一致,当然多数人还是主张依照原先法律规定,不赞同王安石的观点。再争论下去,就会影响变法的决策了。于是,熙宁二年(1069年)八月再度下诏,重申了熙宁元年七月的敕令,并由开封府对拒不执行敕令的法官进行弹劾。而侍御史知杂事兼判刑部刘述则率御史刘琦、钱顗等联名上书,指责王安石"执政以来,专肆胸臆,轻易宪度",在阿云一案上"任一偏之见,改立新议以害天下",要求将王安石"早罢逐,以慰安天下"。公开挑明了争议背后的实质性问题。王安石自然不会退让,

① 《续资治通鉴》卷66,《续资治通鉴长编拾补》卷3上。
② 《续资治通鉴》卷66。

建议宋神宗对刘述等法官和御史问罪。结果,刘述被贬为江州知州,御史刘琦和钱𫖮以及法官王师元都被贬为监税的小官。司马光上书替他们辩白,但宋神宗并未予以理睬。而"按问欲举自首减二等"也作为一项原则就此确立下来。①

阿云之狱虽然尘埃落定,但争论并未终止。16 年后的元丰八年(1085 年)宋神宗去世,他的母亲高太后以太皇太后身份临朝称制,任命司马光为宰相。司马光上任后,在悉数废除新法的同时,并没有忘记阿云之狱的争论。现在网上有文章说司马光最终还是杀了阿云,不知出处何在。事实上,司马光并不敢公然废除宋神宗的敕令,只是以新皇帝宋哲宗的名义发布一道诏令:"强盗按问欲举自首者,不用减等。"实际上并没有触及阿云之狱争论的核心问题,即"谋杀已伤"是否适用自首的问题,充其量只是借此发泄自己的不满、挽回一丝颜面而已。即便如此,这一规定也遭到了质疑。时任给事中的范纯仁就认为,对"持杖强盗一律不得减等深为太重",建议对强盗等罪"按问欲举"也应根据情节予以适用。② 为此,于次年(元祐元年,1086 年)又规定:"犯罪因疑被执,如因诘问,能自首服,并依按问欲举自首法",③算是为这场争论画上了一个句号。

南宋绍兴六年(1136 年),宋高宗赵构同侍讲朱震谈论四方奏谳时说:"自王安石开按问之法,……(强盗)遂皆不死。"④绍兴十三年(1143 年)在讨论法律修改时,臣僚建议将"按问自首"的规定依旧保留,这一建议也被采纳。⑤ 绍兴二十二年(1152 年)都官员外郎刘澂在奏章中也说:"法有按问欲举自首之条,所以示民自新之路。"⑥可见这一规定直到南宋初年依然沿用。

---

① 《续资治通鉴》卷 67。
② 《宋史》卷 201《刑法三》。
③ 《续资治通鉴长编》卷 376。
④ 《建炎以来系年要录》卷 100。
⑤ 《宋会要辑稿·刑法一》。
⑥ 《建炎以来系年要录》卷 163。

02. 祖无择贪赃案是王安石小题大做吗

祖无择贪赃案发生在熙宁二年（1069 年），时任杭州知州的祖无择被控贪赃不法，朝廷为此兴师问罪，专门成立了特别法庭"诏狱"审理此案，并且还牵连了一大批人。对此，当时就有不少人认为此案是监察御史里行王子韶为讨好王安石而刻意打造的。那么，事实究竟如何呢？

从现有史料记载来看，这起案件确实是王安石主动提起的。王安石刚任参知政事不久，就"密谕监司求（祖）无择之罪"，而"监司承风旨，以赃滥闻于朝廷"，同时也检举了明州（今宁波）知州苗振贪赃罪。于是两案合并处理，委派监察御史里行王子韶前往审理。①

苗振出任明州知州后，横行不法，独断专行。国子博士裴士尧任下属奉化县知县，对苗振的不法行为进行了抵制，"（苗）振所为不法事下县，（裴）士尧皆格不行"，苗振大怒，将裴士尧投入大牢，扣上了贪赃的罪名。案件上报后，裴士尧被勒令停职，而且经恩赦不得叙用。裴士尧不服，赴京城击登闻鼓上诉。苗振贪赃不法行为也由此案发，最终被贬为复州（今湖北竟陵）团练副使。②

苗振贪赃案原本是一个孤立的案件，但因为苗振与祖无择有同事关系，因此王子韶前往处理此案时，便刻意将祖无择也牵扯进来，弹劾祖无择在杭州任上的种种不法行为。朝廷为此下令派宦官前往逮捕祖无择，并将他投入秀洲（今浙江嘉兴）大牢，并设立"诏狱"，委派都官郎中沈衡前往审理此案。

祖无择曾任知制诰、龙图阁学士等，身份非同一般，将他投入大牢

---

① 《邵氏闻见录》卷 16。
② 《续资治通鉴长编》卷 214。

审讯,自然招致了一些大臣的反对。知审刑院苏颂认为这样做"于朝廷事体颇有亏损",①祖无择身为侍从,"不当与故吏对曲直";②御史张戬也认为"(祖)无择三朝近侍,而骤系囹圄,非朝廷以廉耻风厉臣下之意,请免其就狱,止就审问。"③接替祖无择任杭州知州的郑獬也上书替祖无择辩白,认为祖无择"官谏议大夫,职龙图阁学士,乃以坐法就逮,臣不为(祖)无择惜而为圣朝惜也";而因受祖无择一案牵连,"就逮者累累,道路不绝",使得"赤地千里,蝗螟蔽天";祖无择受指控的罪行或是"事卒无实",或是"皆州郡常事",因此建议"愿少宽其狱"。④ 但均未被采纳。

经过"诏狱"审讯,认定祖无择几项罪行:一是"坐知杭州日贷官钱及借公使酒";二是"乘船过制",超过接待标准;三是接受屯田郎中任造、殿中丞致仕王景、国子博士致仕钱羔羊,以及泗州参军张应岩等人的"曲法请求"。此外,还有在杭州知州任上与官妓薛希恭私通。据此,最终将祖无择贬为忠正军节度副使,不签书本州公事。⑤

按照宋朝的法律,对祖无择的上述罪行作出这样处理,应该说并无不妥,但由于此案是王安石主动提起的,因此当时人们就都认为是王安石借此案对祖无择进行打击。但从两人的交往来看,应该说私交还是不错的,相互之间不仅有诗文往来,而且王安石对祖无择也非常推崇。那么,王安石又为何要兴起大案,对祖无择"痛下杀手"呢?这应该同两人同事时的一件事有关。

宋仁宗嘉祐六年(1061 年),王安石任知制诰,与祖无择成为同事。按照惯例,知制诰起草诰命(皇帝任命官员的委任令),可以接受被任命官员的馈赠(润笔)。王安石曾谢绝官员的馈赠,但官员坚持要送,于是王安石便将馈赠的钱物挂在了办公室的房梁上。王安石因丁忧离职

① 《历代名臣奏议》卷 286。
② 《宋史》卷 331《祖无择传》。
③ 《宋史》卷 200《刑法二》。
④ 《续资治通鉴长编》卷 213。
⑤ 《续资治通鉴长编》卷 213。

后,祖无择便将这笔钱作为办公经费私分了。王安石得知后,便由此对祖无择产生了恶感,"以为不廉"。①

从当时的官场而言,祖无择的行为虽然不妥,但也不是什么大恶,王安石为何会对此耿耿于怀,最终兴师动众制造一起大案呢? 这可能还同王安石的为人有很大关系。应当说,王安石对个人的道德自律的要求是非常严格的。《邵氏闻见录》称赞他"不好声色,不爱官职,不殖货利",而且"俸禄入门,任诸弟取去尽不问",并记载了这样一件事:王安石任知制诰时,他的夫人吴氏替他买了一个小妾。王安石见到后,问她是谁家的,小妾说,自己的丈夫原是军队的军官,因运粮时船翻了,只得将她卖了赔偿损失。王安石问她:夫人花了多少钱买你的? 小妾答:90万。于是王安石便将她的丈夫叫来,"令为夫妇如初,尽以钱赐之"。② 另据宋赵令畤的《侯鲭录》记载,王安石出任常州知州,路过扬州时,时任扬州知州的刘敞按官场礼仪接待他,"列营妓与庭下",但王安石勃然作色,"不肯就坐,原父(刘敞)辩论久之,遂去营妓"。③《邵氏闻见录》和《侯鲭录》的作者在政治上都是反对王安石的,因此他们的这种记载显然是可信的。

而祖无择虽然资格比王安石老,但个人私德方面显然有缺陷的,简单说就是好色。据《高斋诗话》记载,祖无择任直集贤院时,看上了美女徐氏,想娶她为妻,但提亲时,徐氏坚持要当面看人。祖无择自觉年老相貌丑陋,便请年轻英俊的同事冯京去顶替。成婚后,徐氏发现上当,"竟以反目离婚"。④ 后来在杭州知州任上,又同官妓薛希恭打得火热。按照宋朝法律规定,地方文武官员"虽得以官妓歌舞佐酒,然不得私侍枕席",违者要依法追究法责任。为此,在审讯祖无择时,为了坐实他的罪行,对薛希恭严刑逼供,但薛希恭拒不招供,结果被"榜笞至死"。⑤

---

① 《邵氏闻见录》卷16。
② 《邵氏闻见录》卷11。
③ 《侯鲭录》卷3。
④ 《高斋诗话·祖无择晚娶》。
⑤ 《西湖游览志余》卷21。

因此，就王安石的个性而言，虽然同祖无择也算是私交不错，但对祖无择这种经济上不干不净、生活上不清不楚的行为显然是极为反感的。他借此案大做文章，除了个人的好恶，对当时的官场，也应该是一种警示吧。

03. 王安石变法引发的"流言"案

宋神宗熙宁二年（1069 年）二月，任命王安石为参知政事。王安石上任后，立即颁布了青苗法、免役法等一系列"新法"，大刀阔斧地开始了变法改革，但遭到了包括一大批朝廷元老重臣在内的官员的反对，从而在朝廷内部引发了激烈的争论，并很快形成了不利于变法的社会舆论。而王安石也不甘示弱，为了保证变法改革的顺利推进，动用包括法律手段在内的各种手段，对反对势力进行反击，以掌握舆论的主动权。一起改变当时政治格局的"流言"案就是在这种情形之下发生的。

王安石新法颁布后，第一个公开出来反对并弹劾王安石的高官，就是时任御史中丞的吕诲。他以十事弹劾王安石，说王安石"固无远略，惟务改作，立异於人，徒文言而饰非，将罔上而欺下"，并说："误天下苍生，必是人也。"[①]

按照当时监察制度的惯例，官员被御史弹劾，应主动请求避位或辞职，由君主进行裁决。因此，王安石被吕诲弹劾后，立即上书宋神宗请求辞位，但宋神宗将其奏章封还，明确表示拒绝，并要求王安石立即入朝办公；但王安石又以生病为由，再次请辞。这虽然是北宋官场常用的做法，但事实上也是一种以退为进的策略。宋神宗此时正倚重王安石进行变法改革，自然不会允许改革刚开始就半途而废，于是再次派使者催促王安石入朝觐见，并安抚王安石说："（吕）诲殊不晓事，诘问又都无

---

① 《续资治通鉴》卷 66。

可说。"王安石则借此机会，向宋神宗说明反对派的指责"大抵欲逆流俗，不更弊法，恐如此难恃以久安，难望以致治。"宋神宗对此表示认同，将吕诲的奏章退回。吕诲上书请辞，结果被免去御史中丞，外放为邓州知州。王安石则推荐不赞同新政的枢密副使吕公弼之弟吕公著接任御史中丞之职，一则加以拉拢，二则也可借此堵住反对派的嘴。

然而，吕诲的去职，并未使反对变法的声音消停，特别是一些元老大臣也公开出来表示反对。次年，宋仁宗、宋英宗和宋神宗初年的三朝宰相、时任河北安抚使判大名府的韩琦鉴于"行青苗法，众议皆以为不便，台谏官凡言及者，皆以罪斥，是以中外无复敢言者"，慨然上书宋神宗，认为新法有害无利，要求废除新法。由于韩琦身份特殊，加上奏章中所反映的也是地方的实际情况，所以宋神宗看后很受触动，对王安石等执政大臣们说："（韩）琦真忠臣，虽在外，不忘王室。朕始谓可以利民，不意乃害民如此！出令不可不审。"王安石见宋神宗对新法产生动摇，便再次上书，称病请辞，宋神宗下手诏挽留。而韩琦见宋神宗未采纳自己的意见，也上书请辞河北安抚使之职，而身为执政大臣的王安石立即批准。这样一来，双方的矛盾进一步激化了。[①]

而吕公著虽然因王安石的举荐担任了御史中丞，但他同样并不赞同新法，屡次上奏要求予以废止，王安石对此自然非常不满。而韩琦身为元老重臣，上书朝廷，结果还被免去了河北安抚使之职，朝野当然也有不同说法。知审官院（主管朝廷中下级官员考核选拔的长官）孙觉曾向宋神宗反映过这方面的舆情，说有人散布流言："今藩镇大臣如此论列而遭挫折，而当唐末、五代之际，必有兴晋阳之甲以除君侧之恶者矣。"而宋神宗记错了，误以为是吕公著说的，还将此事告诉了执政大臣，说吕公著认为"朝廷摧沮韩琦太甚，将兴晋阳之甲以除君侧之恶。"这样一来，流言的散布者就成了吕公著了。王安石抓住这一点，说吕公著"诬方镇有除恶之谋"，奏请宋神宗免去了他御史中丞之职，将他贬为

① 《续资治通鉴》卷67。

颍州知州。①

其实,对王安石变法真正最有力的反对者,是时任翰林学士的司马光。司马光同王安石一样,深受宋神宗的信任,而且两人的私交也不错,但政治见解不同。宋神宗任命司马光为枢密副使,但他不赞成王安石变法,因而婉言谢绝。王安石推行新法后,司马光写了三封长信进行劝阻。王安石回复说:"如君实(司马光字)责我以在位久,未能助上大有为,以膏泽斯民,则某知罪矣,如曰今日当一切不事事,守前所为而已,则非某之所敢知。"拒绝了司马光的劝阻,这便是著名的《答司马谏议书》。②

司马光给王安石的信在社会上流传开后,成为了反对新法的人攻击王安石变法的借口,给王安石造成了很大的舆论压力;一些别有用心的人则借此机会伪造司马光的信,散布流言,攻击王安石,甚至对宋神宗进行诋毁诽谤,诬蔑宋神宗"圣嗣不育"。为此,宋神宗曾当面问过司马光:"有诈为谤书,动摇军众,且曰'天不佑陛下,致圣嗣不育'。或云卿所上书",司马光当即予以否认,宋神宗也认为"此决非(司马)光所为",③但王安石认为"此由(司马)光好传私书以买名,故致流俗亦效之,使新法沮格,异论纷然,皆光倡之",要求彻查此事。结果抓住了两个散布流言的人:皇城使、开州团练使沈惟恭和他的门客进士孙棐。④

沈惟恭是宋神宗贵妃沈氏的弟弟、前宰相沈伦的孙子。他利用自己的身份"干请恩泽",没有得到满足,便对宋神宗心怀不满,曾私下对孙棐说过"皇子生,必不久"的话,还将听到的有关批评变法的言论讲给孙棐听,借以泄心中的不满。而孙棐则附和他,"每见辄诋,亦尝指斥乘舆",还伪造了司马光的奏章,"词极不逊",以讨好沈惟恭。而沈惟恭如获至宝,四处传播,结果被人举报。事发后,孙棐被处死,沈惟恭除

---

① 《续资治通鉴长编》卷 210。
② 《续资治通鉴长编拾补》卷 7。
③ 《续资治通鉴长编》卷 210。
④ 《续资治通鉴长编》卷 211。

名、流放海南岛。①

虽然查明流言同司马光无关,但王安石却借此案大做文章,控制舆论,"以深禁民间私议己者"。经此事后,司马光请求离京外任,以端明殿学士知永兴军。不久又退居洛阳,"自是绝口不论政事";王安石则在不久之后被任命为宰相。

04. 郑侠因《流民图》获罪案

北宋王安石变法虽然以发展生产、富国强兵、挽救宋朝政治危机为目的,但这场大规模的社会变革运动,必然会触动多方面的利益,引发强烈的反对。郑侠的《流民图》案就是在这样的背景之下发生的。而这一案件的处理过程,既反映了变法派力图控制舆论的努力,也暴露了自身内部的分裂,成为导致变法最终失败的一个重要舆情案件。

郑侠虽是一介书生,但王安石对郑侠还是非常欣赏的,郑侠也将王安石视为知己。郑侠在光州司法参军任满进京,按照当时通过司法考试选拔人才的政策,凡是通过司法考试的可以担任京官(朝廷下级官员),有更多的提升机会,但被郑侠婉言谢绝,并且明确对王安石表示了对新法的不满。王安石虽然不快,但还是让儿子王雱同郑侠联系。郑侠虽然"师事王雱",但"议论常与雱异",反倒是与同样不赞同新法的王安石的弟弟王安国往来密切。

由于郑侠几次谢绝了王安石的安排,最终只是在京城担任了监管开封府安上门的小官,但这也给了他更多接触社会下层的机会,目睹了新法所带来的种种问题,认为"民商咸以为苦"。而自熙宁六年(1073年)七月至次年三月连续不下雨,造成严重干旱,百姓"扶携塞道,羸瘠愁苦,身无完衣。城民至负瓦楬木,卖以偿官,累累不绝。"他将所见所

---

① 《续资治通鉴长编》卷211。

闻绘了一幅《流民图》，上奏朝廷。但郑侠官小位卑，奏章未被接受。于是郑侠又假称机密文件，通过掌管天下奏状案牍的银台司直接递到了宋神宗手上，并建议宋神宗废除新法。①

宋神宗收到他的奏章后，受到了很大的触动，"反覆观图，长吁数四，袖以入。是夕，寝不能寐"。第二天就下令各地开仓放粮，救济百姓，同时暂停或废止了一些新法的实行。这样一来，王安石就处在了一个非常尴尬的境地，不得不向宋神宗上奏提出辞职请求。但王安石身边的一些亲信并不甘心，他们抓住了郑侠上书程序上的一个错误：擅发马递，实际上就是违规使用紧急公文报送程序。从法律上说，这确实是严重的官员违法行为。他们以此为由，要求将郑侠逮捕交由御史台处理。同时，王安石的亲信翰林学士吕惠卿、御史中丞邓绾对宋神宗说："陛下数年以来忘寐与食，成此美政，天下方被其赐，一旦用狂夫之言罢废殆尽，岂不惜哉。"而宋神宗也担心王安石一旦辞职，变法就会中途而废，于是一方面极力挽留王安石，另一方面又恢复了被废除的新法，"于是新法一切如故"②。

郑侠的《流民图》事件影响虽然很大，但被视为是"狂夫之言"，尽管将此案交由御史台处理，实际上却是"置而不问"。王安石迫于压力，于熙宁七年（1074年）四月辞去宰相职务，并推荐吕惠卿为参知政事，继续变法改革。吕惠卿上任后，郑侠又上书指责他为李林甫、卢杞之流的小人，并说"（王）安石作新法为民害，惠卿朋党奸邪，壅蔽聪明"，并向宋神宗建议任命反对新政的参知政事冯京为宰相。就郑侠而言，这显然是在干预朝政了。吕惠卿抓住这一点，以郑侠"谤讪"为由，掀起了一场大案。③

按照《宋刑统》规定："情有觖望，发言谤毁"的行为属于"十恶"的"大不恭"（即大不敬）中的"指斥乘舆"，依法"情理切害者斩，非切害者徒二年"。为此，郑侠被剥夺官职，判处汀州编管，相当于流刑，处罚不

① 《宋史》卷321《郑侠传》。
② 《宋史》卷321《郑侠传》。
③ 《涑水记闻》卷16。

可谓不重了。①

郑侠因为民请命而获罪，"士大夫及小民多怜之，或有遗之钱米者"，②但吕惠卿等却并不罢休。其实，吕惠卿借郑侠一案发难，背后有着更大的政治图谋和野心，想借此排挤、打击同为参知政事的冯京，乃至他的恩人及上司王安石。他对宋神宗说，郑侠上书中所言的朝廷中事，他一个小官怎么会知道？显然，郑侠所说之事，都是冯京指使王安国教唆的。宋神宗听他这么一说，也有些怀疑，便问冯京是否认识郑侠。冯京回答说"臣素不识（郑）侠"。侍御史知杂事张琥听说后，暗中查访，打听到冯京曾经向郑侠借书，并馈赠钱米之事，立即上奏弹劾冯京说："（冯）京，大臣，与（郑）侠交通有迹，而敢面谩云不识。又侠所言朝廷机密事，非京告教，何得闻此？"冯京矢口否认，要求查明此事。张琥便提出"乞追（郑）侠付狱穷治"。

于是，宋神宗下令将编管汀州途中的郑侠追回，投入御史台大牢，命知制诰邓润甫同御史台官员共同审理此案。御史台官吏对郑侠严刑逼供，并将与此案有关的人员全部抓起来审讯。僧人晓容善于看相，经常出入冯京家，也因此被抓起来拷问。但尽管采取各种手段，却始终没有得到他们所要的罪证，故而"狱久不决"。宋神宗对此非常不满，要求御史台尽快结案。吕惠卿建议判郑侠死刑，被宋神宗拒绝，说："（郑）侠所言非为身也，忠诚亦可嘉，岂宜深罪？"于是，郑侠被改判为英州编管，冯京免去参知政事，出任亳州知州；王安国被追毁告身，放归田里。与此案相关的人员也受到了处罚。③

吕惠卿借郑侠一案在朝廷掀起风波，也激化了变法派内部尤其是同王安石之间的矛盾，"凡可以害王氏者无不为"。就在案件判决的同时，王安石被宋神宗召回，复任宰相之职。不久，吕惠卿被免去参知政事，出任陈州知州。④

---

①　《续资治通鉴长编》卷 254。

②　《涑水记闻》卷 16。

③　《续资治通鉴长编》卷 259。

④　《宋史》卷 471《奸臣一》。

05. 宋神宗时太学考试舞弊案

王安石变法时，出于选拔人才的需要，对太学进行了改革，制定了著名的"三舍法"，即将太学分为外舍、内舍、上舍三等，并扩大了录取的人数，外舍生 2000 人，内舍 300 人，上舍 100 人。官员子弟可以免考试直接入学，而平民子弟需经考试合格入学。学生从外舍读起，每季度考试一次，"岁终会其高下，书于籍，以俟复试，参验而序进之"，考试优秀的升入上一等。上舍生 100 人分为三等：上等直接授予官职，中等免礼部试，直接参加殿试，下等免解，直接参加礼部试。① 因此，太学成为科举选官的一个重要途径。由于竞争非常激烈，一些学生便通过贿赂太学官员，以获得好的成绩，得以升到上一级。"一时间轻薄诸生矫饰言行，奔走于公卿之门若市矣"。② 轰动一时的太学考试舞弊案，就是在这种背景下发生的。

元丰元年(1078 年)十二月，太学生虞蕃击登闻鼓，举报学官录取不公，说"太学讲官不公，校试诸生，升补有私验"，并称"凡试而中上舍者，非以势得，即以利进，孤寒才实者，例被黜落"。还揭露了大学教学过程中的种种不规范的行为。据说虞蕃是因为多次考试都不合格，未能晋升，故而上书举报太学官员；但宋神宗收到举报后，觉得事关重大，"疑程考有私"，于是便将此案交由开封府审理。③

虞蕃在举报中，称京师富室郑居中、饶州进士章公弼等，买通直讲余中、王沇之，判监沈季长等，从而得以升补中上舍；并称参知政事元绛之子元耆宁也曾走后门，"私荐其亲知"。然而，时任开封府知府的许将并没有意识到问题的严重性，反而认为虞蕃是为泄私愤滥行举报，不仅

---

① 《宋史》卷 157《选举三》。
② 《东轩笔录》卷 6。
③ 《续资治通鉴长编》卷 295。

将那些被举报的人无罪释放,还把虞蕃抓了起来,"抵之罪"。①

　　这样一来,反而把事情闹大了。宋神宗认为其中必有猫腻,于是于次年二月下令将此案移送御史台,由御史中丞蔡确及监察御史里行何正臣、舒亶等会同审理。虞蕃又揭发说许将也曾向太学官员推荐亲戚朋友,所以对自己进行打击报复。于是,蔡确下令将开封府知府许将,参知政事元绛之子元耆宁,判国子监沈季长、黄履,国子监直讲余中、叶唐懿、叶涛、龚原、王沇之、沈洙等都逮捕下狱。元耆宁害怕入狱吃苦,承认曾请托国子监直讲孙谔、叶唐懿,帮助其从孙元伯虎得以升补为太学内舍生,并嘱托孙谔请求于判监黄履。元绛情急之下,也上书说愿纳平生职禄,"乞许耆宁即讯于外",不要入狱。宋神宗法外开恩,同意御史去元绛府第审讯。②

　　而其他官员就没有这样的运气了,包括许将在内,被投入御史台大牢后,"皆逮捕械系,令狱卒与同寝处,饮食旋溷共为一室,设大盆于前,凡羹饭饼饵举投其中,以杓混搅,分饲之如犬豕。"而且欲擒故纵,"久系不问"。结果"幸而得问,无一事不承。"元绛因此被免去参知政事,出任亳州知州;其子元耆宁被判罚金。而蔡确则被任命为参知政事。③

　　元绛虽被罢免,但案件并未了结。继任的权御史中丞李定继续负责审理此案。李定就是主审苏东坡"乌台诗案"的官员,在此案的审理中他依然秉持了其一贯的风格;同审此案的御史舒亶更是大肆株连,"凡辞语微者,辄株连考竟,以为多功。"而宋神宗则认为这是御史台官员办事得力,还下令予以嘉奖:"诏御史推劾太学欺弊事近半年余,司狱昼夜劳苦,其令元勘官保明,量与酬奖。"④

　　在如此严厉的审讯下,被控的太学官员和学生纷纷招供。由于此案的牵涉面广、牵连人数众多,因此御史台官员根据案情及职务的不同,分批进行处理。第一批被处理的主要是受贿舞弊的国子监官员,包

① 《东轩笔录》卷6。
② 《宋史》卷343《元绛传》。
③ 《宋史》卷471《奸臣一》。
④ 《续资治通鉴长编》卷300。

括国子监直讲龚原、沈铢、叶涛等人,他们都是接受了太学生张育的贿赂以及直讲王沇之的请托,将张育不合格的卷子升为上舍生。龚原追一官勒停(相当于徒刑),沈铢和叶涛各罚铜十斤(折抵杖一百),免去现职。①

第二批被处理的主要是原先审理此案失职的开封府和国子监的官员,包括原开封府知府许将、录事参军李君卿、士曹参军蔡洵,以及国子监丞王愈等,这些人都是由御史中丞蔡确亲自审理并定案的。许将被免去翰林学士和开封府知府,贬为蕲州知州;其余人或免官、或罚铜。

第三批被处理的是受到牵连、管理失职的国子监官员,包括国子监的长官、管勾国子监沈季长和判国子监黄履等,他们也都被免去现职。

最后处理的则是被虞蕃所举报的国子监官员王沇之、余中等。王沇之接受太学生章公舱贿赂,补上舍不以实,依法当徒二年,被判除名,永不收叙;余中追一官,勒停(一说亦被除名);②而行贿的太学生"坐决杖编管者数十"③"非理而死者不可胜数"。④

虽然此案与同时期发生的相州案、乌台诗案和陈世儒妻杀婆案等大案一样,有着特殊的政治背景,不少官员认为是蔡确等人借题发挥制造的一起冤案。左正言丁骘后来就称这些被处理的官员是"无辜被罪";⑤时任开封府推官的刘挚在若干年后任御史中丞时,也试图为此案翻案,说此案"本因学生虞蕃就试不中,狂妄躁忿,上书告论学官阴事"而起,所谓受贿实际上"大率师弟子挚见之礼,茶药纸笔好用之物,皆从来学校常事""间虽有实负罪犯之人,终以下讦其上,事发不正,狱官希合,拷虐太过,故虽得其罪,论者犹不以为直。"⑥但如果撇开这些案件以外的因素,仅就案件本身而言,也在一定程度上反映了对涉及职务犯罪审理的一些值得注意之处:

---

① 《续资治通鉴长编》卷 299。
② 《续资治通鉴长编》卷 301。
③ 《东轩笔录》卷 6。
④ 《续资治通鉴长编》卷 409。
⑤ 《续资治通鉴长编》卷 409。
⑥ 《续资治通鉴长编》卷 386。

首先,御史台在接受案件之后,立即作出规定,包括主审官员在内的所有御史一律"不许接见宾客",这对保证御史台独立公正办案,无疑是非常必要的。更为重要的是,这一规定是御史台对自己提出的要求,这在一定程度上也反映了北宋时期御史台的办案风格。

其次,御史台接手案件的审理后,为了提高案件审理的效率,留用了一些开封府原先办理此案的官吏,但由于开封府知府许将是案件的当事人,为了保证案件审理的公正,朝廷暂时停止了许将的职务,另行委派知制诰钱藻代理开封府知府之职,史称钱藻"居官独立守绳墨"。[1] 这样的安排,对于排除干扰、公正办案是非常必要的。

因此,尽管这一案件背后有着复杂的政治因素,但对于整肃太学风气、严肃考试纪律无疑是有着积极的意义。正如时人评价所说:经此案后,"士子奔竞之风少挫矣"。[2]

06. 相州案是如何演变成为一起大案的

北宋为了扭转五代以来司法枉滥的局面,加强了司法官吏的审判责任。在明确对错案责任追究的同时,鼓励负责审判复核的官员发现审判中的错误,包括对那些历年判决的案件。其初衷自然是好的,但在具体执行过程中,却往往由于对新旧法律规定认识的不一致,加上案件以外因素的影响,使得本来简单的案件复杂化,相州案就是一起典型的案例。

相州案发生在熙宁年间前宰相韩琦判相州任上,这原本是一件普通的抢劫杀人案。有三人结伙抢劫,因邻里赶来救援而未能得逞。于是为首者对同伙说:"自今劫人有救者,先杀之。"不久,他们又抢劫一户人家,殴打逼问户主老太钱藏在哪里。邻居听到老太的惨叫声,过来劝

---

① 《宋史》卷 317《钱藻传》。
② 《东轩笔录》卷 6。

解说:"此姥更无他货,可惜榜死。"同伙见邻居出来劝阻,当场将他杀死了。案发后,三个劫匪被依法判处死刑。①

按照《宋刑统·贼盗律》规定,强盗"伤人者绞,杀人者斩",而且"虽非财主,但因盗杀伤,皆是。"因此,相州衙门判处三人死刑,法律上并没有什么问题。但没想到几年后的元丰元年(1078 年),这个案件又被翻了出来,并由此引发了一场轰动朝野、牵涉包括当朝宰相吴充在内的众多官员的大案。

王安石变法时,为了树立中央政府的法律权威,曾要求宰相府下属的中书刑房复查历年旧案,发现有错误的即可提出驳议,并规定中书刑房官吏能够驳正审刑院、大理寺和刑部判决定案的案件的,"一事迁一官"。② 时任中书刑房堂后官的周清因其司法才干受到王安石的赏识,也数次因驳正旧案而得到升迁。这次在复查相州案的案卷时,又发现了问题。周清认为,根据熙宁初年阿云之狱后新的规定:"凡杀人,虽已死,其为从者被执,虽考掠,若能先引服,皆从按问欲举律减一等。"在此案中,杀人者是听从了为首者(主犯)的命令杀人的,属于从犯,而且被捕后又主动坦白,"先引服",应当依法减等论处,因此相州衙门将其判处死刑显然有误;而刑部复核时没有驳正,都属于过失入人死罪,应当依法追责。于是,此案便交由大理寺裁断。大理寺详断官窦苹、周孝恭认为杀人者"自出己意,手杀人",不属于从犯,刑部的裁断没错,并向大理寺检正官刘奉世作了汇报,刘奉世同意他们的观点,并以大理寺的名义出具了裁断意见。但周清不服,"执前议再驳",于是又交由刑部另派官员再议。而刑部另派审议的官员又赞同了周清的意见,大理寺自然不服,这样一来,案件的争议越来越复杂了。

就在不同意见的双方争论不休之时,案件又节外生枝了。皇城司上奏说:相州法官潘开携带钱财到大理寺行贿!原来,原相州判官陈安民曾参与了此案的审理,听说周清对此案提出驳议,担心被追责,便叫

① 《续资治通鉴长编》卷 287。
② 《续资治通鉴长编》卷 287。

当时主审此案的潘开去京城打探消息。潘开倾尽家财,带着钱财到京城开封,托熟人找大理寺的胥吏打听消息。结果受托的熟人把他的钱财骗光了,却并没有去找大理寺的胥吏。而皇城司上奏说潘开带了三千余贯钱去贿赂大理寺的法官,于是便将此事交开封府审理,但并没有查到向大理寺法官行贿的事实,仅仅搜到陈安民给潘开的那封信。

陈安民虽然官小位卑,但他的亲姐姐是前宰相、枢密使文彦博之子文及甫的生母,文及甫则是当朝宰相吴充的女婿。而吴充虽然与前任宰相王安石是儿女亲家(吴充之子吴安持是王安石的女婿),但他并不赞同王安石变法,认为新法不便于民。王安石罢相后,正是吴充接替他的。时任知谏院的蔡确想利用这个机会,打击反对王安石变法的保守派,便秘密向宋神宗上奏,说此事牵涉到朝廷大臣,不是开封府所能解决的。于是宋神宗将此案移交御史台,并命蔡确会同御史台的官员一同审理。[①]

蔡确受命审理此案后,下令逮捕了大理寺详断官窦苹、周孝恭等,将他们戴上枷,在太阳下暴晒五十七天,逼他们承认受贿,他们都拒不承认。蔡确又威逼陈安民,陈安民害怕了,被迫诬认曾经请求过文及甫,还说已将此事告诉宰相吴充了,并牵涉到吴充之子吴安持和韩琦之子韩忠彦等人。

蔡确得到这一供词后,大喜,打算立即与御史中丞邓润甫一起向宋神宗汇报,揭发吴充受贿枉法的行为,但被邓润甫制止了。次日,邓润甫单独向宋神宗汇报说:"相州狱事甚微,大理实未尝纳赂,而蔡确深探其狱,支蔓不已。窦苹等皆朝士,榜掠身无完肤,皆衔冤自诬,乞早结正。"宋神宗听说后,大惊,立刻另行委派知谏院黄履等去提审,以求查明事实。然而,这些因相州案受到牵连的官员不明就里,除了详断官窦苹外,都不敢翻供;而窦苹身上又没有刑讯的伤痕。黄履等据实汇报。宋神宗认为邓润甫所言不实,而蔡确则趁机进谗言,结果,邓润甫被免

---

① 《续资治通鉴长编》卷 287。

去翰林学士、右谏议大夫兼侍读、权御史中丞之职,出任抚州知州。①

一起普通的抢劫杀人案,变成了司法官员勾结枉断的大案,还牵涉到了前宰相和当朝宰相及多位朝廷官员。最终处理的结果,是相关官员都因此案遭到了贬斥。挑起此案的周清"迁一官";蔡确则被提升为右谏议大夫、权御史中丞。宰相吴充"上表乞罢相",并"阖门待罪",最后还是宋神宗"遣中使召出,令视事",算是保住了他的乌纱帽。②

这起案件从法律上看,显然是阿云之狱影响的延续;但蔡确等谏院、御史台的官员面对包括宰相及其子弟在内的朝廷官员,在审讯时不留丝毫情面,虽然是出于政治斗争的目的将此案扩大化,但似乎多少也有点"法律面前一律平等"的意思吧。

07. 陈世儒妻杀婆案的疑云

在宰相陈执中家虐杀女奴一案中,他爱妾张氏骄横跋扈,虐杀女奴,陈执中出来替她顶过,从而引发了一场轰动一时的大案;而令张氏没想到的是,后来自己也被媳妇李氏串通婢女谋杀,她和陈执中的儿子陈世儒、媳妇李氏以及19个婢女因此被处死,并牵涉到了众多官员,成为了宋神宗时的一起著名案件。

案件发生在宋神宗元丰元年(1078年)。陈世儒出生后不久,陈执中就因病去世。他在临终前,担心自己死后张氏会胡作非为,便命她出家为尼。但陈世儒长大后,又将张氏迎了回来。陈世儒的妻子李氏是龙图阁直学士李中师的女儿,李氏的母亲吕氏是宋仁宗时著名宰相吕夷简的孙女。一个是"淫悍不制"婆婆,一个是官宦人家大小姐的媳妇,婆媳之间的关系自然是水火不容。

因陈执中的关系,陈世儒弄了一个国子博士的官衔,并被任命为舒

① 《续资治通鉴长编》卷289。
② 《续资治通鉴长编》卷290。

州太湖县(今安庆太湖县)知县。但陈世儒是一个纨绔子弟,享受惯了,史书中对他的评价是"庸騃",即庸俗愚蠢,所以自然不愿意,也没有能力做这个知县。而李氏也不愿意夫妻分居两地,独自在家和婆婆张氏一同生活。于是便对家中的婢女们说:"博士(指陈世儒)一日持丧,当厚赏汝辈",即假如张氏死了,陈世儒就要辞官回家守孝,如此就能长在家中了,这成为后来认定李氏暗示婢女们谋害张氏重要证据。不久,婢女们果然下药企图毒死张氏,但未能得逞;之后又在夜里用铁钉钉入张氏的头骨(在《折狱龟鉴》等书中,都记载有类似的作案手法,这种做法比较隐秘,一般是看不出的),然后让陈世儒辞官回家奔丧,一切都似乎天衣无缝。

然而,一个婢女因不堪陈世儒的殴打虐待,向开封府告发了此事。根据《宋刑统·斗讼律》的规定:奴婢控告主人的要处以绞刑,但如果是谋反、大逆等行为例外。媳妇谋杀婆婆,属于"十恶"中的"恶逆"。因此,开封府收到控告后,立即进行调查,罪行因此暴露了。

这本是一件普通的涉及人伦的凶杀案,但由于当事人的特殊身份及牵涉到的各种关系,使得案件在审理的过程中,一波三折。案件发生后,作为主要当事人的李氏自然首先想到自己的娘家。她让母亲吕氏找叔叔(李氏的叔祖父)、端明殿学士兼侍读吕公著去同开封府知府苏颂打招呼,但被吕公著拒绝了。而开封府法官经过审理,认为李氏并没有明确指示婢女杀死自己的婆婆,仅凭这一句话不能定她死罪。时任开封府知府的苏颂也同意这种意见,但没想到被人一状告到宋神宗那里,宋神宗对苏颂说:"此人伦大恶,当穷竟";但苏颂回答说:"事在有司,臣固不敢言宽,亦不敢谕之使重",主张由法官依法裁断。

苏颂的这种态度,加上案件迟迟不能定案,让某些想就此案借题发挥的人不满。正巧另一起案件牵涉到开封府下属祥符县令李纯,苏颂同样置之不理,御史舒亶便弹劾他故纵。结果苏颂被免去开封府知府,贬为濠州知州;张氏被杀一案也于次年(元丰二年,1079 年)正月移送大理寺审理。负责审理此案的大理寺丞贾种民讯问李氏时,李氏老实供认曾让母亲托过吕公著去同苏颂打招呼,但被吕公著拒绝。贾种民得到供状后,将供词篡改为吕公著答应去请求苏颂帮忙,借此指控已任同知枢密院事的吕公著干预此案的审理,将吕公著两个儿子吕希绩、吕希纯等人也牵涉进去,并逮捕了吕氏。宋神宗命御史黄颜会同大理寺官员一同审理此案。黄颜明知此案"皆诬枉不可就",但又"畏避不敢言",只得托病辞去这一职务。于是又另派御史何正臣会同审理。

这样一来,案件审理的重点,变为吕公著是否干预审判了。因涉及官员犯罪,宋神宗于同年八月下令将此案移送御史台审理。御史台逮捕了吕公著的女婿和他家的婢女,已出任濠州知州的苏颂也被逮捕,投入了御史台大牢。御史威逼苏颂"公自速言,毋重困辱",并"锻炼靡所不至",但"竟无事实"。御史中丞李定如实汇报,说吕公著"实未尝请求"。同时,又发现了主审此案的大理寺丞贾种民篡改供词、故意牵连扩大等种种违法行为。于是宋神宗"始大感悟,遂诏停狱",并以擅更狱辞的罪名,将贾种民"下御史台劾治"。

而张氏被杀一案,也于元丰二年(1079 年)九月作出了最终判决:陈世儒及其妻李氏、婢女高氏、张氏等十九人被判处死刑,其中高氏凌迟处死,李氏特杖死;婢女单氏等七人免死杖脊,分送湖南、广南、京西路等地编管。贾种民被罢免,大理寺的长官崔台符等以及何正臣"各罚铜十斤"(折抵杖一百),而吕公著不久升后任枢密副使。①

毫无疑问,此案的主要推手,就是大理寺丞贾种民。按照北宋的法律,至少判处陈世儒死刑多少有些牵强。且不说他的背景,仅仅从法律上看,说他同谋共犯的证据也是不足的。那么贾种民为何一定要将他置于死地,还要牵连吕公著呢?《邵氏闻见录》中的一段记载,似乎可以解开谜底:"(贾)种民者,元丰中为宰相蔡确所用,官大理寺丞,锻炼故相陈恭公执中之子世儒与其妇狱至极典,天下冤之。又以蔡确奉旨,就府第问同知枢密院吕公著,呼公之子(吕)希纯及老妪立庭下,问(陈)世儒妻吕氏请求事,以枷捶胁之。"②蔡确时任参知政事,是王安石变法的

---

① 《续资治通鉴长编》卷 297、299—302,《宋史》卷 340《苏颂传》等。
② 《邵氏闻见录》卷 6。

主要支持者之一,而吕公著属于反对变法的保守派的代表人物,蔡确借贾种民之手,通过此案对他进行打击,也顺理成章。但是,为何又要置陈世儒于死地呢?原来,蔡确的父亲蔡黄裳曾是陈世儒之父陈执中的属下,被陈执中逼迫辞职,临终前遗言要蔡确"必报陈氏"。[①] 所以,在朝廷讨论是否要判处陈世儒死刑时,宋神宗主张对陈世儒网开一面,说:"(陈)执中止一子,留以存祭祀,如何?"但蔡确不同意,说:"五刑之属三千,其罪莫大于不孝,其可赦邪!"最终还是将陈世儒杀了,也算是没有辜负父亲的临终嘱托。

08. 苏轼"绝命诗"背后的法律玄机

苏轼有两首脍炙人口的"绝命诗",即《狱中寄子由》二首,是写给弟弟苏辙(字子由)的。关于这首诗写作的缘由,苏轼有过一个说明:

> "予以事系御史台狱,狱吏稍见侵,自度不能堪,死狱中,不得一别子由,故和二诗授狱卒梁成,以遗子由。"

其一

圣主如天万物春,小臣愚暗自亡身。

百年未满先偿债,十口无归更累人。

是处青山可埋骨,他年夜雨独伤神。

与君世世为兄弟,更结来生未了因。

其二

柏台霜气夜凄凄,风动琅珰月向低。

梦绕云山心似鹿,魂飞汤火命如鸡。

眼中犀角真吾子,身后牛衣愧老妻。

---

① 《挥麈录·后录》卷6。

百岁神游定何处,桐乡知葬浙江西。

引发这两首"绝命诗"的,就是人们所熟知的"乌台诗案"。北宋神宗元丰二年(1079年),苏轼调任湖州知州。到任后,按照惯例,给皇帝上了"谢表"。他在这份谢表的文辞里,夹带着一点小小的牢骚,婉转地表达了对因不愿苟同新法而遭新党排挤的不满。没想到,这几句话触怒了朝中的某些人,招来了一场大祸。他们以苏轼所上谢表"讥讽朝廷,妄自尊大"为名,请求朝廷对他严加处置。为此,宋神宗命御史台选派官员,专程赴湖州,将苏轼押解来京,关入御史台大牢,由御史中丞李定、知谏院张操等人共同审理此案。[①] 他们以苏轼的"亲笔手迹"为证据,指控他"谤讪朝廷""指斥乘舆、包藏祸心"。所谓"亲笔手迹",就是苏轼抄赠沈括的《山村》绝句三首:

烟雨蒙蒙鸡犬声,有生何处不安生?
但教黄犊无人佩,布谷何劳也劝耕。

老翁七十自腰镰,惭愧春山笋蕨甜。
岂是闻韶忘解味,迩来三月食无盐。

杖藜裹饭去匆匆,过眼青钱转手空。
赢得儿童语音好,一年强半在城中。

前两首诗,批评了当时盐法严峻给人民生活带来的影响;后一首诗,则是批评了新法中的《青苗法》。对这一切,苏轼在受审时也当堂供认不讳。但仅凭这三首诗,不足定重罪。于是御史们又百般罗织,一定要坐实苏轼的"谤讪朝廷""指斥乘舆、包藏祸心"的罪名。按照《宋刑统》的规定,讪谤朝廷,包藏祸心属于"谋反"罪;指斥乘舆则属于"大不

---

① 《续资治通鉴长编》卷299。

恭"，这些都是"十恶不赦"的罪名。一旦将这些罪名坐实，苏轼只有死路一条了。苏轼自己也预感会有不测，因此在被押赴御史台时，就同儿子苏迈约定：送饭只送蔬菜和肉，如果有坏消息（判死刑），则改为送鱼，因为"蘇"字中有"鱼"字。苏迈送饭时严格遵守了约定，但一个多月后，钱粮用尽，苏迈外出筹划，把送饭之事托付给亲戚，却没有告知这一约定。亲戚想给苏轼改善一下伙食，便送了一条鱼去。苏轼一见大惊，以为自己命不长久，便给苏辙写下了这两首"绝命诗"。[①]

　　然而，从宋朝当时的法律制度来看，苏轼的担忧其实是多余的。北宋除了沿袭前朝的对士大夫的法律特权外，还有一项特别的制度。据《避暑漫抄》记载：宋太祖开国后，曾"密镌一碑，立于太庙寝殿之夹室，谓之誓碑"，内有誓词三行，一是"柴氏子孙，有罪不得加刑，纵犯谋逆，止于狱内赐尽，不得市曹刑戮，亦不得连坐支属"；二是"不得杀士大夫及上书言事人"；三是"子孙有渝此誓者，天必殛之"。所以，在宋神宗以前，并未有过刑杀士大夫之举，神宗当然也不会破这个例。从北宋的司法实践看，对于官员犯罪，除了罚棒，罚铜、降职、贬官等处罚外，一般都是以勒停（勒令停职）、除名（开除官籍）、居住（指定于某地居住）、安置（限制行动自由），以及编管（管制）等代替刑罚，不会真正判刑的（当然，贪赃犯罪的除外）。

　　此外，宋朝的司法实行"鞫谳分司"的制度，即案件的审理（鞫）与判决（谳），分别由两个不同的机构负责。在京城开封，负责案件审理的，主要是御史台和开封府；负责案件判决与复核的则主要是大理寺与刑部。"乌台诗案"审理结束后，便移送大理寺。尽管御史台在审讯时给苏轼罗织了许多罪名，而且不少都是死罪，但大都查无实据，因而大理寺最终认定的只有两项罪名，判处苏轼徒二年。

　　大理寺作出判决后，还未执行，就遇到降德音大赦，一些大臣纷纷上书建议赦免苏轼，已罢相退居金陵的王安石也上书神宗说："安有圣世而杀才士乎！"其实，宋神宗本来也没有深究的意思，加上看到了苏轼

[①]　《避暑录话》卷下。

的绝命诗后也深受感动,这时正好做个顺水人情,将苏轼"责授检校水部员外郎、黄州团练副使、本州安置,不得签书公事"。①

苏轼走出囚笼后,感叹写道:"平生文字为我累,此去名声不厌低。"但他似乎并没有吸取教训,依然是口无遮拦,结果又有两次因诗文而遭祸。一次是在宋哲宗元祐六年(1091年),御史贾易说他得到神宗皇帝去世的消息后,在扬州赋有"山寺归来闻好语"的诗句,是"闻讳而喜",请求予以追究;②另一次是绍圣元年(1094年)在定州知州任上,侍御史虞策等人重翻旧案,弹劾他在任翰林学士时撰写的诰词中有"讥斥先朝"的文字,结果被贬为宁远军节度副使,惠州安置,后又再贬往海南琼州。直到宋徽宗即位后才被赦还,卒于常州。③

苏轼一生虽多次因诗文遭祸,但终得保全性命,以一代文宗名留千古,比起后来者,可算是幸运多了,这也缘于当时的法制环境吧。

09. 御史台与开封府围绕审判监督权的一场争议

北宋的开封府具有特殊的司法地位和职能,虽然它只是负责案件的审理(推鞫),"小事则裁决,大事则禀奏",但由于是在天子脚下办案,因此许多案件或是审理后直接奏请皇帝裁决,或是直接"承旨"办案,并不受国家司法机关和监察机关的干预,除非由皇上下令将案件移送大理寺和御史台。御史台虽然有司法监督职能,但一般也只是对官员的监督。特别是宋真宗时设立纠察在京刑狱司后,对开封府案件的监督权就由它来行使,御史台充其量也只能间接对开封府办案进行监督。宋神宗时,出于变法改革的需要,不断强化了御史台的权能,一些原本由开封府审理的大案,如陈世儒妻杀婆案、太学考试舞弊案等,最终都是由开封府移送御史台后才得以定案的。也正因为如此,御史台的权

① 《续资治通鉴长编》卷301。
② 《续资治通鉴长编》卷463。
③ 《宋史》卷338《苏轼传》。

力不断膨胀,要求对开封府审理的案件也直接进行监督,从而引发了与开封府之间在审判监督权的一场争议。

挑起这场争议的是王安礼。王安礼是王安石的弟弟,他虽然很有治理才能,但政见与王安石不同,反对变法。他在开封府知府任上,就以善于断案,执法严明著称。他以翰林学士出任开封府知府时,"事至立断"。前任积压下来的悬案、疑案及审理后未及时判决的案件所涉及的人多达数万人。王安礼到任后,"未三月,三狱院(府院及左、右军巡院)及畿、赤十九邑,囚系皆空。"宋神宗对他的办事效率极为赞赏,说:"今(王)安礼能勤吏事,骇动殊邻,于古无愧矣!"对他官升一级,以资奖励。①

而王安礼对御史台扩权的行为是极为不满的。元丰二年(1079年),苏轼因"乌台诗案"被投入御史台大牢,"势甚危,无敢救者",时任同修起居注的王安礼顶住了御史们的压力,仗义执言,使得苏轼得以从轻发落。② 他在开封府知府任上,对御史台干预开封府审理案件的做法更是不满。按照惯例,开封府审理的案件,"若承旨已断者,刑部、御史无辄纠察";但事实上,御史台根本不按规则行事。为此,王安礼于元丰五年(1082年)上奏,称:"本府奏断公案,御史台一例取索。窃以公事已奉旨断,方更点检,于体不顺。欲乞自今不许取索。"宋神宗觉得有理,同意了王安礼的建议。

对于这一决定,御史台立即提出反对意见。他们认为,"刑察案于开封府取索公案,本府称已准朝旨,奏决公案不许御史台取索;看详公事未结案,虽有人论诉,不许取索;已结案系奏断,本府又奏乞不许取索公案"。这样一来,"则是事在官司,而所行稽违,许人赴(御史)台理诉"的规定,就成为了一纸空文。"若访闻官司锻炼人罪,出入刑名,既无案卷,则无从考察,深恐六察之法文具实隳。"

从御史台意见的内容来看,似乎也有道理,因为御史台可以通过当

---

① 《宋史》卷 327《王安礼传》。
② 《宋史》卷 327《王安礼传》。

事人的控告举报和申诉,对审判进行监督,这当然也包括开封府的案件。因此御史台有权向开封府索取、调阅案卷,而开封府也应当有义务向御史台移送相关案卷。为此,宋神宗又改变了原先的决定,同意并诏令开封府送公案与御史台。①

对于宋神宗的这一决定,王安礼不便公开反对,便回到原先制度设计的规定,认为还是应当由纠察在京刑狱司履行监督职能:"应刑名疑虑及情理可悯公事,乞从本府录奏断遣;如得旨断死者,乃送纠察司审问。"这一建议合理合法,所以宋神宗又"从之"。②

王安礼几次三番拒绝了御史台对开封府案件审查监督的要求,对当时权势炽烈的御史台而言,无疑是巨大的蔑视。因此,时任侍御史知杂事的满中行立即对王安礼进行弹劾,称他"任性破法,犯分干誉,欺罔圣德",并指责他"牒取当察簿书,巧匿不遣,规紊纪纲,临事奏请,挟持主恩,御人以口",要求对他"乞正典刑","察情议罪,断以至公"。于是,宋神宗又在弹劾奏章上批示:"令(王)安礼具析元奏请改法利害,及取索簿书前后不同以闻。"

面对御史台咄咄逼人,王安礼据理力争,并说:"凡臣奏讲已曾论列利害,止于如此,今别无可分析。如朝廷已知言者不诬,乞早赐罢黜,更用旧法,以厌群论。"③但满中行并不罢休,依然坚持指责王安礼"前后欺妄不实"。宋神宗对这场争论已感到厌倦,加之又打算任命王安礼为执政大臣,因此出面制止这场争论再继续下去。他以满中行"奏事不实不当"为由,免了他侍御史知杂事之职,以直集贤院出任知无为军;王安礼则升任尚书右丞(副宰相)。④

这场御史台和开封府之间围绕审判监督权的争论,从一个侧面反映了王安石变法后御史台监察权扩张的实际情况。在变法的过程中,为了树立朝廷和君主的绝对权威,加强了御史台的监察权,这无疑是必

① 《续资治通鉴长编》卷323。
② 《续资治通鉴长编》卷324。
③ 《续资治通鉴长编》卷324。
④ 《续资治通鉴长编》卷325。

要的;但随着御史台监察权的扩张,在无形之中成为了政治斗争的工具,特别是在一些大案要案的审理过程中,掺杂了许多法律之外的因素,反过来干扰了审判的公正。除了"乌台诗案"外,我们在之前介绍过的一些案件中,都可以看到御史台的影响。因此,王安礼同御史台的这场争论,也是当时北宋朝廷政治斗争的一个现实反映。

10. "午睡诗"引发的文字狱

说起北宋的文字狱,人们首先想到的可能就是苏东坡的"乌台诗案"。这不仅是北宋第一起真正意义上的文字狱,更多的可能是苏东坡太过有名的缘故。其实,北宋时期真正影响最大的文字狱并非"乌台诗案",而是蔡确的"车盖亭诗案";而这一案件的起因,仅仅是因为他写的"午睡诗"。

蔡确在政治上属于变法派,因办案得力,被任命为侍御史知杂事,后又任御史中丞,执掌御史台。著名的相州案和太学考试舞弊案等一系列重大案件,都是在他的主持之下定案的。元丰二年(1079 年)由御史中丞提升为参知政事,成为执政大臣;元丰五年(1082 年)升任宰相。宋哲宗于元丰八年(1085 年)即位后,又被任命为首相(左仆射兼门下侍郎)。但当时执掌朝政的是太皇太后高氏,她垂帘听政后,起用司马光、吕公著等保守派官员,"凡熙宁以来,政事弗便者,次第罢之。"①在这种情形之下,作为变法派代表人物的蔡确,便在劫难逃了。

首先出来弹劾蔡确的,是侍御史刘挚。他于元丰八年八月被任命为侍御史,上任不久,便上书弹劾蔡确。由于蔡确身为首相,地位尊崇,太皇太后高氏并未立即表态。接着,刘挚又连上十道奏章,要求罢免蔡确。结果蔡确于次年被免去宰相之职,以观文殿大学士出任陈州(今河

---

① 《宋史》卷 242《后妃上》。

南周口市淮阳县)知州,①后又改任安州(今湖北安陆)、邓州(今河南邓州市)知州。但是保守派官员并未罢休,继续对他进行政治追杀。"车盖亭诗案"就是在这种情形下发生的。

元祐二年(1087年),蔡确由陈州知州被追贬为安州知州。在安州任上,其所居西北隅,有一旧亭,名为车盖亭,"下瞰涢溪,对白兆山",也算是当地的名胜。蔡确于公事之余,常去游览。是年夏天,蔡确在车盖亭避暑,写下了"夏中登车盖亭"绝句10首,其中最为著名的,就是那首"午睡诗":

纸屏石枕竹方床,手倦抛书午梦长。
睡起莞然成独笑,数声渔笛在沧浪。

没想到两年后的元祐四年(1089年)四月,时任汉阳军知军的吴处厚竟以其中"五篇皆涉讥讪,而二篇讥讪尤甚,上及君亲,非所宜言,实大不恭"为由,上书要求对蔡确进行查处。其中一首诗是歌颂唐高宗时大臣安陆人郝处俊的,郝处俊曾劝阻唐高宗让武则天摄政,后武则天借故将他的孙子郝象贤处死,并将郝处俊斫棺毁柩。吴处厚因此指责蔡确借郝处俊之事攻击太皇太后高氏垂帘听政;而对那首"午睡诗",吴处厚指责蔡确"称莞然独笑,亦含微意。况今朝政清明,上下和乐,即不知蔡确独笑为何事"。

吴处厚曾经求蔡确帮忙,蔡确没有答应,便怀恨在心,想借此诬陷打击蔡确。但这篇吹毛求疵、无限上纲的上书被那些保守派官员看到后,竟然如获至宝。左谏议大夫梁焘、右正言刘安世等分别上奏,称蔡确怨望之心,见于诗章,包藏祸心,要求对他"议正其罪,以尊主威,以严国典"。梁焘还搬出了《宋刑统》,认为蔡确的行为属于十恶"大不恭"中的"指斥乘舆、情理切害",依法应予处斩!②

---

① 《续资治通鉴长编》卷360—368。
② 《续资治通鉴长编》卷425。

对于这些官员对蔡确的攻击,第一个出来替蔡确辩护的,竟然是同属于保守派官员的杭州知州苏东坡。他因"乌台诗案"深受因文致罪之害,认为如果因此而处罚蔡确,会让人认为"不能容受一小人怨谤之言,亦于仁政不为无累",建议对蔡确"一切勿问"。但苏东坡的建议未被朝廷理会。①

在保守派官员连篇累牍的攻击下,蔡确被"责授左中散大夫、守光禄卿,分司南京"。但官员认为处罚太轻,要求对蔡确"早行窜殛,以慰人望",将他流放到远方。梁焘和刘安世更是前后连上九道奏章,要求对蔡确进行严惩。②

在太皇太后高氏召集执政大臣讨论对蔡确的处理时,同为保守派官员、时任宰相的范纯仁表达了不同看法。他说:"方今圣朝,宜务宽厚,不可以语言文字之间,暧昧不明之过,诛窜大臣",而且"今日举动宜与将来为法式,此事甚不可开端也"。同时,也不赞成借"朋党"之名,株连其他官员。然而,太皇太后高氏已经听不得不同意见,下令将蔡确责授英州(今广东英州市)别驾、新州(今广东新兴市)安置。新州地处岭南偏远蛮荒之地,自宋仁宗初年的寇准、丁谓之后,再也没有高级官员被贬岭南了。因此当高氏作出这一决定后,连宰相吕大防和最早弹劾蔡确、时任中书侍郎(副相)的刘挚都不赞成。但高氏坚持己见,说:"山可移,此州不可移。"于是"(吕)大防等遂不敢言。"弹劾蔡确最为积极的御史中丞梁焘也以蔡确母亲年事已高为由,"愿陛下哀之,特与内徙湘、湖间",但同样未被采纳。蔡确被贬新州六年后去世,那些替蔡确辩解的官员也都被加上"朋党"的罪名遭到贬斥,连范纯仁也被免去宰相之职,以观文殿学士出任颖昌府知府。③

"车盖亭诗案"不仅是北宋第一起因文字狱追究宰相级高官的案件,而且还开了一个恶劣的先例。蔡确被贬新州的决定作出后,范纯仁曾对吕大防说:"此路(指岭南)荆棘七八十年矣,奈何开之? 吾侪正恐

---

① 《续资治通鉴长编》卷 425。
② 《续资治通鉴长编》卷 427。
③ 《续资治通鉴长编》卷 427—429。

亦不免耳。"①没想到此言一语成谶。宋哲宗亲政后,重用那些变法派官员,为蔡确平反。而当初弹劾蔡确最为积极的几位官员,刘挚被贬为鼎州(今湖南常德市)团练副使、新州安置,梁焘被贬雷州别驾、化州(今广东化州市)安置,两人都在贬所去世,而且前后相隔仅7天,因而"众皆疑两人不得其死";刘安世被贬新州别驾、英州安置。吕大防也被贬舒州(今安徽安庆市)团练副使、循州(今广东梅州市一带)安置,但还未到循州,就在半道因病去世。相比之下,范纯仁最为幸运,被贬武安军节度副使、永州(今湖南永州市)安置,总算是未过岭南。②

11. 从赵仁恕贪酷案看北宋的司法监督

北宋元祐五年(1090年),京西北路提刑官钟浚向朝廷检举揭发时任颍昌府阳翟县(今河南禹州)知县赵仁恕的不法行为。由于赵仁恕的父亲赵彦若救子心切,贸然插手干预案件的审判,遭到了负有监察职责的台谏(御史台和谏院)官的弹劾,从而引发了一桩轰动一时的大案。

赵彦若是北宋皇室宗亲,元祐年间先后任权刑部尚书兼侍读、礼部尚书、翰林学士知制诰等,是皇帝的近臣;同时,他又同当朝宰相刘挚是儿女亲家。赵仁恕靠着父亲的关系,担任了阳翟县知县。他在阳翟县任上"倚其父为侍从要官,又托执政大臣贪缘姻娅,肆行不法,贼杀无辜,自盗官物",劣迹斑斑,被钟浚检举查办。

据检举材料记载,赵仁恕的主要劣迹有:一是"创造狱具木蒸饼、木驴、木挟、木架子、石匣、铁裹长枷",草菅人命,滥杀无辜,而且"每遇决遣罪人,更用瓦片擦其疮,出血数升而后已。残酷之状,不可胜计,闻者为之痛心疾首";二是欺压百姓,"强取民家女使数十人,贱买红罗数十匹,却将贵价出卖,强勒等第人户出钱二百余贯",等等;三是贪赃受贿,

① 《续资治通鉴长编》卷427。
② 《续资治通鉴》卷85。

"其攘窃赃污,则侵盗赃赐、赏罚铜诸色官钱,凡数百贯",还过量使用官酒,以致公使酒库"亏官钱二千余贯"。总之,"一切违法罪犯,品目不可胜数。"①

　　由于赵仁恕身份特殊,所以朝廷命颖昌府专门成立一个特别法庭(制勘院)负责审理此案。按照北宋时的官场惯例,赵彦若身为赵仁恕的父亲,又是朝廷重臣,理应谢罪回避。但赵彦若救子心切,竟然上书称自己任谏官时,曾弹劾过王安礼;而钟浚"实(王)安礼党,恐挟此报怨,狱有不平",要求另行委派官员审理此案。从北宋的司法程序而言,赵彦若的要求的合法的;但就其身份而言,提出这样的要求显然又是不合适的,由此使得案件的审理变得更加复杂。

　　朝廷根据赵彦若的请求,启动了"差官别勘"的程序,命淮南东路委派宿州符离县知县孟易负责审理此案。赵仁恕倚仗自己有后台,对所指控的犯罪事实多不承认,而且还"令其妻、男烧毁草历",毁灭罪证;而孟易一个小小的知县,也不敢顶真,"因而观望风旨,将前勘大情出入"。结果复审(录问)官孟正民认为与事实出入太大,提出了疏驳意见,"得仁恕赃污酷虐之状是实"。但赵仁恕依然拒不认罪,不仅将所控罪行推得干干净净,还串通监狱官吏"传送狱情,令诸色符同供答,有至三五次往来本县者"。以至于拖了将近一年还无法结案。

　　转眼到了次年六月,颖昌府提出酷暑天热,许多与案件相关人犯还关在监狱里,建议从速结案。为此,三省(最高决策机构)认为"颖昌府推勘阳翟县令赵仁恕赃状非一,盛夏株连,系逮甚众,乞免重勘",要求由大理寺对此案作出裁决。大理寺则顺水推舟,避重就轻,"止取一事约情,便行勘罪",报请君主(实际上是垂帘听政的太皇太后)裁断后,仅仅判处赵仁恕"追两官,罚铜十斤,除名勒停"②。

　　判决作出后,朝廷舆论大哗,特别是负有监察职责的台谏官一致反对。他们的意见主要集中在两方面:

①　《续资治通鉴长编》卷459。
②　《续资治通鉴长编》卷459。

一是认为大理寺的做法于理于法皆不合适。左谏议大夫郑雍言认为："若以夏月淹系为言,则如在京及外处见禁罪人不可胜数,岂独(赵)仁恕一狱可约法断放之乎?此例一开,所害不细。"右正言姚勔也认为:"臣窃闻颍昌府元勘赵仁恕赃污不法共十余事,并不曾招伏。今来大理寺止取一事约情,便行勘罪,未协至公。若朝廷开此事以为弊端,则将来势家犯法得以希例,甚伤公议。"并指出:"今来虽是盛夏之月,里外罪人似此未结正者不少,岂可诸罪不究,而止以一事约情断罪放?兼本人既无录问,未圆,如将来别有翻论,则朝廷又须诏狱,于国家公道何所取信?"

二是要求依法对赵彦若干预司法的行为予以追究。监察御史安鼎认为:"(赵)彦若身为从官,朝廷倚以表民厉俗者也,厥子犯法,不自克责,而迁怒尤人,欺惑君上,略无耻辱之意。"应当对他依法惩处;监察御史虞策也指责赵彦若"身居侍从,其子凭借,恣横犯法,而彦若乃更缘饰奸言,公肆欺罔,欲以惑听乱法"要求对他"特赐黜责,以昭示至公"。[1]

然而,台谏官的意见,并未引起朝廷的重视。赵彦若不但没有受到处罚,相反还被任命为兼任国史院修撰兼知院事。这样一来,更是招致了台谏官的猛烈抨击。侍御史贾易说:"如(赵)仁恕所犯,自当极典。乃更从轻,是必出于曲相隐庇之情,何其弃公议,而贵私恩如此其至也!"迫于台谏官的压力,朝廷赵仁恕追加处罚,将其送陈州编管。但台谏官并不罢休,要求对赵彦若也"正欺罔之诛,重行黜责,以惩奸幸,以正赏罚,以肃纪纲""早以(赵)彦若付吏书罪,重赐黜责,以警天下之轻妄也!"[2]

在这种情形之下,朝廷不得不免去了赵彦若侍读的兼职,但依然保留了翰林学士的官职,企图以此平息舆论;而赵彦若迫于舆论的压力,自己提出辞去翰林学士。最终,被免去了翰林学士,以枢密直学士提举万寿观,回青州老家居住去了。他的亲家、当朝宰相刘挚认为这一处理

[1] 《续资治通鉴长编》卷459。
[2] 《续资治通鉴长编》卷460。

不公,替他申辩说:"今罢翰林,又罢经筵,又罢史院,又降差遣,而又降职名,是当何等罪也? 挚以连姻不敢言,他日必有辨之者。"①结果不久之后,刘挚也因遭到弹劾而免去了宰相之职,出任郓州知州,其中一项罪名就是替赵彦若开脱罪责。

赵仁恕倚仗权势,为非作歹,固然是咎由自取;而赵彦若救子心切,贸然插手干预司法,不仅自己丢了乌纱帽,还连累了宰相亲家。从这一案件的整个过程,也可以看到北宋司法监督运行的一个侧面。

12. 同文馆狱:宋哲宗废立案的疑云

宋神宗在位时,一直没有立太子。元丰八年(1085 年)2 月,宋神宗病重,执政大臣请求早日确立太子。3 月,立年仅 10 岁延安郡王赵煦为太子。据说在确立太子人选时曾有不同意见,而时任宰相的蔡确自称"有定策功"。② 事实究竟如何虽不得而知,但至少印证了在确立继承人一事上有争议的事实。

宋神宗去世后,宋哲宗赵煦继位,太皇太后高氏临朝听政,重新起用司马光等反对变法的旧党(保守派)。旧党上台执政后,立即将攻击的矛头对准了以宰相蔡确和知枢密院事章惇为代表的主张变法的新党。在刘挚、梁焘、刘安世等台谏官的轮番弹劾下,蔡确和章惇先后被免去执政大臣之职。但他们并不罢休,又借"车盖亭诗案"将蔡确贬往新州(今广东新兴)安置,最终死在那里;章惇也遭到贬斥,而且"七八年间,数为言者弹治"。③ 而那些弹劾新党的台谏官则得到重用:刘挚被任命为宰相,梁焘成为执政大臣,刘安世也担任了枢密都承旨。

元祐八年(1093 年)太皇太后高氏去世,宋哲宗亲政。旧党失去了政治上的支持者,而且在太皇太后高氏临朝听政的八九年间,宋哲宗形

---

① 《续资治通鉴长编》卷 461。
② 《宋史纪事本末》卷 44。
③ 《宋史》卷 471《奸臣一》。

同傀儡。因此,旧党担心宋哲宗一旦亲政,会重新起用新党。翰林学士范祖禹就直接上书宋哲宗,要求他"守元祐之政",沿袭太皇太后高氏确立的一系列做法。①

然而,宋哲宗对旧党专横无君,排斥、打击新党的做法早已不满,亲政的次年,便改年号为"绍圣",表示要继承宋神宗的变法改革事业。第一步就是罢免了旧党代表宰相吕大防、范纯仁等,任命章惇为首相,起用了一大批新党官员。正巧太子少师致仕的冯京去世,宋哲宗亲临祭奠,而蔡确之子蔡渭(蔡京女婿)也在场,他向宋哲宗诉说父亲的冤屈,宋哲宗当即下令为蔡确平反,这就传递了一个非常明确的信号:支持新党翻案。与此同时,一批旧党的重要人物,如宰相吕大防、刘挚,执政苏辙等纷纷遭到贬斥,追夺已故的司马光、吕公著等人的赠谥,旧党元老、曾任平章军国重事的文彦博也受到降职处分。

然而,章惇等人担心这些旧党人物有朝一日还会被起用,便不断对他们进行政治追杀。一方面,对这些旧党人物一贬再贬,吕大防、刘挚、梁焘、范祖禹和刘安世等都被贬往岭南,其中吕大防走到半路就去世了;司马光和吕公著也受到追贬,章惇等甚至还请求挖掘司马光、吕公著的坟墓,"斲棺暴尸"。另一方面,则在当初宋哲宗废立的问题上大做文章,在对苏辙的"责词"中,用了"垂帘之初,老奸擅国,置在言路,四诋先朝"的话语,②矛头直指太皇太后高氏,并借当初有关宋哲宗即位问题上的争议大做文章。而率先挑起这场纷争的,是一个叫邢恕的官员。

蔡确担任宰相时,邢恕是他的门下客,深得蔡确的信任,两人"相与如素交"。在是否立宋哲宗为继承人的问题上,也的确替蔡确出过主意。蔡确被贬,邢恕也受到牵连。章惇等人被起用后,为了打击旧党,引邢恕为助,任命他为御史中丞。邢恕上任后,首先就在宋哲宗废立之事上大做文章,"诬宣仁后(太皇太后高氏)有废立谋",并指称宋神宗去世后,司马光曾对翰林学士范祖禹说过:"方今主少国疑,宣训事不可不

① 《续资治通鉴》卷83。
② 《续资治通鉴》卷83。

虑。"宣训是北齐娄太后,文宣帝高洋去世后,她废掉了其孙高殷(高洋之子),另立其子高演为帝。借此影射太皇太后高氏有废立之意。另一方面,挑唆蔡确之子蔡渭借替其父翻案为名,指控刘挚等人图谋不轨,企图将他们一网打尽。同文馆狱就是在这样的背景之下发生的。①

绍圣四年(1097年),蔡渭向朝廷控告,说自己的叔叔蔡硕曾在邢恕那里看到元祐年间文彦博之子文及甫写的一封信,内容"具述奸臣大逆不道之谋"。原来,文及甫与邢恕为同事,两人关系不错。文及甫替母亲服丧期满,担心不能回朝任职,便写信给邢恕,其中有"司马昭之心,路人所知,济之以粉昆,朋类错立,欲以眇躬为甘心快意之地。"这本是发泄对宰相吕大防等人的不满,而朝廷收到蔡渭的控告后,立即命翰林学士承旨蔡京和权吏部侍郎安惇在同文馆(接待外国使节之处)设立特别法庭,负责审理此案。

蔡京等秉承章惇的旨意,逮捕了文及甫,在同文馆进行审讯。在蔡京等人的逼迫下,文及甫供称"司马昭之心"指的就是刘挚,而"眇躬"是指宋哲宗,并称自己的父亲文彦博临终时,告诉自己刘挚等"将谋废立"。蔡京等以此为由,打算将贬斥在岭南的刘挚、梁焘等旧党一网打尽。但宋哲宗不同意,认为自己"遵祖宗遗志,未尝诛杀大臣,刘挚等可释勿治"。正巧梁焘与刘挚在此时先后去世,相隔仅七天,"众皆疑两人不得其死"。但蔡京等并不罢休,又逮捕了原太皇太后高氏的医官张士良,"并列鼎镬刀锯置前",逼迫他供认高氏曾串通刘挚等图谋废立宋哲宗之事。张士良仰天大哭道:"太皇太后不可诬,天地神祇何可欺也!乞就戮。"②

章惇、蔡京等借同文馆狱对旧党大肆追杀,特别是追查到太皇太后高氏身上,引起了朝廷上下的恐慌,皇太后向氏也不得不出来制止宋哲宗再折腾下去。在这种情形之下,一场惊天大案到此戛然而止。但北宋朝廷从此便陷入了新党与旧党的恶斗,并愈演愈烈,引发了后来的

① 《宋史纪事本末》卷44。
② 《宋史纪事本末》卷44,《续资治通鉴长编》卷490。

"元祐党人"事件。

13. 诉理所:雪冤机构何以成为党争工具

在北宋设立的诸多司法机构中,看详诉理所(简称诉理所)是比较特殊的一个。它存在的时间不长,作为一个特殊时代的产物,设立的最初目的是平反雪冤,纠正冤假错案。但在后来的实际运行中,却超越了初始的目的与功能,成为了党争的工具,对北宋后期的政治发展产生了重要影响。

元丰八年(1085年)三月,宋神宗去世,年仅10岁的宋哲宗继位,他的祖母太皇太后高氏临朝听政。她起用司马光、吕公著等保守派官员,而且"凡熙宁以来,政事弗便者,次第罢之",一些因反对变法而遭到贬斥的官员也先后被平反。同时,为了从根本上"拨乱反正",纠正"新政"时的一些错案、冤案,三省提出:"元丰八年三月六日赦恩以前,命官诸色人被罪,今来进状诉理,据案已依常法,虑其间有情可矜恕,或事涉冤抑,合从宽减者,欲委官看详、闻奏。"①根据三省的建议,于元祐元年(1086年)三月设立诉理所,由御史中丞刘挚、给事中孙觉为长官,"取索元丰以来大理寺、开封府断遣过因内降探报公事元断犯及断遣刑名看详,内有不合受理并事涉冤抑者,具事理以闻",允许那些认为有冤屈的人,可以在半年内向诉理所申诉。②

从诉理所设立的初衷来看,它作为一个平反雪冤的机构,职责是审查宋神宗时大理寺和开封府办理的冤假错案,可以接受当事人的申诉,也可以是诉理所的主动审查。诉理所审查的虽然是司法机关审判的案件,但具有鲜明的政治背景,而且事实上受理范围扩大到所有与"新政"有关的案件和官员。从诉理所设立不久受理的两起案件,就可以清晰

---

① 《续资治通鉴长编》卷368。
② 《续资治通鉴长编》卷371。

地看出这一点。

一起是原许州(今河南省许昌市)长葛县知县乐京,另一起是唐州(今河南泌阳一带)湖阳县知县刘蒙,他们都是在熙宁四年(1071年)因拒绝推行新法,"自劾待罪",结果被加上"擅去官"的罪名,"作公罪徒二年,各追一官勒停"。诉理所经审理后认为:两人"与擅去官事理不同,合从宽减"。乐京被重新起用,授承议郎,召赴阙;刘蒙已经去世,赐其家帛五十匹。[①]

当时诉理所受理的案件中,影响最大的,就是宋神宗时的太学考试舞弊案。案件发生时,刘挚担任开封府推官,他当时就对案件的处理不满,现在作为御史中丞,又执掌诉理所,自然不放过这个机会,认为"臣闻论者谓近年惨酷冤滥,无如此狱""其间虽有实负罪犯之人,终以下评其上,事发不正,狱官希合,拷虐太过,故虽得其罪,论者犹不以为直",要求将那些因此案获罪的太学生"等第除落罪名",加以豁免。

诉理所作为一个理雪冤屈、平反冤案的机构,其设立的初衷未尝不好,但以刘挚等借此大肆翻案,并借以对新党人士大肆打击迫害,无形中使得诉理所由一个司法机构成为了党争的工具,这也为他们自己埋下了祸根。

元祐八年(1093年)九月,太皇太后高氏去世,宋哲宗亲政,重新起用新党人士,保守派官员则纷纷遭到贬斥。在这种形势下,被保守派官员作为翻案机构、用来打击新党人士并已闲置多年的诉理所,又成为了新党为自己翻案、并对保守派官员进行追杀的工具。

元符元年(1098年)六月,时任御史中丞的安惇上奏宋哲宗,说"元祐之初,陛下未亲政事,奸臣乘时议置诉理所,凡得罪于元丰之间者,咸为雪除。归怨先朝,收恩私室,意者呼吸罪党,用为己助。未审当时有司如何理雪,倘出奸意,不可不行改正。欲乞朝廷差官,将元祐中诉理所一宗公案看详,如合改正,即乞申明得罪之意,复依元断施行。"建议对诉理所设立以来平反的案件重新进行审查。宋哲宗接受了他的建

---

① 《续资治通鉴长编》卷377。

议,并命他和礼部尚书蹇序辰一同执掌诉理所,对所有案件重新进行审查,"内元状陈述及诉理所看详语言,于先朝不顺者,其职位姓名,别具以闻。"①

诉理所重新启动后,在时任宰相章惇的授意下,对那些因通过诉理所翻案的官员进行追杀,"缘诉理被祸者,凡七八百人",②安惇、蹇序辰等"受大臣风谕,傅致语言,指为谤讪"。③ 不仅如此,还对当时诉理所的官员大肆追责。诉理所首任看详官刘挚曾任宰相,是著名的保守派官员,已经被贬去世;其他曾在诉理所任职的保守派官员都遭到贬斥。一些被翻案的重要案件,也重新被翻了过来。其中最典型的,就是原光州司法参军、监安上门郑侠的诽谤案。

郑侠于熙宁七年(1074 年)因"流民图"获罪,被判英州编管。元祐元年(1086 年)被平反,经苏轼、孙觉的联名推荐,被起用为泉州教授。现在诉理所又旧案重翻,认为对郑侠"元祐元年除雪不当"。于是宋哲宗根据诉理所的建议,下诏"元祐指挥更不施行,并令改正。郑侠追毁出身已来文字,除名勒停,依旧送英州编管,永不量移。"④

当然,对于这种借诉理所对已经平反的官员一概旧案重翻的做法,朝廷内部意见也不一致。宰相曾布就不赞同这样做,认为牵涉的"人数众多,动众失人心",建议"朝廷守已降诏旨,勿令议论者更有所增加尔",但结果也仅仅是"公人、军人、百姓更不看详而已",大批官员依然受到追责,"士大夫得罪者八百三十家"。⑤

章惇等借诉理所,通过司法途径对保守派官员大肆进行政治追杀,但最终伤及自身,因此遭到大臣的弹劾,安惇、蹇序辰被"除名、放归田里",章惇被贬为武昌军节度副使、潭州安置;⑥诉理所也结束了它的使命。而北宋王朝也在这种内斗中,逐步走向了衰亡。

① 《续资治通鉴长编》卷 499。
② 《续资治通鉴长编》卷 499。
③ 《续资治通鉴》卷 86。
④ 《续资治通鉴》卷 85。
⑤ 《续资治通鉴》卷 87。
⑥ 《续资治通鉴》卷 86。

14. 宋哲宗孟后被废案

在中国历史上,宋朝的后宫相对而言是比较平静的,没有其他朝代那样的刀光剑影,所谓"狸猫换太子"的传说也只是小说家之言。唯一的例外就是宋哲宗时的孟皇后被废案,它不仅是北宋时唯一的一次宫廷内斗而引发的大案,而且对北宋末年与南宋初年的政治产生了深远的影响。

宋哲宗赵煦即位时年仅 10 岁,他的祖母太皇太后高氏临朝听政,朝廷大小事务包括宋哲宗的婚事都是由高氏决定。高氏和皇太后向氏都看中了眉州防御使、马军都虞侯孟元的孙女,并于元祐七年(1092年)以极为隆重的礼仪册立为正宫皇后。然而,宋哲宗对这个年长自己三岁的皇后似乎并不满意,而是更喜欢自己的妃子刘婕妤。刘婕妤"明艳冠后庭,且多才艺"。她仗着宋哲宗的宠爱,骄横刁蛮,"不循列妾礼",[1]不把孟皇后放在眼里,甚至要同孟皇后平起平坐,难免就弄出事来。而其他嫔妃看不惯她的这种做派,趁机捉弄她。她吃亏后,跑去宋哲宗那里哭诉,说孟皇后的坏话。由于孟皇后是太皇太后高氏做主册立的,高氏去世、宋哲宗亲政后,在宰相章惇等人的唆使下,为推翻高氏之前的决策,在惩治所谓"元祐党人"的同时,也借机拿孟皇后开刀了。

绍圣三年(1096 年),孟皇后的女儿生病,吃了药依然不见好转。孟皇后的姐姐颇懂些医术,曾替孟皇后治好重病,所以也经常出入内廷。于是孟皇后便请她来替小公主治病。她见公主服药无效,便用道家治病的符水带进宫给小公主服用。孟皇后看见后大惊,因为这在宫廷里是犯忌的,便如实对宋哲宗说了,并当着他的面将符烧了。宋哲宗认为"此人之常情耳",并未怪罪,但这件事却在宫中传开了,说是皇后用厌魅之术,而厌魅属于"十恶"中的"不道"。这样一来,孟皇后在劫难

---

① 《续资治通鉴》卷84。

逃了。

事有凑巧,孟皇后的养母听任宣夫人燕氏、女尼法端和供奉官王坚为此事祈祷,祈求小公主早日平安。刘婕妤的亲信宦官郝随得知后,立即向宋哲宗告密,说孟皇后指使人装神弄鬼,图谋不轨。宋哲宗听说后大怒,立即下令逮捕了宫中的宦官和宫女三十多人,严刑拷问,"搒掠备至,肢体毁折,至有断舌者"。屈打成招之后,侍御史董敦逸奉命复审,只见"罪人过庭下,气息仅属,无一人能出声者"。董敦逸觉得案情有疑,但在郝随等人的威胁逼迫下,被迫将供状上奏。宋哲宗以孟皇后"纵欲失德,密构奇邪""旁惑邪言,阴挟媚道"为由,亲自下令废除其皇后身份,出居瑶华宫,法名冲真。"王坚、法端、燕氏皆处斩;凡所连逮,以等第定罪。"①

由于废皇后是一件大事,尽管宰相章惇等极力支持,但也有不少大臣反对。殿中侍御史陈次升就上书认为:"命下之日,士庶惶惑,咸谓后无可废之罪。而陛下废之,或相与为之,咨嗟弹指,良可骇也。"建议成立特别法庭"别行推勘,庶得实情",否则"万一冤滥,为天下后世讥笑"。复审此案的董敦逸也上书认为孟皇后不当废,并说:"臣尝录问狱事,恐得罪天下后世。"但都无济于事,董敦逸也因此被免去御史之职,出任地方官。②

宋哲宗废孟皇后,固然是由于章惇和郝随等人的挑唆,但他对太皇太后高氏与皇太后向氏的不满,也是一个重要因素;而章惇等人借宋哲宗之手废黜孟皇后,也是为了间接报复太皇太后高氏当年对他们的打击和迫害,只是孟皇后无端成为了这场政治斗争的牺牲品。孟皇后被废之后,在章惇等人的建议下,宋哲宗立刘婕妤为皇后,她终于如愿以偿取代了孟皇后。元符三年(1100年),年仅25岁的宋哲宗去世。在太皇太后向氏的决策下,迎立端王赵佶为帝,是为宋徽宗。宋徽宗尊刘皇后为皇太后,并对她"曲加恩礼"。然而,她却故态复萌,仗着皇太后

---

① 《续资治通鉴长编拾补》卷13。
② 《续资治通鉴长编拾补》卷13。

的身份,肆意干预朝政,而且私生活也极不检点。宋徽宗忍无可忍,同辅臣商量打算废掉她的皇太后身份,但刘太后已经在身边人的逼迫下,用帘钩自缢而死。[①]

太皇太后向氏在拥立宋徽宗即位后,恢复了孟皇后的身份,称为元祐皇后。不久,向氏去世,宋徽宗亲政,重新起用蔡京等"新党"。宦官郝随挑唆蔡京向宋徽宗建议废掉孟皇后,御史台官员接连上奏,蔡京与执政大臣也纷纷建言,结果孟皇后再次被废,退居瑶华宫。

然而,孟皇后再次被废,却因祸得福。靖康元年(1126年)金兵南下,包围了京城开封。宋钦宗赵恒与近臣商议再度恢复孟皇后的身份,尊为元祐太后。但诏令还未下,开封就被金兵攻陷,皇室成员和后宫有位号的后妃都被虏去金国,受尽屈辱和磨难;而孟皇后因为被废的缘故,幸运地逃脱了这场厄运。后宋高宗赵构即皇帝位,迎回孟皇后,并改称隆祐太后,后又尊为皇太后,成为当时朝廷中唯一健在的皇室尊长,对于维护宋高宗赵构的政治合法性发挥了重要影响,宋高宗也自称"朕于太后(孟皇后)如母子"。[②]

当初册封孟皇后时,太皇太后高氏曾感叹说:"斯人贤淑,惜福薄耳。异日国有事变,必此人当之。"[③]不幸而言中。而宋哲宗等炮制的这起废后冤案,虽然有着复杂的政治背景,却在无意中影响了南宋初年政治格局,这是他们所始料未及的。

15. 熙宁元丰新政与司法考试改革

中国古代在北宋时曾出现过类似于现代意义的、为选拔中央司法机关的官员而专门举行的司法考试,对提升司法官员的法律素养产生了重要影响。到了宋神宗熙宁、元丰年间,出于变法改革的需要,对司

---

① 《宋史》卷243《后妃下》。
② 《宋史》卷243《后妃下》。
③ 《宋史》卷243《后妃下》。

法考试进行了改革,培养和选拔了一批具有专门法律知识和素养的官员,充实到朝廷各部门的法律相关岗位,对于推进变法改革发挥了重要作用。

熙宁、元丰年间的司法考试改革的初衷,是树立法律的权威、提升官员的法律素养;一个重要的诱因,就是熙宁初年发生的关于"阿云之狱"的争论。在这场争论中,宋神宗认为相关官员"多不晓者",不能理解法律的精神。王安石对他说:"刑名事诚少人习,中书本不当与有司日论刑名,但今有司既未得人而断人罪,不可不尽理。"于是宋神宗决定"须与选择数人,晓刑名人可也",下令改革通过司法考试选拔官员的制度。①

熙宁、元丰年间的司法考试改革的一个重要前提,是在此前进行的司法考试中,培养和选拔了一批法律专门人才,这些人在熙宁、元丰年间的变法改革中发挥了重要作用。其中有两个具有代表性的人物:一个是许遵,他对法律有着浓厚的兴趣,进士及第后,又通过参加明法科考试,被提升为大理寺详断官,后又任审刑院详议官,出任宿州和登州知州等。史称其"累典刑狱,强敏明恕"。正是在登州知州任上,围绕"阿云之狱"的处理,引发了一场大争论,成为王安石变法的"前奏曲"。后两度执掌大理寺,是当时著名的法官(尽管时人和后人对他在"阿云之狱"的处理上有不同看法)。② 另一个是崔台符,他中明法科出身,为大理详断官,后历任判大理寺、知审刑院,以及大理卿、刑部侍郎等,长期担任中央司法机关长官,也是王安石主持变法时在司法方面所倚重的助手。③ 也正因为如此,在熙宁、元丰年间进行变法改革时,通过对司法考试的改革,大力选拔法律方面的人才,为变法改革提供法律人才方面的保障。

熙宁、元丰年间司法考试的改革,主要是三个方面:

首先,进士考试增加了法律考试的内容。进士考法律,是熙宁、元

---

① 《续资治通鉴长编拾补》卷7。
② 《宋史》卷330《许遵传》。
③ 《宋史》卷355《崔台符传》。

丰司法考试改革的一个特色。早在北宋初年的太平兴国八年（983 年）就曾规定：进士和诸科都要加试"律义"十道，但次年就废除了。① 直到熙宁年间才将这一制度确立下来。熙宁六年（1073 年）三月下诏，规定将法律考试作为进士和诸科考取后任职的优先条件："自今进士、诸科同出身及授试监簿人，并令试律令、大义或断案，与注官；如累试不中或不能就试，候二年注官。"同时还规定："曾应明法举人，遇科场，愿试断案、大义者听，如中格，排于本科本等人之上。"②但几个月后对此规定又作了修改："自今进士及第，非上三人，并令试律令大义、断案，据等注官。"③也就是说，进士考试前三名可以免考法律。

　　进士加试法律的目的，是基于科举考试出身的官员"多不习晓法律"的现实，"所以令于入仕之初，试律令大义断案，入等然后注官"。然而，进士前三名免考，显然与此目的不符。时任中书习学公事练亨甫就上书认为这种做法"于义未安"，认为所有及第的进士都要从州县官做起，"其于练习法令，岂所宜缓"；如果"独优高科，不令就试"，就会"滋失劝诱士人学法之意"，建议一视同仁。于是熙宁八年（1075 年）七月下诏，规定"进士及第自第一人以下注官，并先试律令、大义、断案"④。

　　其次，改革"明法科"考试。北宋的明法科是选拔法律人才的重要途径，上面谈到的许遵和崔台符都是通过参加明法科考试担任法官的（许遵是进士科及第后，再参加明法科考试的）。王安石主持熙宁年间的变法改革时，对明法科进行改革，设立了"新科明法"，成为当时与进士科并重的科举考试。与原明法科考试相比，新科明法在考试内容上除律令之外，增加了《刑统》大义和断案，强调了对法律的适用能力。而更为重要的是，对考中新科明法的，"吏部即注（各州）司法（参军），叙名在进士及第人之上"，而且还扩大了录取名额。熙宁九年（1076 年）新科明法录取 39 人，而下一榜（元丰二年，1079 年）的录取人数增加到了

① 《宋史》卷 155《选举一》。
② 《续资治通鉴长编》卷 243。
③ 《续资治通鉴长编》卷 246。
④ 《续资治通鉴长编》卷 266。

146 人。

其三,完善了"试刑法",即通过专门司法考试选官的制度,这就是《文献通考》中所说的"试刑法者,亦自熙(宁元)丰间始"的由来。虽然从内容上而言,试刑法与新科明法都是专门的司法考试,但新科明法属于科举考试的一个科目,每三年举行一次,时间跨度较长;而试刑法则"每年春秋两试",而且对于试刑法合格的,根据成绩安排相应的司法职务。如熙宁六年(1073 年)试刑法考试,"试中刑法莫君陈迁一官,为刑法官;次四人送法寺试断案,或充提刑司检法官;次五百人各循二资,十一人各循一资;余各不依名次路分指射差遣一次;次止免试注官。"①熙宁八年(1075 年),"诏试刑法人上七人差充法官,余循资堂除差遣,免试,其京朝官即比类推恩。"②试刑法的改革,成为官员入仕的一个重要途径,大大提升了候选官员学习法律的积极性。作为保守派官员的右司谏苏辙(苏轼的弟弟),在元祐元年(1086 年)的奏章中对此也不得不承认:"先朝患天下官吏不习法令,欲诱之读法,乃令……应系选人皆不复守选,并许令试法,通者注官。自是天下官吏皆争诵律令,于事不为无益。"③苏轼对此更是有诗称赞道:"读书万卷不读律,致君尧舜知无术"。④

通过试刑法任职的人主要担任中下级司法官员,从事具体的事务性工作,因而大都默默无闻。唯一比较知名的是王吉甫,他明经及第,因"练习法律,试断刑人等",从大理寺法官做起,一直做到刑部员外郎、大理少卿,史称其"持论宽平""一于用法,而廉介不回,有足称云"⑤。

---

① 《续资治通鉴长编》卷 243。
② 《续资治通鉴长编》卷 263。
③ 《续资治通鉴长编》卷 386。
④ 《苏轼集》卷 3《戏子由》。
⑤ 《宋史》卷 300《王吉甫传》。

第四章 南 渡

01. 南宋第一案:太学生陈东被杀案

宋徽宗宣和年间,因联金伐辽决策失误,导致金兵大规模入侵。宋徽宗被迫于宣和七年(1125 年)12 月将皇位传给儿子宋钦宗。宋钦宗即位后,太学生陈东率众多太学生一同伏阙上书,请求诛杀败坏朝政的蔡京、王黼、童贯、梁师成、李彦、朱勔等六个奸臣。① 大敌当前,为缓和矛盾、应付舆论,宋钦宗下令将朱勔放归田里,王黼贬为崇信军节度副使、永州安置(后在去永州的途中被杀);李彦被赐死,并抄没家产。同时任命李纲为兵部侍郎,不久又任命为尚书右丞(副宰相)、东京留守,负责抵御金兵的进攻。

宋徽宗将皇位传给宋钦宗后,自己在童贯、蔡京等人的随同下南逃。陈东等又两度上书,认为蔡京等南下之后,会"假上皇之威,振臂一呼,群恶响应,离间陛下父子",图谋不轨;建议"速追数贼,悉正刑典"。但当时金兵已兵临开封城下,无暇处置蔡京等人,只是将尚在京城的梁师成贬为彰化军节度副使,半道又将其赐死。②

---

① 《续资治通鉴》卷 95。
② 《续资治通鉴》卷 96。

开封军民在李纲等率领下同金兵鏖战，但不幸兵败，以李邦彦等为代表的投降派官员借此对李纲大肆攻击。宋钦宗犹豫之下，罢免了李纲和大将种师道，另派官员同金兵议和。消息传来，群情激愤。陈东率数百名太学生赴宣德门集会上书，称"李纲奋勇不顾，以身任天下之重，所谓社稷之臣也""陛下拔（李）纲为执政，中外相庆；而（李）邦彦等疾如仇雠，恐其成功，因缘沮败，归罪于纲"，要求"乞复用纲而斥邦彦等，且以阃外付种师道。宗社存亡，在此一举！"

此时，自发前来的军民已聚集了数万人。宋钦宗派人传旨，同意他们的要求，要他们立即解散，但被集会的军民拒绝，一定要看到李纲和种师道复职才肯退。前来维持秩序的开封府知府王时雍威胁太学生们说："胁天子可乎？胡不退？"太学生们回答他说："以忠义胁天子，不愈于以奸佞胁之乎？"并上前欲对他群殴。王时雍见势不妙，赶紧逃走了。禁军大将王宗濋担心引发变故，请求宋钦宗答应他们的要求，并召李纲和种师道入朝，立即复职。宣旨的太监朱拱之行动迟缓，被愤怒的军民乱刀砍死，并杀死随同的太监内侍数十人。直到集会的军民看到李纲和种师道，并由李纲亲自宣旨之后才散去，事件就此平息了。而金兵见局势对己不利，在得到赔款割地的承诺后，撤兵而去，京城开封暂时度过了危机。[①]

这场集会虽然是正义之举，但在集会请愿的过程中，也发生了"京师浮浪不逞之徒，乘民杀伤内侍，扰攘中劫掠内侍十余家，取其金帛"之事。事后，宋钦宗下令诛杀为首杀死太监的"闹事者"，并"禁伏阙上书"；知府王时雍还想将陈东等闹事的太学生一网打尽，被祭酒（太学校长）杨时拒绝。但一场和平集会请愿演变成了暴力事件，对陈东来说显然是不利的，所以有人曾劝陈东说："事势如此，奈何？盖且逃死乎？"但被陈东拒绝，说："君何言之谬邪，吾去，则君等戮矣，顾君等何罪？吾今至是头已在地矣。"虽然事后宋钦宗并未对陈东追责，还"命（陈）东初

品官,赐同进士出身",但被陈东谢绝,"辞不拜而归"。①

随同宋徽宗南逃的蔡京等人回朝后,在大臣的严厉弹劾之下,也遭到贬斥,最终蔡京于靖康元年(1126年)病死于贬所,童贯和朱勔被下令斩杀。但李纲不久也因"专主战议,丧师费财"的罪名被贬到南方。②

宋钦宗对金兵的妥协只是换得了一时的苟安,不久,金兵再度南下,攻破了开封,宋钦宗和宋徽宗被俘,北宋灭亡。康王赵构带兵在外,逃过了一劫。靖康二年(建炎元年,1127年)五月,赵构在南京应天府(今河南商丘)即位,是为南宋高宗。为了抵御金兵,宋高宗重新起用李纲,任命他为尚书右仆射兼中书侍郎(右相),不久又任尚书左仆射兼门下侍郎(左相),并召陈东入朝。但宋高宗对抵御金兵并不积极,而且真正信任的,是身边的两位力主对金妥协的官员:知枢密院事汪伯彦和右仆射兼中书侍郎黄潜善。因此,李纲仅仅做了75天宰相,就被罢免。而这一事件,直接引发了陈东被杀案。

陈东应召到了宋高宗的临时朝廷应天府,就赶上李纲被罢免,于是便接连三次上书,认为黄潜善、汪伯彦不可任,李纲不可去,并要求宋高宗还都汴京(开封),率军亲征,迎回二帝(宋徽宗、宋钦宗),"其言切直"。正好另一位太学生欧阳澈也上书要求罢免黄潜善、汪伯彦等,并批评"宫室燕乐事"。据说陈东的上书中,还有"上(宋高宗)不当即大位,将来渊圣皇帝(宋钦宗)来归,不知何以处"的话,这就戳到了宋高宗的痛处,也被黄潜善等抓住了把柄。他们向宋高宗进言,要求立即将陈东和欧阳澈处死,免生祸乱。结果宋高宗在即位三个月后,陈东和欧阳澈被押赴闹市公开处死,成为了南宋第一大案。③

陈东被杀案的发生,有着复杂的背景。黄潜善、汪伯彦等进谗言只是一个方面的原因,但根本原因还在于宋高宗赵构。陈东虽然只是一个太学生,但宋高宗看重他的社会影响,所以即位之初就召他入朝,无非是借他的影响巩固自身的政权;而当陈东再次上书,要求撤回罢免李

---

① 《续资治通鉴》卷96。
② 《续资治通鉴》卷97。
③ 《建炎以来系年要录》卷8。

纲的决定、惩处投降派官员时,为了防止再度发生大规模的集会请愿事件,进而影响到政权的稳定时,宋高宗毫不犹豫地痛下杀手,尽管他也知道陈东与李纲之间根本就没有往来。而两年后的建炎三年(1129年),他又下诏替陈东、欧阳澈平反,追赠承事郎,"存恤其家",并说:当初杀陈东、欧阳澈是"出于仓卒,终是以言罪人,朕甚悔之"。① 不久又亲自下令派大臣祭奠陈东,还对执政大臣说:"(陈)东忠谏而死,皆厚恤其家。"②绍兴四年(1134 年),又对他们加赠朝奉郎、秘阁修撰,赐官田十顷,并说当初杀陈东是"朕初即位,昧于治体,听用非人,至今痛恨",③把自己的责任轻轻带过。

其实,宋高宗在建炎四年(1130 年)九月处理另一起伏阙上书案件时,便道出了自己当初处理陈东案时的真实想法:"靖康间,士庶伏阙,至于进退大臣,所谓倒持太阿,此风不可长!"④绍兴二年(1132 年),他在同大臣谈论当初陈东等率太学生伏阙上书之事时也说:"伏阙事倘再有,朕当用五军收捕尽诛之。"⑤

02. 大将曲端被杀案的是非曲直

南宋初年,金兵大举南侵,宋军奋起抵抗。在这个过程中,涌现出了一大批杰出将领。他们战功卓著,赢得了人们的赞誉,但同时也遭到了猜忌,并因此引发了一系列的错案、冤案。其中最为著名的,就是岳飞因"莫须有"罪名被杀的冤案;但在岳飞之前,另有一名大将也被冤杀,但这一案件的发生原因就复杂得多,这就是大将曲端被杀案。

曲端是将门之后,也算是"烈士"后代,因此 3 岁时就被授予三班借

---

① 《建炎以来系年要录》卷 20。
② 《建炎以来系年要录》卷 23。
③ 《建炎以来系年要录》卷 81。
④ 《建炎以来系年要录》卷 37。
⑤ 《建炎以来系年要录》卷 58。

职(宋代武臣入仕的最低职级)。他"警敏知书,善属文,长于兵略",在抵御西夏的战斗中立下战功,被提升为知镇戎军兼泾原路经略使统制官。①

南宋建炎元年(1127年)12月,金将完颜娄室(又译洛索、娄宿)率军进攻陕西,攻占了长安、凤翔,"关、陇大震"。而曲端镇守泾源,"招流民溃卒,所过人供粮秸,道不拾遗",②并派副将吴玠大破金兵。曲端也被提升为集英殿修撰、知延安府。

为了协调陕西战局部署,宋高宗赵构命原集英殿修撰、知延安府王庶为龙图阁待制,统一节制陕西六路(熙河路、秦凤路、泾原路、环庆路、鄜延路、永兴军路)军马,并任命曲端为节制司统制官。但曲端却不愿意接受王庶的指挥。建炎二年(1128年)9月,金兵再度进攻陕西,王庶命曲端领兵参加会战,但曲端却借故拒绝,导致了战争的失败,曲端则趁机取得了泾源路的军事指挥权。而金兵得知曲端与王庶将帅不和的情况后,集中兵力攻打鄜延路,王庶接连派出使臣十余人催促曲端出兵,但曲端拒不听命,最终导致鄜延路首府延安失陷。王庶被迫以劳军的名义投奔曲端驻地,希望曲端能以大局为重,出兵收复失地。而曲端竟打算以失陷延安为由,诛杀王庶。虽然未能得逞,但还是夺取了王庶节制使的大印,扣留了节制司的部属。朝廷因要依靠曲端,不但未予追究,还于次年升任他为泾源路经略安抚使,正式成为统辖一路兵马的大帅。

平心而论,曲端在抵御金兵进攻面前还是立有战功的,也因此为自己赢得了极大的声誉,连金兵对他也颇为忌惮,但他却恃才傲物,对上不服从王庶的指挥,对下又同自己的部将吴玠关系弄得很僵,以至于传言他要图谋叛变。南宋朝廷得知后,召他回朝任御营司提举(禁军大将),但曲端心怀疑虑,不敢入朝。这样一来,"议者喧言(曲)端反",而曲端"无以自明"。③

---

①　《宋史》卷369《曲端传》。

②　《续资治通鉴》卷101。

③　《宋史》卷369《曲端传》。

关键时刻,时任知枢密院事的张浚被任命为川陕宣抚处置使,主持川陕事务。张浚素闻曲端之名,他在向宋高宗赵构辞行时,以全家百口力保曲端不反。张浚到陕西后,为了仰仗曲端的威名,将他收归己用,仿效刘邦筑坛拜将的做法,以朝廷的名义,任命曲端为威武大将军、宣抚处置使司都统制兼渭州知州。曲端登坛接受礼,将士欢声如雷,可谓是给足了曲端面子。①

曲端拜将之后,张浚又专门派人赴渭州,征询曲端对征讨金兵的意见。曲端认为应当以持重为主,待机而动,反对轻举妄动,这显然与张浚主动出击的战略方针背道而驰,这样便同张浚之间也产生了隔阂,埋下了其悲剧结局的祸根。

建炎四年(1130 年)春,金兵进攻环庆路,曲端派吴玠等人率军在彭原店抵御。吴玠初战获胜,但曲端未能及时增援,吴玠先胜后败,被迫撤退。而曲端则弹劾吴玠违因反节制而导致失败,要追究其责任。这样一来,与吴玠之间的矛盾也进一步激化了。

同年秋天,金兵在完颜宗弼(即兀术)的率领下,大举向江淮一带进军。为了牵制金兵,保护南宋小朝廷的安全,张浚主张主动出击,从侧背打击金兵。但遭到曲端的反对,认为"平原广野,贼便于冲突,而我军未尝习水战。金人新造之势,难与争锋,宜厉兵秣马保疆而已,俟十年乃可。"从战术上说,曲端的建议不无道理;但从战略上而言,这种消极保守的做法缺乏大局观念,负有镇守西部重任的张浚是不可能接受的。于是,张浚以曲端彭原兵败为由解除了他的兵权,并将他贬为海州团练副使、万州安置。②

张浚对曲端的处理并无不妥,但由于曲端在当地有较高的声望,"陕西人倚(曲)端为重,及贬,军情颇不悦"。③而完颜宗弼得知张浚打算从陕西出兵攻其侧背的消息后,转兵攻打陕西。这样,张浚便面临完颜娄室和完颜宗弼两路大军的夹击。于是,张浚决定趁完颜宗弼未到

① 《宋史》卷 369《曲端传》。
② 《宋史》卷 369《曲端传》。
③ 《续资治通鉴》卷 108。

之机,先集中兵力击败完颜娄室。他集中五路大军共 40 万人马的优势兵力,在富平同金兵决战。为了震慑敌军,张浚还在军中竖起曲端的大旗,但还是被完颜娄室识破。由于部属失误,加上指挥不统一,导致宋军大败。

　　富平之战失败后,张浚想起了当初曲端对他的劝谏,打算重新起用曲端,但遭到了王庶和吴玠的坚决反对。王庶对张浚说:"(曲)端有反心久矣,盍早图之。"而陕西四川一带的军民则纷纷上书替曲端声冤,这就使得张浚对曲端起了杀心。而王庶为了坐实曲端谋反的罪名,找出了曲端曾经题写的诗句:"不向关中兴事业,却来江上泛渔舟。"这本是曲端带有自嘲的牢骚话,但王庶却指责他是"指斥乘舆",影射宋高宗。这样一来,曲端在劫难逃了。绍兴元年(1131 年)4 月,曲端被投入大牢,在狱中被折磨致死。曲端死后,"士大夫莫不惜之,军民亦皆怅恨,(张)浚以是大失西人之心",①不久关陕地区全部被金兵攻占。后来曲端被平反昭雪,并追谥"庄愍"。

　　平心而论,曲端同张浚、吴玠等都是力主抵抗金兵的杰出将帅,曲端之死,不仅对当时的战局,而且对后来的"中兴大业"都造成了极其不利的影响。据《江淮琐记》记载,绍兴七年(1137 年),齐王刘豫策反南宋大将丽琼,就拿"张丞相(浚)昔在关陕,不尝戮曲端乎"说事,最终使丽琼率四万大军叛降刘豫,成为张浚被罢免宰相职务的直接原因。从这个意义上说,的确是一起冤案。但正如《宋史》评论所说:"(曲)端有将略,使展尽其才,要未可量。然刚愎,恃才凌物,此其所以取祸",因此,"张浚杀之虽冤,盖亦自取焉尔。"②

03. 从岳飞的"罪名"看冤案的缘由

　　岳飞谋反冤案的发生有着复杂的原因。长期以来,都认为这起冤

---

① 《续资治通鉴》卷 109。
② 《宋史》卷 369《曲端传》。

案是秦桧一手打造的。秦桧为了达到议和的目的,以"莫须有"的罪名除掉岳飞,甚至在《宋史》中也持这种说法。《宋史·岳飞传》中就记载:"(金)兀术遗(秦)桧书曰:汝朝夕以和请,而岳飞方为河北图,必杀(岳)飞,始可和。(秦)桧亦以(岳)飞不死,终梗和议,己必及祸,故力谋杀之。"并诱使岳飞的部下诬告其唆使部将张宪等谋反,以坐实岳飞的罪名。① 然而,岳飞身为朝廷重臣,又是一位声名卓著的将领,秦桧虽然身为宰相,但仅仅以"莫须有"的罪名诬陷杀害岳飞,从当时的制度和法律来看都是不可能的,因为宋高宗赵构不是一个昏君,更不会任由秦桧蒙蔽摆布。其实,在《宋史·何铸传》中,秦桧对承办此案的御史中丞何铸说了这样一句话:"此上意也。"② 这不是秦桧的托词,而是岳飞冤案背后的实情。从刑部和大理寺对岳飞等人的判决书来看,罪名、罪证和刑法条文都清清楚楚、明明白白。③ 因此,这是一起典型的用法律手段解决政治问题的案件。

从相关史书记载来看,岳飞的罪名并非"莫须有",而是实实在在的。绍兴十一年(1141年)岳飞被解除军权、任枢密副使不久,时任谏议大夫万俟卨便对岳飞进行弹劾,第一个罪名便是"稽违诏旨",④说白了,就是违抗圣旨,同皇帝对着干。这在重文轻武的宋朝,可谓是武将同谋反和谋叛并驾齐驱的罪名。

宋太祖赵匡胤就是通过发动兵变夺取江山的。因此,他做了皇帝之后,第一件事就是"杯酒释兵权",解除了大将们的兵权,建立了文臣统率军队的制度,武将只能在文臣的统率下,指挥数量有限的军队,这样就不足以对皇权构成威胁。这也是南宋初年金兵大举南下的过程中,各地将领只能进行零星的防御性的抵抗而无法同金兵进行大规模决战的原因。当时的名将韩世忠同金兀术在镇江黄天荡大战,金兵有十万人,而韩世忠仅有区区八千人。直到后来韩世忠作为统率一路大

---

① 《宋史》卷365《岳飞传》。
② 《宋史》卷380《何铸传》。
③ 《建炎以来朝野杂记》乙集卷12。
④ 《建炎以来系年要录》卷141。

军的宣抚使,其麾下的军队也不过三万人。①

在南宋"中兴四将"(刘光世、韩世忠、张俊、岳飞)中,岳飞是唯一在抵御金兵的战争中崭露头角的。他于靖康元年(1126 年)投奔宋高宗的大元帅府,因功补承信郎(从九品的武职虚衔),至绍兴四年(1134 年)仅仅八年时间,就做到了清远军节度使,时年仅 32 岁,"自中兴后,诸将建节,未有如(岳)飞之年少者。"②应该说,宋高宗对岳飞是非常器重的,也对他寄予了很大的期望。而岳飞也不负所望,不论是抵御金兵,还是剿灭盗贼,都是屡立战功,收复了大片失地和许多重要城市。

然而,宋高宗对金兵的抵抗完全是一种消极的防御性的抵抗,并非真心要收复失地,"迎还二圣"(宋徽宗、宋钦宗);他信任和重用岳飞,固然是看重岳飞的军事才能,但更希望岳飞能完全听从自己的旨意,为己所用。但在这一点上,岳飞显然是让他"失望"的。

绍兴七年(1137 年),岳飞被任命为湖北、京西宣抚使,成为同韩世忠、张俊并驾齐驱的将领。岳飞向宋高宗提出将张俊等所统辖的军队统一交由自己指挥,收复中原,被宋高宗婉言拒绝。而时任宰相的张浚更是认为岳飞的建议不妥,结果岳飞"上疏自言与宰相议不合,求解帅事,遂弃军而庐墓。"宋高宗在同左司谏陈公辅谈及此事时,陈公辅直言"前此朝纲不振,诸将皆有易心,习以为常,此(岳)飞所以敢与宰相议不合也,今日正宜思所以制之。"③为此,宋高宗不仅拒绝了岳飞的要求,还给岳飞派去了监军。

然而,岳飞并未理会宋高宗的圣旨,而是将军队交给部将张宪,自己上庐山替母亲守孝去了。宋高宗不得已,专门派出使者到江州,"敦请(岳)飞依旧管军,如违,并行军法。"但岳飞"坚执不肯出"。使者不得已对他说:"相公欲反耶?"僵持了 6 天之后,岳飞被迫接受了诏令。宋高宗召见岳飞,在安抚他的同时,对他说:"太祖所谓犯吾法者惟有剑

① 《建炎以来系年要录》卷 140:"(岳)飞视(韩世忠)兵藉,始知韩世忠止有众三万。"。
② 《建炎以来系年要录》卷 79。
③ 《建炎以来系年要录》卷 110。

耳！所以复令卿典军，任卿以恢复之事者，可以知朕无怒卿之意也。"①从宋高宗的这番话里，已经可以隐约感到杀机了。

绍兴十年(1140年)，金人撕毁和约，再度大举南侵。岳飞率军大败金兵，取得了颍昌大捷。就在岳飞打算乘胜追击时，宋高宗下令岳飞退兵，并"一日奉十二金字牌"，岳飞"愤惋泣下"，说："十年之力，废于一旦"。②按照规定，君主的一道诏书就必须执行，现在连发12道金字牌，那就是预感到岳飞会"抗命"；如果这一记载属实，那应该说宋高宗已经对岳飞极度不满了。岳飞退兵后，宋高宗在召见岳飞时，对他说了一番话，并且还向左右大臣公开了这番谈话的内容："朕昨面谕岳飞，凡为大将者，当以天下安危自任，不当计较功赏。"③实际就是指责岳飞的行为是"计较功赏"，不以"天下安危自任"。不久之后，在同淮西宣抚使张俊谈话时，借唐朝郭子仪的事迹，对张俊说，郭子仪"虽总重兵处外，而心尊朝廷，或有诏至，即日就道，无纤介顾望，故身享厚福，子孙庆流无穷。今卿所管兵，乃朝廷兵也，若知尊朝廷如子仪，则非特身飨福，子孙昌盛亦如之；若恃兵权之重而轻视朝廷，有命不即禀，非特子孙不飨福，身亦有不测之祸！卿宜戒之。"④这番话明着是说给张俊听，实际上就是在暗指岳飞！

就在岳飞等人退兵后不久，金兵于绍兴十一年(1141年)又渡过淮河南下，攻打濠州(今安徽凤阳)。宋高宗命韩世忠、张俊和岳飞等分兵救援，但岳飞却"念前此每胜复被诏还，乃以乏粮为词"，拒绝发兵。结果宋高宗"御札付(岳)飞云：社稷存亡，在卿此举"，岳飞才不得已"奉诏移兵三十里而止"⑤。尽管这一记载与其他记载有所出入，但《宋史·岳飞传》中也明白记载"帝(宋高宗)趣(岳)飞应援，凡十七札"。也正是这件事，使得宋高宗对岳飞最终动了杀机，"上始有诛(岳)飞

---

① 《建炎以来系年要录》卷112。
② 《宋史》卷365《岳飞传》。
③ 《建炎以来系年要录》卷137。
④ 《建炎以来系年要录》卷139。
⑤ 《建炎以来系年要录》卷139。

意"。① 不久之后,万俟卨在弹劾岳飞时,正是借此事指责岳飞"稽违诏旨,不以时发"。而秦桧等正是秉承了宋高宗的旨意,最终打造了这起冤案。

明代文征明有一首《满江红·拂拭残碑》,可谓是第一个提出了宋高宗是岳飞冤案真凶的观点:

> 拂拭残碑,敕飞字,依稀堪读。慨当初,倚飞何重,后来何酷。岂是功成身合死,可怜事去言难赎。最无辜,堪恨更堪悲,风波狱。
>
> 岂不念,疆圻蹙;岂不念,徽钦辱,念徽钦既返,此身何属。千载休谈南渡错,当时自怕中原复。笑区区、一桧亦何能,逢其欲。

词中明确道出了岳飞冤案的原因,秦桧只不过是一个帮凶而已。事实上,在宋高宗看来,岳飞对自己权力的威胁要远远大于金兵;金兵只是要他的土地,而岳飞则可能会要了他的江山。这也是他不愿意岳飞收复失地、迎还二圣的根本原因。关于这一点,我们不妨再看看南宋之前同为南渡王朝的东晋。东晋曾经两度北伐,第一次是权臣桓温统率的,结果功败垂成,而东晋王朝则度过了桓温篡位的危机;第二次是刘裕统率的,虽然最终也是功亏一篑,但刘裕还是实现了篡位的目的,东晋王朝就此寿终正寝。殷鉴不远,宋高宗为了自身的利益,自然是不会允许历史重演,尽管岳飞也并没有这个野心。因此,岳飞冤案的根本,还是在于君主专制制度!

04. 真假柔福帝姬案

真假柔福帝姬②案堪称是南宋第一奇案。靖康二年(1127 年),金

---

① 《建炎以来系年要录》卷 140。
② 宋徽宗政和三年,改公主号为帝姬。

兵攻破东京开封,包括宋徽宗、宋钦宗以及宋高宗赵构母亲韦贤妃在内的所有皇子、后妃及公主全部被金兵抓走,成为金人的战利品。南宋王朝建立后,一些皇家成员寻找机会逃回南方,当然其中也有假冒的,如绍兴二年(1132年)就发生了妇人易氏假冒荣德帝姬的案件。查明真相后,易氏被杖死,相关人员也受到处罚。[①] 而真假柔福帝姬案,也正是在这种背景之下发生的。

柔福帝姬是宋徽宗的女儿,小名嬛嬛,是宋高宗赵构同父异母的妹妹。据金人《宋俘记》记载,柔福帝姬到北方后,"入洗衣院"(实际就是妓院),又被盖天大王完颜宗贤看上,纳入帐中;后完颜宗贤又将她嫁给了徐还。因此,可谓是历尽屈辱和磨难。

宗室成员,检校少保、保顺军节度使、同知大宗正事赵仲的在乱军中,遇到一个自称是柔福帝姬的女子,赵仲的对此非常重视,将她迎到自己军中。后来赵仲的奉旨移师宿州,与叛军刘忠相遇,赵仲的战死,柔福帝姬被刘忠部下掳走。建炎三年(1129年),蕲黄都巡检使韩世清击败刘忠,在刘忠军中发现了这个自称是柔福帝姬的女子。韩世清见事关重大,不敢轻信,便与守臣甄采一同询问。柔福帝姬向他们讲述了自己逃难的经过,并详细描述了当年宫中的往事。韩世清认为她说的都是真话,便立即向朝廷报告了此事。同时,为了保护柔福帝姬的安全,防止她再次落入敌手,便同甄采一起亲自率兵护送柔福帝姬绕道江西去赵构那里。[②]

而此时,宋高宗正在被金兵追赶逃亡的路上,但他听说此事后,立即派遣自己的亲信入内内侍省押班冯益和宗室的妻子吴心儿及老宫女等去查验真伪。验看下来,她相貌相似,而且宫中的往事也能讲得清楚,只是原来的三寸金莲变成了一双大脚,难免令他们怀疑。可柔福帝姬伤心地说:"金人驱迫如牛羊,跣足行万里,宁复故态哉?"[③]众人见她说的有理,便如实向宋高宗作了报告。

---

① 《建炎以来系年要录》卷61。
② 《建炎以来系年要录》卷29。
③ 《鹤林玉露》乙编卷5。

宋高宗当然很高兴,立即召柔福帝姬入宫,封她为福国长公主,并替她找了一位驸马——进士高世荣,特授高世荣为右监门卫将军、驸马都尉,"仍赐袭衣金带鞍马",又命户部拨款黄金百两、白金四千两、钱万缗作为柔福帝姬的嫁妆钱,还赐给她一所吴山脚下漾沙坑的宅第,每月给她七百缗的零花钱,据说先后给予的赏赐达四十七万九千缗,可谓是一时风光无限。① 而柔福帝姬过上好日子后,似乎忘记了过去经历的苦难,渐渐暴露出了娇蛮刁横的脾气,"骄蹇自恣,积杀婢妾甚众,皆埋第中"②。

十二年后的绍兴十二年(1142 年),根据宋金达成的议和协议,宋高宗的母亲韦贤妃被送回。宋高宗为此举行了隆重的欢迎仪式,并同她说起了柔福帝姬之事。但韦贤妃听说后,却说这个柔福帝姬是假冒的。关于假冒柔福帝姬被揭穿一事,有不同记载。《四朝闻见录》中的记载是,韦贤妃对宋高宗说:"哥被番人笑说,错买了颜子帝姬。柔福死已久,生与吾共卧起,吾视其敛,且置骨"③;《建炎以来系年要录》中的记载是"宫内人杨氏告其诈妄";④《建炎以来朝野杂记》的记载则是"有入内医官徐中立者,言柔福北迁,适其子(徐)还而死。诏福国长公主显属诈冒,下大理杂治。"⑤《建炎以来系年要录》与《建炎以来朝野杂记》的作者同为宋宁宗与宋理宗时的李心传,同一事件的记载也完全不同,说明此案的确是众说纷纭、真假难辨。

宋高宗得知柔福帝姬为假冒之事,立即将此案交由大理寺审理,查明所谓柔福帝姬实际上原是东京乾明寺的尼姑,法号法静。她在逃难时遇到一位叫张喜儿的宫女,说她长得同柔福帝姬很像,并告诉了她一些宫中的往事,于是她便假冒柔福帝姬,过上了舒适的生活。于是,宋高宗下令将她重杖处死。⑥

---

① 《建炎以来系年要录》卷 36、38。
② 《建炎以来系年要录》卷 146。
③ 《四朝闻见录》乙集卷 2。
④ 《建炎以来系年要录》卷 146。
⑤ 《建炎以来朝野杂记》甲集卷 1。
⑥ 《建炎以来系年要录》卷 146。

　　然而,这一说法似乎并不能自圆其说,比如,宋高宗曾专门同她回忆过当年皇宫里的生活,这些事情的细节一个宫女是不可能知道的,因此,有人怀疑可能是韦贤妃杀人灭口,因为正如韦贤妃所说,柔福帝姬同她"共卧起",她在洗衣院的那些事柔福帝姬自然也知道得一清二楚;韦贤妃为了怕她说出当年的那些丑事,只得将她除掉。南宋叶绍翁在《四朝闻见录》中对此有这样一段记载:"或谓太后与柔福俱处北方,恐其讦己之故,文之以伪,上奉母命,则固不得与之辩也。"①《随园随笔》引《琐碎录》的记载,更是直言"柔福实为公主,韦太后恶其言在虏隐事,故亟命诛之。"②

　　而大理寺对此案的判决书,似乎也暴露出了很多疑点。根据《宋刑统·诈伪律》"伪造宝印符节"门规定:"诸伪造皇帝八宝印者斩,太皇太后、皇太后、皇后、皇太子宝者绞,皇太子妃宝流三千里。"伪造皇室成员的大印都要处死,按照"举轻以明重"的原则,假冒公主自然必死无疑,因此判处其死刑从法律上说应该没问题。但大理寺判决书所适用的法律是:"诈假官流二千里;冒诸俸赐计钱四十七万九千余缗为诈欺官私以取物,准盗论,罪止流三千里;节次入内起居为阑入,至御在所者斩。"③最荒唐的是这最后一项罪名,根据《宋刑统》沿用《唐律疏议》的解释,所谓阑入是"不应入而入者",而柔福帝姬是奉诏入宫,根本就不存在"阑入"的问题。更可笑的是,大理寺认为宋高宗召见柔福帝姬时,她与皇上对坐,并称皇上为兄,属于"十恶"中"大不恭"的"对捍制使而无人臣之礼"……估计大理寺也实在是找不出合适的法条来处理此案了。

　　柔福帝姬(姑且如此称呼)最终是被处死了,而当初引她见宋高宗的那些人自然也逃脱不了责罚:冯益和吴心儿"坐验视失实",冯益除名,送昭州编管;吴心儿发配千里外州,并编管;驸马都尉高世荣"所授官仍追夺"。当然,后来冯益和吴心儿都被免除编管;高世荣则因父亲

①　《四朝闻见录》乙集卷2。
②　《宋人轶事汇编》卷3。
③　《建炎以来朝野杂记》甲集卷1。

的关系,补为承信郎,^①后来还一直做到了江南兵马都监。^②

05. 御史何以成为秦桧专权的帮凶

　　宋朝的监察制度是比较具有特色的,我们在之前的篇章中也做过介绍。宋朝的御史具有独立的地位和较高的权威,官员一旦被御史弹劾,或是停职,或是主动辞职,或是被降调离岗位,即便是执政大臣也不例外。南宋初年虽然政权不稳,朝廷颠沛流离,但这套制度依然被继承和延续下来。然而,秦桧自绍兴八年(1138 年)再度担任宰相后,这一制度传统就被打破了。直到他于绍兴二十五年(1155 年)去世,连续独任了 17 年的宰相,大权独揽;而作为监督相权的御史,不仅没有发挥作用,反而成了他专权的帮凶,在中国监察制度史上留下了极不光彩的一页。

　　在南宋建炎元年(1127 年)至绍兴八年(1138 年)秦桧再度担任宰相的 12 年时间里,先后共任命了 10 位宰相(除张邦昌外),其中除了杜充因为投降金人而被免职、范宗尹因议事不合而主动辞职外,其余 8 人都是因御史弹劾而被罢免的。第一位宰相李纲于建炎元年八月遭时任殿中侍御史的张浚弹劾,结果仅仅做了 75 天宰相便被罢免;^③其后,黄潜善和汪伯彦于建炎三年(1129 年)二月被御史中丞张澂弹劾而罢免;^④吕颐浩于建炎四年(1130 年)四月被时任御史中丞的赵鼎弹劾而遭罢免,次年九月复任宰相,两年后又因侍御史辛炳、殿中侍御史常同弹劾而被罢免;^⑤朱胜非于绍兴四年(1134 年)九月因遭侍御史魏矼弹劾而免职;^⑥张浚于绍兴七年(1137 年)九月被御史中丞周秘弹劾二十

---

① 《建炎以来系年要录》卷 146。
② 《建炎以来朝野杂记》甲集卷 1。
③ 《续资治通鉴》卷 99。
④ 《续资治通鉴》卷 103。
⑤ 《续资治通鉴》卷 107、112。
⑥ 《续资治通鉴》卷 114。

大罪而遭罢免；①赵鼎于绍兴八年（1138年）十月因秦桧唆使其党羽侍御史萧振等散布流言迫使其辞职。② 即便是秦桧绍兴元年（1131年）八月第一次任宰相，也是因殿中侍御史黄龟年弹劾而被迫于次年八月辞职。③ 也正是因为如此，秦桧于绍兴八年（1138年）再次担任宰相后，就把控制御史的任用作为打击政敌、掌控舆论以达到大权独揽目的的主要手段。

秦桧再次担任宰相将赵鼎排挤出朝廷后，专主对金议和。但由于自己在朝中的影响力不够，虽然得到宋高宗赵构的支持，却遭到大多数官员的反对，秦桧对此也头疼不已。这时，中书舍人勾龙如渊对他说："何不择人为（御史）台官，使尽击去，则相公之事遂矣。"秦桧一听恍然大悟，立即任命勾龙如渊为御史中丞，尽管"人皆骇愕"，④但从此开始，秦桧通过对御史任用的控制，实现了独揽大权、排斥异己的目的。《建炎以来系年要录》引吕本中《大事记》记载："自（勾龙）如渊擢中丞，而巫伋、郑仲熊、李文会之徒除授悉由密启，欲窜逐诸贤，则使之露章而论其罪；欲斥去执政，则使之弹击而补其阙，而台谏之权在（秦）桧矣。"⑤而且"秦桧每荐台谏，必先谕以己意"，⑥甚至"每除台谏，必以其耳目"。⑦ 听话的，很快得到提拔；不听话的，则加以排斥甚至罢免。绍兴九年（1139年），秦桧为了达到进一步打击已经被罢相的赵鼎，特地将与赵鼎不和的周葵任命为殿中侍御史，⑧可没想到周葵并没有遵从他的意愿，甚至还"以言事忤秦桧"，结果被秦桧罢免。⑨

秦桧通过御史，不仅对他的主要政敌和竞争对手大肆追杀，而且对与自己意见不合，特别是那些主战派的官员肆意打击迫害。赵鼎罢相

① 《建炎以来系年要录》卷114。
② 《续资治通鉴》卷121。
③ 《建炎以来系年要录》卷57。
④ 《建炎以来系年要录》卷123。
⑤ 《建炎以来系年要录》卷150。
⑥ 《宋史》卷381《张阐传》。
⑦ 《建炎以来系年要录》卷152。
⑧ 《建炎以来系年要录》卷128。
⑨ 《建炎以来系年要录》卷133。

后,以奉国军节度使任泉州知州,秦桧唆使殿中侍御史赵祖信等对其进行弹劾,结果赵鼎被免去了节度使。① 但秦桧并不罢休,又命御史中丞王次翁连番对赵鼎进行弹劾,使赵鼎被贬为清远军节度副使、潮州安置。② 可秦桧依然没有罢休,又唆使御史中丞詹大方再次对赵鼎进行弹劾,将其贬往吉阳军(今海南三亚市)安置,③最终赵鼎被逼绝食而亡。

秦桧在打击政敌的同时,利用御史控制舆论,巩固自身的权力。如前所述,南宋初年的宰相大都是因遭御史弹劾而离职的,秦桧自己也不例外。因此,他再次担任宰相后,不仅封杀了"言路",避免因遭御史弹劾而重蹈罢相的覆辙,而且利用御史帮助自己度过政治危机。绍兴九年(1139 年),金人撕毁议和协议,大举南侵,原先归还南宋的土地又被夺去。秦桧作为主要决策者,自然要承担责任。在这种情况下,秦桧任命王次翁为御史中丞,而王次翁果然不负所托,"凡可为(秦)桧地者,(王)次翁无不力为之"。他对宋高宗说:"事有小变,更用它相,后来者未必贤,而排黜异党,纷纷累月不能定,愿陛下以为戒。"宋高宗认为他说得有道理,于是"(秦)桧位遂安,公论不能摇矣。"④秦桧投桃报李,不久便推荐他担任参知政事,成为执政大臣。

秦桧控制御史的一个重要手段,就是只要听话,会很快得到提升。秦桧独任宰相的 17 年时间里,共任命了 20 多位执政大臣,其中多数都担任过御史,而从王次翁开始,有 10 人是直接从御史中丞岗位上提拔的。⑤

这些御史虽然是为虎作伥,但一旦失去了利用的价值,便会被其他御史弹劾而遭到贬斥;而那些弹劾他们的御史又很快取代了他们的地位,"万俟卨、范同、程克俊及文会等,不一年或半年,必以罪罢,尚疑复

---

① 《建炎以来系年要录》卷 127。
② 《建炎以来系年要录》卷 136。
③ 《建炎以来系年要录》卷 152。
④ 《续资治通鉴》卷 123。
⑤ 《宋史》卷 213《宰辅四》。

用,多使居千里外州军,且使人伺察之。"①所以,在秦桧专权的17年时间里,御史和执政大臣如同走马灯一般更换,而唯独秦桧稳坐宰相宝座。

绍兴二十五年(1155年)十月,秦桧因病去世。两个月后,宋高宗亲自下手诏:"台谏风宪之地,振举纪纲,纠剔奸邪,密赞治道。年来用人非据,与大臣为党,而济其喜怒,甚非耳目之寄。朕今亲除公正之士,以革前弊,继此者宜尽心乃职,惟结主知,无更合党缔交,败乱成法,当谨兹训,毋自贻咎。"②一些助纣为虐的御史也纷纷遭到贬斥,得到了他们应有的下场,也算是拨乱反正了。

06. 绍兴年间的"举报"案

秦桧自绍兴八年(1138年)再度担任宰相后,为了排斥异己,打击政敌,利用各种关系,将"举报"发挥到了极致,通过"举报"制造了一系列的冤案。

秦桧当权后第一起重大的举报案,就是岳飞部将、鄂州前军副都统制王俊举报张宪谋叛案。绍兴十一年(1141年)岳飞被解除兵权后,秦桧等秉承宋高宗的旨意,给加害岳飞找到理由,便指控岳飞的部将张宪"有异图,佯称金人侵略上游,冀朝廷还岳飞复掌兵"。③ 王俊则"承风旨上变",举报张宪等图谋不轨。于是先将张宪逮捕入狱,而岳飞作为关联人犯,也被投入大理寺审讯。接着,又捏造了岳飞父子与张宪往来书信,"坐实"了岳飞串通张宪谋反"的罪名。最终,岳飞以拥兵逗留、指斥乘舆的罪名被赐死;张宪等则以谋叛的罪名被处斩。而作为关键"证据"的往来书信则诬称已被烧毁。当韩世忠就此质问秦桧时,秦桧回答说:"(岳)飞子(岳)云与张宪书虽不明,其事体莫须有。"韩世忠悲愤地

---

① 《建炎以来系年要录》卷152。
② 《建炎以来系年要录》卷170。
③ 《续资治通鉴》卷124。

说:"莫须有三字,何以服天下!"①

　　除了被秦桧视为政敌的高级官员,一些职务并不是很高的中下级官员,也往往因为表达了对秦桧的不满而成为举报的牺牲品。绍兴二十一年(1151年),被贬为福建安抚司主管机宜文字的吴元美写了一篇《夏二子传》,夏二子,指的是蚊子和苍蝇。文章借商汤伐夏之事,影射秦桧,称"二子之族,无小大少长,皆望风陨灭,殆无遗类。天下之民,始得安食酣寝,而鼓舞于清世矣。"进士郑炜看到文章后,向福建路提点刑狱公事兼福州知府孙汝翼举报。孙汝翼收到举报后,立即向朝廷报告,指控吴元美"讥毁大臣"。秦桧大怒,将此案进呈宋高宗。宋高宗认为吴元美"撰造谤讪,至引伊尹相商伐桀事,其悖逆不道甚矣,可令有司究实取旨。"结果大理寺给吴元美定了一个"心怀怨望,遂造二子传,指斥国家及讥毁大臣,以快私忿法"的罪名,判处他死刑。宋高宗"法外开恩",将其除名,容州(今广西容县)编管。吴元美最终死于贬所。②

　　绍兴二十二年(1152年),直龙图阁、提举台州崇道观叶三省与前宰相赵鼎等往来书信中,对秦桧休兵议和进行了猛烈的抨击,但不知怎么书信落到了明州(今浙江宁波)进士陈焘的手里,陈焘立即向朝廷举报,宋高宗下令将案件交大理寺。大理寺给叶三省定了一个"撰造语言,谤讪朝廷"的罪名,秦桧将大理寺的判决意见进呈宋高宗。宋高宗说:"此不可不惩,庶后来者知畏。"将叶三省免去职务,发配筠州(今江西高安)居住。③

　　绍兴二十五年(1155年),奉议郎沈长卿与左从政郎芮晔一同赋牡丹诗,芮晔的诗中有"今作尘埃奔走人"之句,被邻居举报。而之前沈长卿在同原参知政事李光的书信中,对同金人议和进行了批评,秦桧对此怀恨在心,于是便借此事将他们一同交大理寺审讯。结果沈长卿以"有嘲讪语"的罪名,被勒停除名,送化州编管;芮晔以"与(沈)长卿同作诗,

---

① 《建炎以来系年要录》卷143。
② 《建炎以来系年要录》卷161。
③ 《建炎以来系年要录》卷163。

更不告官",以及"心怀怨望"的罪名,被勒停除名,送武冈军编管。①

而在绍兴年间的举报案中影响较大的,当数绍兴二十五年的赵令衿案。赵令衿是宋太祖赵匡胤五世孙,绍兴二十一年(1151年)出任泉州知州。任满后寓居衢州,同宾客一同赏月,观秦桧家庙记,随口说了"君子之泽,五世而斩"之句。衢州通判州汪召锡和州学教授莫汲当时也在座,汪召锡的妻子是秦桧的侄女,于是便唆使莫汲向朝廷举报,说赵令衿"评论日月无光,谤讪朝政"。侍御史董德元"探(秦)桧意,诬劾泉州赵令衿赃私事,下廷尉",秦桧命原泉州通判、新任兴化军知军傅自得前往审理此案,但查无实据,结果赵令衿"仅坐谤讪勒停"。傅自得也因此遭到弹劾,被罢免了兴化军知军之职。② 但秦桧并未因此而罢休,必欲将赵令衿置于死地,便借赵汾一案掀起一场大案。关键时刻,秦桧因病去世,赵令衿才幸免于难。③

工部员外郎王珏在宋高宗召见他时的谈话中,直言"近年来,告讦成风"。④ 秦桧通过各种举报,达到了排斥、打击政敌,巩固自身权力的目的,而其背后无疑是得到宋高宗支持的。宋高宗借秦桧之手,清除那些反对议和的官员,并为自己作为"中兴之主"营造一个有利的舆论环境。当然,他也明白,这种极端化的做法并不能持久。因此,秦桧一死,便开始了"拨乱反正",在对那些因举报而获罪的官员进行平反的同时,对举报者进行了清算。

秦桧死后一个月不到,宋高宗便下了一道手诏:"近岁以来,士风浇薄,持告讦为进取之计,致莫敢耳语族谈,深害风教。可戒饬在位及内外之臣,咸悉此意,有不悛者,令御史台弹奏,当重真于法。"接着,三省枢密院立即上了一道奏章,称:"士大夫当修行义,以敦风俗。顷者轻儇之子,辄发亲戚箱箧私书,讼于朝廷,遂兴大狱,因得美官,缘是之后,相习成风。虽朋旧骨肉,亦相倾陷。收尺牍于往来之间,录戏语于醉饱之

---

① 《建炎以来系年要录》卷168。
② 《宋史翼》卷12《傅自得传》。
③ 《宋史》卷244《宗室一》。
④ 《建炎以来系年要录》卷169。

后，况其间固有暧昧而傅致其罪者，薄恶之风，莫此为甚。臣等愿陛下特降睿旨，令刑部开具前后告讦姓名，议加黜罚。庶几士风丕变，人知循省。"一些通过举报上位升官的人，也遭到了贬斥。① 其中最典型的，当数举报赵令衿案的莫汲和汪召锡。

莫汲因举报赵令衿由州学教授升为国子正（太学官员），但不久遭到殿中侍御史徐嚞的弹劾，认为赵令衿能将如此大逆不道的话说给他听，"若非平日交结之深，岂能披露心腹，遽发是言？"莫汲因此被罢免。宋高宗在谈到一些举报案时，又亲自点了莫汲和汪召锡的名，要求大理寺对他们"速治之"。结果莫汲和汪召锡都被除名，莫汲送化州编管，汪召锡容州（今广西容县）编管。② 绍兴三十年（1160 年）五月，汪召锡于容州被赐死，③也算是罪有应得了。

07. 撰"私史"李光破家

"私史"又称"野史"，是民间私人撰写的历史书籍文献等。宋代文人有撰写笔记的传统，笔记的内容虽然涉猎很广，但不少是对前代及当时的一些史实的记载和评价，具有很高的史料价值。而且宋代尤其是北宋舆论环境比较宽松，对文人士大夫也很优待，因此有些史实记载不仅涉及重大政治问题，甚至还涉及皇家隐私。如关于宋太宗赵光义继位的"斧声烛影"的传说，就是僧人文莹《续湘山野录》中记载的。但到了北宋后期，由于朝廷内部的党派之争，为了打击政敌，控制舆论，开始对这些私人撰写的"私史"进行查禁。

宋徽宗崇宁二年（1103 年）就曾下令，将"范祖禹《唐鉴》、范镇《东斋记事》、刘攽《诗话》，僧文莹《湘山野录》等印板，悉行焚毁"④。南宋

① 《建炎以来系年要录》卷 170。
② 《建炎以来系年要录》卷 170。
③ 《建炎以来系年要录》卷 185。
④ 《续资治通鉴》卷 88。

绍兴年间,宋高宗赵构和秦桧为了控制舆论,也对"私史"进行了大规模的查禁。

绍兴十四年(1144年),秦桧上奏"乞禁野史",宋高宗对此很重视,说:"此尤为害事",①并下令"禁私作野史,许人告"。② 司马光的笔记《涑水记闻》是一部著名的历史著作,但在严厉查禁野史的情况下,司马光的曾孙司马伋于绍兴十五年(1145年)上书朝廷,称坊间刊行的《涑水记闻》非司马光所写,"其间颇关前朝故事,缘曾祖平日论著,即无上件文字,显是妄借名字,售其私说,伏望降旨禁绝,庶几不惑群听。"要求朝廷予以查禁。于是宋高宗下令"将不合开板文字尽行毁弃",并对司马伋"特迁一官"。③ 李光"私史"案正是在这种背景下发生的。

李光是南宋初年的著名大臣,绍兴二年(1132年)秦桧罢相后,谏官指斥李光为秦桧同党,被夺职奉祠。大概也正因为如此,秦桧于绍兴八年(1138年)重新担任宰相后,想借助李光的名声去压制反对议和的声音,推荐他担任参知政事。为此,李光的同乡杨炜写信给他,批评他"附时相取尊官,堕黜虏奸计,隳平时大节。"不久,秦桧为了实现同金人议和,将淮南前线的军队撤回,并罢免了韩世忠、张俊和岳飞三大将的兵权。李光"极言戎狄狼子野心,和不可恃,备不可撤",并在宋高宗面前指责秦桧"欲壅蔽陛下耳目,盗弄国权,怀奸误国,不可不察"。秦桧大怒,李光便辞去了参知政事之职,出任绍兴知府,不久又改提举临安府洞霄宫。但秦桧并未罢休,于绍兴十一年(1141年)指使御史中丞万俟卨对李光进行弹劾,称他"阴怀怨望",将他贬为建宁军节度副使,藤州(今广西藤县)安置。四年后,又移送移琼州(今海南海口市)安置。④ 但秦桧依然没有放过他。绍兴十九年(1149年)十二月,著作佐郎林机对宋高宗说:"访闻有异意之人,匿迹近地,窥伺朝廷,作为私史,以售其邪谋伪说",建议朝廷"密加搜索,严为禁绝"。宋高宗对

① 《建炎以来系年要录》卷151。
② 《宋史》卷473《奸臣三》。
③ 《建炎以来系年要录》卷154。
④ 《宋史》卷363《李光传》。

秦桧说："此事不应有，宜行禁止，许人陈告，仍令州县觉察，监司按劾，御史台弹奏，并取旨优加赏罚。"①一个月后，就发生了这起"私史"案。

李光同当时的那些文人士大夫一样，喜欢"考文论史"，"在贬所常作私史"，并汇编成了一部小史。李光的次子李孟坚将此事讲给了自己的好友陆升之听了。没想到陆升之听说后，竟向朝廷举报，朝廷委派两浙转运判官曹泳查实上报。曹泳上奏朝廷，说李光撰写的小史"语涉讥谤"，于是宋高宗下令将案件交由大理寺审理。宋高宗在谈及此案时，说过这样一番话："（李）光初进用时，以和议为是，朕意其气直，甚喜之；及得执政，遂以和议为非，朕面质其反覆，固知光倾险小人，平生踪迹，于此扫地矣。"②显然，追查"私史"案的原因，还是李光反对和议！

因为被举报者是李孟坚，于是李孟坚被投于大理寺监狱审讯，"掠治百余日"。大理寺认为他"为父兄被罪责降，怨望朝廷，记念所撰小史，对人扬说"，亦即因心怀不满，传播其父所撰写的私史，因而将其除名，峡州（今湖北宜昌）编管；而私史的撰写者李光则"坐主和议反覆，后在贬所常出怨言，妄著私史，讥谤朝廷"，被移置昌化军（今海南儋州）安置；③李光的弟弟李宽也被罗织罪名，除名勒停；长子李孟传、中子李孟醇随同李光一起到昌化军，并死在那里；小儿子李孟津被判罪；家里的田地、园林及房屋等都被官府没收，"一家残破矣"。④

尽管如此，秦桧依然不罢休。绍兴二十五年（1155 年），秦桧又借赵汾案，指控李光等谋大逆。但此时秦桧已病入膏肓，不久去世，李光也幸免于难。不久，李孟坚官复原职。三年后，李光也解除管制，恢复左朝奉大夫之职，于绍兴二十九年（1159 年）去世，享年

---

① 《建炎以来系年要录》卷 160。
② 《建炎以来系年要录》卷 161。
③ 《建炎以来系年要录》卷 161。
④ 《建炎以来系年要录》卷 168。

82 岁。

08. 赵鼎父子冤案

　　赵鼎父子冤案是南宋绍兴年间秦桧打造的级别最高、牵涉范围最广、延续时间最长的一起大冤案。自秦桧复任宰相，到他死去，前后长达 17 年，包括原宰相张浚、参知政事李光等一大批高级官员都被牵连。

　　赵鼎是主战派官员，绍兴八年（1138 年）秦桧再度担任宰相，赵鼎虽为首相，但在议和问题上与宋高宗和秦桧的意见不合，秦桧便唆使其党羽侍御史萧振等散布流言，迫使赵鼎辞职，[①]以忠武军节度使出知绍兴府，不久加检校少傅，改任奉国军节度使。而秦桧为了阻止赵鼎复任宰相，便开始了对他的打击诬陷，一方面，将赵鼎提拔任用的官员都排挤出朝廷；另一方面，指使党羽对他进行弹劾，使赵鼎被贬为秘书少监、兴化军（今福建仙游）居住。绍兴十年（1140 年），秦桧又指使御史何铸、王次翁等连番对他进行弹劾，使赵鼎由兴化军移漳州，又由漳州被贬为清远军节度副使、潮州安置。[②]

　　赵鼎在潮州五年，闭门谢客，不谈时事，但秦桧并不罢休，指使御史中丞詹大方弹劾赵鼎"不顾国事，邪谋密计，深不可测"，图谋不轨。结果赵鼎又被移吉阳军（今海南三亚）安置。[③] 赵鼎在吉阳军三年，"潜居深处，门人故吏皆不敢通问"，但秦桧依然不放过他，"令本军月具存亡申"，必欲将他置于死地而后心甘。赵鼎无奈，让人给儿子赵汾带去口信，对他说："（秦）桧必欲杀我，我死，汝曹无患；不尔，祸及一家矣。"于绍兴十七年（1147 年）绝食而死。[④]

　　赵鼎认为，自己死了，秦桧就会放过他的家人，可是他想错了。赵

---

① 《续资治通鉴》卷 121。
② 《建炎以来系年要录》卷 136，《宋史》卷 360《赵鼎传》。
③ 《建炎以来系年要录》卷 152。
④ 《宋史》卷 360《赵鼎传》。

鼎临终前留下遗嘱,要求朝廷同意在家里安葬,宋高宗批准了这一请求。于是他的儿子赵汾于绍兴二十年(1150年)护送他的灵柩回衢州常山县安葬。得到这一消息后,赵鼎的朋友、同仁等纷纷携带酒食前来参加葬礼。这些人在政治上和赵鼎的主张相同,不少人也因赵鼎的关系遭到秦桧的排斥和打击。这些人聚在一起,自然会对朝廷的政治发表意见和看法,对秦桧来说,这无疑是罗织罪名对他们进行打击的绝好机会。

时任衢州知州的章杰同赵鼎有"宿憾",也知道秦桧想找机会对赵鼎的家人和朋友打击报复,于是邀功心切,派出军队,会同常山县尉翁蒙之,打算以搜查私自酿酒为名,突袭赵汾家;但又担心翁蒙之会给赵汾通风报信,便叫手下人暗中监督。而翁蒙之果然写了一张纸条,派仆人从后墙翻进去报信。赵汾得到消息后,立即将书箱里的书籍、往来书信以及家中的兵器等有关物品全部焚毁。等到章杰带兵前来时,扑了一个空,什么"罪证"都没有查到。章杰大怒,一方面要对翁蒙之进行惩处,另一方面又将赵汾与原侍读学士范冲之子范仲彪予以羁押。翁蒙之的母亲则向朝廷替自己的儿子声冤,秦桧虽恨章杰打草惊蛇,坏了自己的计划,却也无可奈何,只得将翁蒙之调任兰溪县尉,并将此案交由浙东安抚司处理。不久,侍御史曹筠对章杰进行弹劾,称其"贪墨不法",结果章杰衢州知州之职被罢免,案件也不了了之。[①]

赵汾侥幸获免,秦桧及其党羽并未罢手。绍兴二十五年(1155年),寓居衢州的赵令衿被举报"谤讪朝政",秦桧及其党羽趁机将他同赵汾两案并一案。侍御史徐嚞称"(赵)令衿与赵鼎之子(赵)汾终日开怀痛饮,临别厚赆之,且寄以书信,未知所寄何人。臣窃谓(赵)汾故宰相之子,乃甘心与人递送书信,决有奸谋密计,窥伺朝廷事机。倘不究治,则罪恶不彰,为国产祸,不可不虑。"于是宋高宗下诏将此案"送大理寺究治"[②]。

---

① 《建炎以来系年要录》卷161。
② 《建炎以来系年要录》卷169。

此时,秦桧已"老病日侵",自觉时日不多,因此想趁自己尚在位之时,借此案将那些被他认为是异己和政敌的人一网打尽。由于赵令衿身为皇族,所以想在赵汾身上打开缺口。大理寺对赵汾严刑逼供,"拷掠无全肤",逼迫赵汾自诬与特进、永州居住张浚,责授建宁军节度副使、昌化军安置李光,责授果州团练副使致仕、新州安置胡寅等人"谋大逆""凡一时贤士五十三人,(秦)桧所恶者,皆与"。大理寺审讯结束,将案件向秦桧汇报时,秦桧已病入膏肓了。据说大理寺官员将判决书送来,请秦桧签字后上奏,但秦桧的夫人王氏让家丁传话:"太师(秦桧)病势如此,且休将这般文字来激恼他",而且"如此者再三"。不久秦桧去世,他借赵汾一案大开杀戒的目的也最终落空。后来有人评论说:"故以(秦)桧之恶如此,而其子孙未尽绝灭,盖王氏此举,能全数十家性命故也。"①

秦桧死后,赵汾被从轻发落,仅仅"降二官";不久又予以平反,"特与改过罪名",恢复原来官职,但赵汾回到家后就去世了。② 而赵鼎直到宋孝宗赵眘即位后才得以平反,被追赠太傅,并追封丰国公。

09. 从王公衮复仇案看南宋的司法运作

王公衮案是南宋绍兴年间发生的一起著名案件。虽然从表面上看,它只是一起普通的复仇案件,但从案件的整个审理过程,折射出了当时对疑难案件的认定和法律适用,以及相关司法程序的运行情况。

王公衮是南宋绍兴十八年(1148 年)状元王佐的弟弟。他们的母亲去世后,安葬在山阴狮子坞,绍兴二十七年(1157 年)时墓被人盗掘。当时王佐在朝任吏部员外郎,王公衮被任命为乌江县尉,但尚未赴任。他得知母亲墓被盗掘后,立即进行追查,发现是本村无赖嵇泗德所为,

---

① 《建炎以来系年要录》卷 169。
② 《建炎以来系年要录》卷 170。

便向官府报案。官府很快就将嵇泗德捉拿归案,嵇泗德也承认了盗墓的犯罪事实。根据《宋刑统·贼盗律》规定:"诸发冢者,加役流,已开棺者绞",因此,依法应当判处嵇泗德绞刑。但绍兴府法官认为,根据"阿云之狱"时所颁布的敕令,按问欲举自首的,应当减罪二等论处,因此判处嵇泗德徒罪;但因审讯时,嵇泗德又"妄引平人",根据《宋刑统·断狱律》规定:"诸囚在禁,妄引人为徒侣者,以诬告罪论",因而最终判处其加役流。①

绍兴府的这一判决,从当时的法律上说,是没有问题的;但对王公衮而言,又显然是不能接受的。此时,嵇泗德被羁押在绍兴府钤辖司监狱内,王公衮便去监狱里同看守一起喝酒,在把看守都灌醉之后,趁机砍下了嵇泗德头,并提头向官府自首。一起发冢盗墓案又演变成为了复仇杀人案,王公衮也由原告成为了被告。

王公衮之兄王佐得到这一消息后,立即向朝廷提出,愿意用自己的官爵替王公衮赎罪。《宋刑统·斗讼律》规定:"如有复祖父母、父母之仇者,请令今后具案,奏取敕裁。"因此,此案便启动了奏裁程序。

根据宋朝法律规定,凡是重大和疑难案件,由"两制"(翰林学士与知制诰,元丰改制以后改为给事中与中书舍人)等会同大臣及台谏官共同审理,称为"杂议"或"杂治"。② 一般来说,先由"两制"审议讨论,提出处理意见;如果"两制"意见不统一的,则由执政大臣会同审理,最终由君主定夺。我们之前谈到过的"阿云之狱",就是先由翰林学士司马光和王安石共同审议此案,但两人意见迥异,又交由"两府"(中书与枢密院)讨论,因"两府"的意见也不一致,最终由宋神宗拍板定夺,以敕令的形式作出裁决。因此,此案也按照"杂议"程序,交由给事中杨椿和中书舍人张孝祥会同审议。

张孝祥和王公衮是绍兴二十四年(1154 年)同榜进士,张孝祥是该榜状元,王公衮之兄王佐又是吏部员外郎,这些因素应该说不能不对他

---

① 《建炎以来系年要录》卷 180。
② 《宋史》卷 154《刑法三》。

们的审议产生一定的影响。但他们还是从法理与情理的角度,对此案提出的处理意见。

首先,如何看待王公衮的"复仇"行为。他们认为,虽然"复仇,义也",但如果任何人都可以复仇,那么"天下之人,将交仇而不止",所以"圣人为法以制之。于是当诛也,吾为尔诛之;当刑也,吾为尔刑之。以尔之仇,丽吾之法。于是凡为人子而仇于父母者不敢复,而惟法之听,何也? 法行则复仇之义在焉故也。"也就是说,正因为复仇行为道义上的正当性,所以才由国家法律和司法来主持正义,由国家代替个人行使复仇的权利。也正因为如此,当王公衮抓获嵇泗德后,并没有擅自将其处死,而是将他交给官府,说明他相信官府会依法替他伸张正义。所以,王公衮之前的行为,完全是按照法律规定做的,并没有不当之处。

其次,如何看待绍兴府对嵇泗德盗墓行为的处理。他们认为,"今夫(王)佐、(王)公衮之母,既葬而暴其骨,是僇尸也。父母之仇,孰大于是?"按照法律规定:"发冢开棺者、绞",因此嵇泗德的行为依法必死无疑;而如果绍兴府依法判处他的死刑,那么王氏兄弟的仇也报了,自然也就不会有后来王公衮的复仇杀人行为了。但正是由于绍兴府的法官对嵇泗德从轻发落,使得王公衮希望通过官府来伸张正义的希望落空,由此才导致了复仇杀人行为的发生。

其三,如何认定本案中相关人员的法律责任。王公衮复仇杀人行为是经过官府审理结案之后发生的,如果嵇泗德依法不当死,而王公衮擅自将其杀死,那他将因此承担罪责;但如果嵇泗德依法当死,"而吏废法,则地下之辱,沈痛郁结,终莫之伸,为之子者,尚安得自比于人也哉!"因此,王公衮的复仇杀人行为是"协于义而宜于法者也",既符合礼教,也不违反法律规定。为此,杨椿和张孝祥提出的处理意见是:王公衮所杀之人,是犯有掘冢罪应死之人,所以应当认定为无罪;王佐纳官赎弟的请求被驳回;对绍兴府审理此案的官员,应当按照故纵失刑追究法律责任。①

---

① 《齐东野语》卷9。

由于给事中杨椿和中书舍人张孝祥对此案的处理意见一致,也就没有必要再启动其他程序,而是由宋高宗赵构直接作出裁定,同意他们的处理决定。王公衮最终只是受到了"降一资"的处分,而"绍兴府官吏皆坐失刑之罪。"①后来王公衮于乾道间担任敕令所删定官,宋孝宗召见他时,还对左右大臣说:"是非手斩发冢盗者乎?"并且"意颇喜之"。不久又提升他为尚书左司郎中。

10. 扑朔迷离的朱熹弹劾唐仲友案

自古道文人相轻,但相轻到一定程度,也就可能相倾——相互倾轧了。当然,文人之间相互倾轧不会像武夫那样拔刀舞剑,而往往是更加"文明",通过政治和法律的手段去打击对手。不过这也可能是一柄双刃剑:可能达到杀伤对手的目的,也可能被对手所伤,更有可能是两败俱伤。南宋孝宗时的朱熹弹劾唐仲友案,就是一个典型的案例。

说起朱熹,人们不会陌生;而唐仲友则是朱熹同时代的著名学者,案件发生于淳熙九年(1182年)唐仲友台州知州任上。当时,浙东一带发生水旱灾害,唐仲友作为地方长官,向朝廷提出建议,"令富室有蓄积者,官给印历,听其举贷,量出利息,俟年丰,官为收索,示以必信,不可诳诱",并且"锄治奸恶甚严"。② 自然也得罪了一些人。唐仲友因为政绩卓越,加上同时任宰相的王淮又是姻亲,因而吏部尚书郑丙、侍御史张大经等都向朝廷推荐,提升他为江西提刑使。但尚未离开台州时,时任提举浙东常平茶盐公事的朱熹因负责救灾事务,巡视路过台州,收到了不少控告唐仲友的状子,指控他"违法扰民,贪污淫虐,畜养亡命,偷盗官钱"等事。③ 于是朱熹便连上六道奏章,弹劾唐仲友;唐仲友自然不服朱熹的弹劾,上章自辩。这样一来,难辨孰是孰非,使得案件变得

---

① 《建炎以来系年要录》卷180。
② 《宋元学案》卷60。
③ 《朱子年谱》卷3。

扑朔迷离了。

按理说,朱熹作为"监司",对地方官进行监督弹劾,本是职责范围之内的事;但由于两人都是知名学者,而且唐仲友在台州的所作所为并非如朱熹所弹劾的那样,因此,人们难免从两人的关系上去探寻案件的真相,认为朱熹是假公济私,借机打击唐仲友。《宋元学案》中就说唐仲友"恃才,颇轻晦翁(朱熹)"。而其间又涉及到了当时学术界的几位知名人士。

一位是吕祖谦。吕祖谦是南宋著名的理学家,与朱熹、张栻并称"东南三贤",并与朱熹合著《近思录》。据说他与唐仲友一同参加书会,在讨论时发生争执,结下了梁子。朱熹为了维护朋友的面子,故而借此机会打击唐仲友。但周密的《齐东野语》认为这一说法不能成立。[①]

另一位是陈亮。据说陈亮去台州游玩时,同一个妓女打得火热,因而请求唐仲友帮忙替妓女"脱籍"。唐仲友口头答应,但却将事情搞砸了。陈亮因此心怀怨恨,对朱熹挑拨说"唐(仲友)谓公(朱熹)尚不识字,如何做得监司。"朱熹怀恨在心,借此机会打击唐仲友。[②] 而另一种说法是唐仲友瞧不起陈亮,曾当众让他出丑。陈亮怀恨在心,趁朱熹巡视之机,串通台州通判高文虎收集唐仲友的黑材料交给朱熹,弹劾唐仲友。[③] 但陈亮本人对此是极力否认,他在给朱熹的信中就称自己"平生不曾会说人是非"。[④]

虽然这些说法孰是孰非尚不能断定,但有一点是可以肯定的,那就是这起弹劾案的本因,还是文人之间因学术见解和观点不同而引发的矛盾冲突的结果。据说宋孝宗曾就此案的是非曲直征询宰相王淮的意见,王淮"以朱程学,唐苏学为对",认为朱熹传承程颐、程颢的学说(理

---

① 《齐东野语》卷17。
② 《齐东野语》卷17。
③ 《林下偶谈》卷3。
④ 《陈亮年谱》淳熙九年壬寅。

学),而唐仲友继承苏轼的学说,两人之争,纯属学派见解不同的冲突,①是"秀才争闲气耳"。② 因此,此案最终不了了之。唐仲友经此事之后,不再出仕,"益肆力于学",成为一代名儒;③而朱熹则认为宰相王淮在这件事上偏袒唐仲友,一气之下辞职回家,而且"终王(淮)之居相位,屡召不拜"。④ 但吏部尚书郑丙由此对朱熹所倡导的道学(理学)提出了指责,认为是"欺世盗名,不宜信用"。"由是道学之名,遗祸于世",⑤给后来朱熹理学被查禁埋下了祸根。

朱熹弹劾唐仲友案虽然不了了之,但由此引发的另一起案件,却是广为后人所知,那就是官妓严蕊案。

朱熹弹劾唐仲友,本是说他居官不称职,"违法扰民,贪污淫虐",但这些事都证据不足。为了达到目的,朱熹便使出了古代官场上打击政敌所惯用的一招:在生活作风上做文章。为此,朱熹选择了严蕊作为突破口。

严蕊是台州的官妓。宋朝的官妓是编入乐籍、为官府服役的妓女,提供的服务主要是音乐、歌舞、曲艺等娱乐方面的,不同于一般的妓女。地方文武官员"虽得以官妓歌舞佐酒,然不得私侍枕席。"⑥违者要依法追究法责任。我们在前面提到过的祖无择贪赃案中,祖无择的一项罪名就是与官妓薛希荟私通。朱熹指控唐仲友同严蕊有不正当关系:"行首严蕊稍以色称,(唐)仲友与之媟狎,虽公宴全无顾忌",⑦而且"每遇(唐)仲友宴会,严蕊进入宅堂,因此密熟,出入无间"。⑧ 为了获取严蕊的口供,朱熹将她投入大牢,严刑逼供。但严蕊"虽备受捶楚,而一语不及唐(仲友)"。朱熹不罢休,将她移送绍兴府司理院。司理院狱吏劝诱

① 《四朝闻见录》卷 2。
② 《齐东野语》卷 17。
③ 《宋史翼》卷 13《唐仲友传》。
④ 《四朝闻见录》卷 2。
⑤ 《续资治通鉴》卷 148。
⑥ 《西湖游览志余》卷 21。
⑦ 《朱文公文集》卷 18。
⑧ 《朱文公文集》卷 19。

她说:"汝何不早认,亦不过杖罪。况已经断,罪不重科,何为受此辛苦邪?"但严蕊回答说:"身为贱妓,纵是与太守有滥,科亦不至死罪。然是非真伪,岂可妄言以污士大夫,虽死不可诬也。"狱吏恼羞成怒,对她"再痛杖之,仍系于狱。"

按照《宋刑统·断狱律》的规定:对囚犯进行刑讯的,"杖罪以下不得过所犯之数。拷满不承,取保放之。"严蕊即便与唐仲友有私情,依法也不过是杖罪;即便不承认,已经刑讯过数,也应当取保释放,这也就是狱吏说的"况已经断,罪不重科"。但狱吏见她拒不招供,为了交差,公然违法对严蕊进行刑讯逼供,使她"一再受杖,委顿几死"①,但严蕊依然不肯屈打成招。

不久,朱熹和唐仲友双双被免去官职,而严蕊依然被关在牢里。后来岳飞之子岳霖出任浙东提刑使,提审严蕊时,严蕊写下了那首著名的《卜算子》词。岳霖非常同情严蕊,下令将她释放,并判令从良。

时至今日,大概已经很少有人知道当年朱熹同唐仲友的这场官司,但许多人却记住了严蕊的那首脍炙人口的《卜算子》:

> 不是爱风尘,似被前缘误。花落花开自有时,总赖东君主。
>
> 去也终须去,住也如何住!若得山花插满头,莫问奴归处。

11. 吕祖泰请诛韩侂胄案

在南宋历史上,韩侂胄可谓是一个有争议的人物。他当政时,对内排斥异己,独揽大权,对政敌特别是原宰相赵汝愚等人进行大肆迫害,

---

① 《齐东野语》卷20。

并一手炮制了"庆元党禁";对外,他主张对金开战,收复失地。他追封岳飞为鄂王,追削秦桧官爵,并启用了辛弃疾等一批主战派官员。但由于军事准备不足,仓促出兵北伐,决策失误,最终导致北伐失败。他自己也被政敌谋杀,并将他的首级送给金人求和。而吕祖泰请诛韩侂胄案,就是在当时各种错综复杂关系的背景之下发生的一起大案。

吕祖泰是北宋名相吕夷简的六世孙,他"性疏达,尚气谊,学问该洽。遍游江、淮,交当世知名士",①他的从兄吕祖谦、吕祖俭都是理学家,吕祖俭受业于其兄吕祖谦,而吕祖谦又是同朱熹齐名的理学大师,因此他的思想显然受到这两位从兄的影响,尤其是吕祖俭。韩侂胄唆使右正言李沐弹劾宰相赵汝愚,导致赵汝愚被罢免后,时任太府寺丞的吕祖俭上书替赵汝愚申辩。韩侂胄大怒,说:"吕寺丞乃预我事邪?"但吕祖俭并不理会,继续上书,指责韩侂胄专权,势必会导致"事势浸淫,政归幸门,不在公室。凡所荐进皆其所私,凡所倾陷皆其所恶,岂但侧目惮畏,莫敢指言,而阿比顺从,内外表里之患,必将形见。"②结果被韩侂胄加上了"朋比罔上"的罪名,假传圣旨,把他发配韶州安置。有大臣向宋宁宗谏言,认为将吕祖俭"投之岭外,万一即死,圣朝有杀言者之名,臣窃为陛下惜之。"宋宁宗竟然问道:"(吕)祖俭所言何事?"后来还是有人劝说韩侂胄,这才将吕祖俭改发配吉州安置,二年后去世。③

吕祖俭被发配后,吕祖泰徒步前去看望他,并在他那里逗留了一个月。他曾对朋友说:"自吾兄之贬,诸人箝口。我虽无位,义必以言报国。"当他于庆元六年(1200年)听到吕祖俭去世,以及原宰相周必大被勒令降级致仕(退休)的消息后,愤而赴登闻鼓院击鼓上书,指责韩侂胄"有无君之心,请诛之以防祸乱",建议诛杀韩侂胄及其党羽,重新起用周必大,并称如果"不然,事将不测"。④

韩侂胄是当朝皇后的叔祖,更因拥立宋宁宗之功,深受宋宁宗的信

① 《宋史》卷455《忠义》。
② 《宋史》卷455《忠义》。
③ 《宋史》卷455《忠义》。
④ 《宋史》卷455《忠义》,《续资治通鉴》卷155。

任。他利用身为内廷大臣、掌握批发奏折圣旨的权力的机会,独揽朝政大权。他将宰相赵汝愚排挤出朝廷,又贬往永州,最终将他逼死。当朝宰相京镗"唯奉行韩侂胄风旨",①可谓是权势滔天。因此,吕祖泰上书后,"中外大骇"。

虽然吕祖泰只是一介布衣,并无官职在身,但因影响很大,而且又是击登闻鼓上书,所以将此案交由三省处理。三省作出的处理决定,认为吕祖泰"挟私上书,语言狂妄",将其发配连州。而时任右谏议大夫的程松同吕祖泰是朋友,他担心自己因此案受到牵连,"人知我素与(吕祖泰)游,其谓我与闻乎?"为洗脱自己,竟然单独上奏,称"(吕)祖泰有当诛之罪,且其上书必有教之者,今纵不杀,犹当杖脊黥面,窜之远方。"殿中侍御史陈谠也认为应当对吕祖泰严加惩处。最终吕祖泰被处杖一百,刺配钦州牢城收管。按照宋朝法律的规定,这属于减死之刑,处罚可谓是非常严厉了。

当然,吕祖泰不过是一介布衣,韩侂胄及其党羽之所以大动干戈,是因为他们认为背后一定有人指使,他们想借此案挖出背后的"大鱼"。吕祖泰被投入临安府大牢后,知府赵善坚亲自进行审讯。他好语劝诱吕祖泰说:"谁教汝为者?"吕祖泰笑着回答:"此何事? 可受教于人乎?"赵善坚说:"汝病风丧心耶?"吕祖泰针锋相对说:"以吾观之,若今之附韩氏得美官者,乃病风丧心耳!"赵善坚恼羞成怒,威胁要对他施以杖刑。吕祖泰大呼道:"公为天族,同国休戚,祖泰乃为何人家计安危而受斯辱也!"赵善坚自感羞惭,只得让衙役赶紧将吕祖泰拖下去。②

而另有一些人则直接将矛头指向了原宰相周必大。御史施康年认为是周必大在背后指使吕祖泰,为此上书弹劾周必大,指责周必大"今屏居田野,不自循省,而诱致狂生,叩阍自荐,以觊召用。"御史林采也请求对周必大"宜加贬削",③结果周必大又被降了一级,好在宋宁宗不愿

① 《续资治通鉴》卷155。
② 《续资治通鉴》卷155。
③ 《续资治通鉴》卷155。

过分追究。周必大去世后,追赠为太师,宋宁宗还亲自为他题写了墓碑。①

吕祖泰被发配后,韩侂胄并未罢休,还派人去追查他的下落。吕祖泰在友人的帮助下藏匿起来,才得以幸免。韩侂胄被杀后,朝廷找到他,为他平反昭雪,授予他迪功郎、监南岳庙。②

12. 济王赵竑废立案

济王赵竑废立案是南宋后期奸相史弥远一手打造的一起大冤案,其结果是昏君宋理宗被扶上了皇帝的宝座,改变了朝廷的政治格局,成为了导致南宋灭亡的一个重要原因。

宋宁宗赵扩的二伯沂王无后,于是选宋太祖赵匡胤第四子秦王赵德芳的后人为沂王嗣子,并赐名贵和。因宋宁宗的八个儿子都幼年夭折,因此于嘉定十四年(1221 年)立赵贵和为皇子,改名赵竑,并另选侄子赵贵诚为沂王嗣子。宰相史弥远对作为未来皇位继承人的赵竑不放心,他知道赵竑喜欢弹琴,专门买了一个擅长琴艺的美人送给赵竑,让她打探赵竑的一举一动。对此,赵竑却被蒙在鼓里,相反,他见美人“知书慧黠”,对她极为宠爱。

宋宁宗晚年朝廷大权操纵在杨皇后及史弥远手中,史弥远更是“用事久,宰执、侍从、台谏、藩阃皆所引荐,权势熏灼”,③赵竑对此愤愤不平,他将杨皇后和史弥远的种种劣迹都记录下来,对美人说:“(史)弥远当决配八千里”,并指着墙上的地图海南岛琼崖地区对美人说:“他日当置史弥远于此”,还给史弥远取了一个绰号:新恩,意即将来不是将史弥远发配到新州,就是发配到恩州。当然,这一切都被他身边所宠幸的美人报告给了史弥远。史弥远更是“日夜思以倾(赵)竑”。当时兼任赵竑

① 《宋史》卷 391《周必大传》。
② 《宋史》卷 455《忠义》。
③ 《续资治通鉴》卷 162。

教师的大儒真德秀对赵竑的行为非常担忧,借讲课之机劝谏说:"皇子若能孝于慈母而敬大臣,则天命归之,否则深可虑也。"对真德秀的劝谏,赵竑也没听进去。[1] 而史弥远则一方面暗中谋划,一方面收集赵竑的种种过失行为汇报给宋宁宗,希望他能废掉赵竑,另立赵贵诚为皇子,但宋宁宗并没有听从。

嘉定十七年(1224 年)八月,宋宁宗病重,史弥远派人去找赵贵诚,向他表示愿意立他为皇位继承人,并假传圣旨,将他立为皇子,改名赵昀。不久,宋宁宗去世,史弥远立即派杨皇后的侄子杨谷和杨石去找杨皇后,向她表示另立赵昀为帝。但杨皇后不同意,说:"皇子(赵)竑,先帝所立,岂敢擅变?"杨谷等先后七次往返,但杨皇后坚决不同意,最后杨谷等哭求道:"内外军民皆已归心,苟不立之,祸变必生,杨氏无噍类矣!"在这种情形下,杨皇后也动摇了,于是史弥远立即令人召赵昀进宫,在宋宁宗的灵柩前举哀后,立赵昀为帝,是为宋理宗,并召百官入朝听遗诏。

此时赵竑正翘首以盼宣召他进宫即位,但进宫上朝之后,才发现赵昀已经坐在皇帝的龙椅之上,即位登基了。史弥远假传宋宁宗遗诏,以赵竑为开府仪同三司,封济阳郡王,不久又进封为济王,出居湖州,实际上是被软禁了。[2]

史弥远擅行废立,激起了朝野的不满。湖州百姓潘壬、潘丙兄弟及其堂兄潘甫等密谋联络统兵在外的大将李全发动政变,拥立赵竑为帝。而李全也图谋不轨,他开头答应到期发兵接应,实际上却是想坐观成败,坐享其成。潘壬等不明就里,如期举兵,率领千余人打着李全的旗号攻入湖州城,找到赵竑后,以黄袍加其身,赵竑"号泣不从",但在潘壬等人的胁迫下,被迫登基。当他发现仅仅是一群太湖渔民和盐贩子等组成的乌合之众后,一面派人向朝廷报告,一面率州衙的军队讨伐潘壬等。史弥远得到消息后,一时也惊恐万状,赶紧派禁军去讨伐。但禁军

---

[1] 《续资治通鉴》卷 162。
[2] 《续资治通鉴》卷 162。

到湖州时,事变已经被赵竑率兵平定。因此,事件虽是因赵竑而起,但也是他自己解决的。

　　然而,赵竑的这种态度,并没有换来宽恕。史弥远以赵竑有病为借口,派人赶到湖州,逼迫赵竑自缢,然后对外宣称是因病去世,并将他追贬为巴陵县公。当然,这是得到宋理宗默许的。①

　　一个堂堂皇子,因莫须有的罪名,死得不明不白,自然引发了舆论的质疑。起居郎魏了翁、考功员外郎洪咨夔等相继上书,替赵竑声冤;时任礼部侍郎、直学士院的真德秀面见宋理宗时,也直言潘壬等起事"非济王本志,前有避匿之迹,后闻捕讨之谋,情状本末,灼然可见",要求处理好赵竑的后事,恢复他的名誉,但被宋理宗婉言拒绝。进士邓若水上书,直言"宁宗皇帝晏驾,济王当继大位者也,废黜不闻于先帝,过失不闻于天下",而"史弥远不利其立,夜矫先帝之命,弃逐济王,并杀皇孙而奉迎陛下,曾未半年,济王竟不幸死于湖州,揆以《春秋》之法,非弑乎? 非篡乎? 非攘夺乎?"并请求"诛(史)弥远之徒"。史弥远看到上书,不敢加罪,只是"以笔横抹之"。②

　　对那些替赵竑声冤的官员,史弥远利用职权对他们进行打击,尽管如此,依然不断有人因此进言劝谏。在舆论压力下,宋理宗于端平元年(1234 年)下令恢复赵竑的官爵,并令"有司检视墓域,以时致祭,仍存恤其家",③但依然没有给他平反。终宋理宗一朝,"群臣泛议,一语及此,摇手吐舌,指为深讳。"④

　　赵竑废立冤案,对南宋后期的朝廷政治产生了严重影响。虽然赵竑也不一定是一个称职的君主,但宋理宗则是一个不折不扣的昏庸之君。在他当政的四十多年时间里,对内"怠于政事,权移奸臣",先后任用史弥远、丁大全和贾似道等奸相,糜烂朝政;对外轻启战端,联蒙灭

---

① 《续资治通鉴》卷 163。
② 《续资治通鉴》卷 163。
③ 《续资治通鉴》卷 167。
④ 《齐东野语》卷 14。

金,重蹈北宋联金灭辽的覆辙,"兵祸连结,疆土日蹙"。[1] 到他于景定五年(1264 年)去世时,局面已不可收拾。一直到德祐元年(1275 年)元军已兵临城下,才终于迎来了对赵竑的平反,进封镇王,并"择后奉祀,赐田万亩",[2]但为时已晚。几个月后,元军攻入临安,南宋灭亡。

南宋灭亡后,时任执掌江南佛教事务的恶僧杨琏真迦大肆盗掘南宋皇陵,宋理宗的陵墓也未能幸免。为了获取宋理宗口里的夜明珠,杨琏真迦将他的尸体倒挂在树上,并将头颅砍下带走,因为"其俗以得帝王骷髅,可以厌胜致富",[3]也算是一种"报应"吧。

13. 南宋严禁官吏下乡扰民

官吏下乡扰民一直是困扰古代基层管理的一个难题。一方面,乡村是维系王朝政权稳定的基础,加强对乡村的控制和管理,是地方衙门的主要职责;而另一方面,地方衙门官吏经常性下乡,又必然会骚扰地方,影响乡村正常的生产和生活秩序,破坏社会的和谐稳定。因此,历朝历代对这个问题都会有一些规定。而从现有的古代法律文献来看,至迟从宋朝起,对官吏下乡开始做出了明确规定,严禁官吏下乡扰民。宋初的乾德二年(964 年)就曾重申禁令:"诸县令、尉非公事,无得辄入乡村及追领人户节级衙参",并由州府衙门的判官及录事参军"察其违者劾罪以闻"。[4] 北宋李元弼撰写的《作邑自箴》中也说:"非紧切事,差人下乡,奈何骚扰。"并特别指出:对夏秋税差科等事项,"除差甲头外,更不划刷,重叠差人下乡,切虑骚扰。"[5]

县作为最低一级的地方衙门,其主要职责就是赋税征收和徭役征

---

① 《续资治通鉴》卷 177。
② 《续资治通鉴》卷 182。
③ 《南村辍耕录》卷 4。
④ 《续资治通鉴长编》卷 5。
⑤ 《作邑自箴》卷 2。

发及案件审理;而赋税征收和徭役征发具体又是由乡村基层组织承担的。特别是自王安石变法后,乡村建立了完备的基层保甲制度,包括乡、里、管、村、社、户、耆等众多名目,职责范围包括催征赋税、维护社会治安、参与司法诉讼和社会救济等,可以说涵盖了乡村社会生活的方方面面。乡村事务都由基层组织负责,如方崧卿于宋孝宗淳熙三年(1176年)任上饶县知县时,"县凡七十二都保,正副一百四十人",凡事皆由都保负责,"人不劳而事举";"保长则揭示当输之户及其数,五日一集,出纳明简,上下便之"。①

为了维护乡村秩序的稳定,南宋在前代的基础上,对官吏下乡的问题作了更加明确、具体的规定,地方衙门除缉捕罪犯及督促赋税征收等事项外,严禁官吏擅自下乡。

南宋初年,由于战乱的影响,朝廷对地方的控制削弱,一些地方衙门官吏公差违法下乡扰民行为相当普遍,严重影响了地方的安宁与秩序。因此,随着南宋政权的逐步稳定,严禁官吏下乡扰民的问题也被提了出来。绍兴十八年(1148年),时任荆门军知军的王之望任满回京,就向宋高宗赵构上了《荆门军替回论禁约公人下乡》的奏议,指出:"方今郡县之间为民之害者,莫大于公人无赖不逞之徒散出乡村,乘威怙势,恐喝良善,小邀酒食,大索货财,秋取稻禾,夏求丝麦,稍不如意,鞭箠随之。民之畏怖甚于盗贼。而郡守县令不知禁戢",认为"此皆公私之大蠹,而天下之所共疾者也",建议朝廷"散出文榜,俾民通知,高立赏格,许诸色人陈告,必罚无赦。庶几农民安业,行旅通流,天下幸甚。"②

南宋县衙协助知县(县令)负责地方治安的官吏有县尉和巡检等,县尉掌"戢奸禁暴";巡检"掌巡治甲兵、巡逻州邑、擒捕盗贼事",③县尉负责带领弓手(类似于治安警察),巡检负责带领土军(地方部队)。地方发生盗贼等治安案件,县尉或巡检便有责任带领弓手或土军前往处理;而这些人一旦下乡,如果不加约束,必然会对乡村造成极大

① 《宋史翼》卷21《方崧卿传》。
② 《汉滨集》卷5。
③ 《宋史》卷167《职官七》。

的骚扰。

南宋名臣真德秀于宋宁宗嘉定年间任安抚使时所作的《西山政训》中，就将"纵吏下乡"作为地方的"十害"之一，认为"乡村小民，畏吏如虎，纵吏下乡，纵虎出柙也。弓手、士兵，尤当禁戢，自非捕盗，皆不可差出。"宋理宗时的胡颖（号石壁）在南方任监司，处理了不少官吏违法下乡扰民的案件，切身感受到了"弓手、土军一到百姓之家，如虎之出林，獭之入水，决无空过之理，其为骚扰，不待根究而后知。"①

除了缉捕盗贼外，督促征收赋税（催科）也是官吏下乡扰民的一个重要原因。按照南宋时的法律规定，催科是乡村基层组织的职责，"通天下使都保耆长催科，岂有须用吏卒下乡之理？若有耆保不服差使，州县自合追断。"②但事实上，不少地方违法差派官吏乃至巡检、县尉等带兵下乡催科的行为依然是非常普遍的。胡颖在《责罚巡尉下乡》的判词中就说："巡、尉下乡，一行吏卒动是三五十人，逐日食用何所从来？不过取之于百姓而已。所过之处，鸡犬皆空，无异盗贼，况有出于鸡犬之外者乎？"③

因此，为了约束地方官吏违法下乡，南宋法律和司法实践都对官吏下乡行为作出了明确的规定和限制，《庆元条法事类》在《职制门》"职掌"中规定："诸县令佐非公事不得下乡。"④在《赋役门》"拘催租税"中也规定：违法差人下乡催租的，"并杖一百"；"诸令佐催理租税辄自下乡"的，要"杖八十"。⑤此外，"弓手、土军等人，自非缉捕盗贼，追捉凶强，及干当紧切事务，巡、尉司皆不应辄差下乡，骚扰百姓"⑥。

在《名公书判清明集》中，收录了多起惩治官吏违法下乡的判词，从这些判词中，可以看到对官吏违法下乡的处理情形。一般来说，对巡

---

① 《名公书判清明集》卷1，《细故不应牒官差人承牒官不应便自亲出》判。
② 《名公书判清明集》卷3，《州县催科不许专人》判。
③ 《名公书判清明集》卷1，《责罚巡尉下乡》判。
④ 《庆元条法事类》卷4。
⑤ 《庆元条法事类》卷47。
⑥ 《名公书判清明集》卷11，《弓手土军非军紧切事不应辄差下乡骚扰》判。

检、县尉等下级官员和对弓手、土军以及衙役的处理是不同的。对巡检、县尉等官员违法下乡的，一般是先给予警告，"如有再犯，定将重作施行，决无容恕。"①而处理方式是"轻则对移，重则斥逐"。② 对移即对调，是对违法官员的一种处理方式，"或以得罪被劾而罚轻者，皆两易其任。"③前述胡颖的《责罚巡尉下乡》判中，对违法下乡的"两（县）尉对移邻州指使或监当闲慢职事，却别选差老成人前来摄职。"④斥逐即免职罢官。对弓手、土军和衙役等违法下乡的，轻者处以杖刑，重者决杖刺配，并允许百姓向衙门控告。在胡颖的《弓手土军非军紧切事不应辄差下乡骚扰》判中，百姓陈世华等因田产纠纷，结果县衙差弓手王广等下乡传唤人证，"席卷其家，以为己有；理之是非，一切不顾"，因案件发生在胡颖到任之前，所以"从轻各勘杖一百"。⑤

14. 南宋初年是如何惩治贪官的

严刑惩治贪官污吏是宋朝法制的传统。南宋初年，虽然政局动荡、战乱不断，但依然延续了严刑惩治贪官的传统，作为整顿吏治、稳定政权的一个重要方面。

宋高宗赵构登基即位不久的建炎元年（1127 年）六月，时任御史中丞的许景衡就向他提出了 10 条建议，指出了"奸赃未逐而贪墨滋多"等问题，宋高宗感叹道："真今日之急务。"⑥并于次年二月下诏："自今犯枉法自盗赃抵死者，籍其赀。"而上级官员对下级失察，以及监司（转运司、提刑司等）对州县官吏失察的，"并科违制之罪"，而且不得因离职而

① 《名公书判清明集》卷 1，《责巡检下乡纵容随行人生事》判。
② 《名公书判清明集》卷 1，《责巡检下乡纵容随行人生事》判。
③ 《朝野类要》卷 3。
④ 《名公书判清明集》卷 1，《责罚巡尉下乡》判。
⑤ 《名公书判清明集》卷 11，《弓手土军非军紧切事不应辄差下乡骚扰》判。
⑥ 《建炎以来系年要录》卷 10。

免责。①

由于宋朝自建立以来就确立了优待官员士大夫的原则,因此对官吏犯赃罪的处罚虽严,但很少真正适用死刑,往往是以贬官流放来代替,连刺配之刑也很少用。这固然是顾及了官吏的"体面",但也使得惩治贪官的威慑力大打折扣。因此,在政局刚刚稳定下来的建炎四年(1130 年)六月,兵部侍郎兼权直学士院汪藻就提出了这个问题,并建议"姑择其一二大者真决黥配,以戒其余。"②宋高宗采纳了这一建议,并针对"三省、枢密院、六曹、百司人吏,自军兴以来,全无忌惮,请托受赇,弊端不可概举"的现状,③于同年八月下令:"自今官吏犯赃虽未欲诛戮,若杖脊流配,不可贷也。"④

当时影响最大的一起案件,就是发生在绍兴三年(1133 年)七月的广州通判韩僖贪赃案。案发后,广东提刑司对韩僖进行了审讯,韩僖的儿子韩惇胄派人到京城临安,控告转运司判官章杰与韩僖有深仇,借此公报私仇,请求将此案移司别勘。宋高宗命江西提刑使丁彬委派南安军通判时益去审理此案。由于韩僖与宰相吕颐浩的儿子吕抗关系很好,吕颐浩自然袒护韩僖,因此时益反过来弹劾章杰,而章杰则指责时益"观望用情"。于是又命丁彬另派官员,并要求"毋得观望,徇情灭裂"。丁彬又派虔州通判周文虎去审理,并指示他对韩僖从轻发落。但周文虎是个"有守之士",不愿徇情枉法,结果怏怏成疾,半道而亡。而朝廷官员对此案也纷纷上书,认为"贪赃之吏相习成风,害政残民,盖非一日",要求严查。恰巧此时吕颐浩被罢免了宰相职务,于是御史台官员又提出要彻查此案。最终丁彬被免去了提刑使之职,时益也被罢官,而韩僖也死于狱中。⑤

从这一案件的处理来看,尽管韩僖有当朝宰相替他帮忙,但并未能

① 《建炎以来系年要录》卷 13。
② 《建炎以来系年要录》卷 34。
③ 《宋会要辑稿·刑法一》。
④ 《建炎以来系年要录》卷 36。
⑤ 《建炎以来系年要录》卷 67。

阻止对他的处理。由此也可见对贪官赃吏处理的力度还是很大的。当时对贪官赃吏如何处理的争论,主要集中在两方面:一是要不要适用死刑,二是是否实行黥面刺配。关于要不要适用死刑,绍兴元年(1131年)就有官员上书,"请赃吏当死者勿贷",但宋高宗认为:"朕本心欲专尚德化,顾赃吏害民有不得已者,然亦岂忍遽置搢绅于死地,如前诏杖遣足矣。"①而对于是否要真的实行黥面刺配,在实践中也产生分歧。

如前所述,建炎四年汪藻提出的对贪官"姑择其一二大者真决黥配,以戒其余"的建议被宋高宗采纳,但在实际执行中却又大打折扣。绍兴三年(1133年)三月,潭州通判张揆"下吏计赃抵死",但因为他是孟太后的亲戚,因而免编配,送韶州收管;东流县知县王鲔坐赃抵死,除名编管新州,"自是赃吏罕复黥配矣"。②同年十一月,又令相关部门对此进行讨论③,对"所劾赃吏,择最重者一人,用祖宗故事决之",④施以黥面刺配之刑。

绍兴四年(1134年)九月,原华亭县知县吕应问与原贵池县丞黄大本贪赃先后案发,吕应问"贷死除名,化州编管";⑤黄大本"贷死杖脊刺配南雄州牢城"。⑥之后几起贪赃案也都适用了黥面刺配之刑。但两年后的绍兴六年(1136年),权中书舍人吕本中上书认为,"近岁官吏犯赃,多抵黥罪",不仅有损士大夫的颜面,而且阻断了他们悔过自新之路,而且这一做法一旦扩大化,"臣恐后世不幸,奸臣弄权,必且借之以及无罪直言",请求停止对贪官适用黥面刺配。⑦次年中书省也建言,认为这是特别处理手段,不能"引为常例",于是宋高宗下诏对此类案件"申朝廷酌情断遣""自是赃吏不复黥配矣"。⑧

① 《建炎以来系年要录》卷 50。
② 《建炎以来系年要录》卷 63。
③ 《建炎以来系年要录》卷 70。
④ 《建炎以来系年要录》卷 80。
⑤ 《建炎以来系年要录》卷 80。
⑥ 《建炎以来系年要录》卷 88。
⑦ 《建炎以来系年要录》卷 106。
⑧ 《建炎以来系年要录》卷 113。

然而,自绍兴八年(1138 年)秦桧当政后,严刑惩治贪官的制度也遭到废弛,不仅贪官横行,而且惩治贪官也成为了打击政敌的手段。建康知府王循友曾经处罚过秦桧的族人,秦桧对此怀恨在心,指使大理寺以"盗取官钱,受所部乞取金银"等罪名,判他免死送藤州安置,家人也连带受到处罚。① 绍兴二十五年(1155 年)十一月,秦桧死后不久,新任监察御史何溥在觐见宋高宗时,直言"州县之间,贪吏为虐,搏噬良民,甚于豺虎。监司不问,郡守不诃,往往甘受佞巧,先食其饵"。② 为此,宋高宗开始"拨乱反正",一大批贪官遭到了处罚,特别是那些投靠秦桧、倚仗权势的官员都受到了严惩。就在秦桧死后的次年,即绍兴二十六年(1156 年),宋高宗就多次下诏,称"赃罪害及众,不可不治",③并说"赃吏最为民害,今后须尽追赃物,不然自谓虽得罪,犹不失为富人,无所惮也",由此确立了对贪官追赃的制度。④ 此外,还专门要求"有司检坐祖宗朝行遣赃吏条法下诸路,先行戒谕,使之晓然"。⑤

---

① 《建炎以来系年要录》卷 166。
② 《建炎以来系年要录》卷 170。
③ 《建炎以来系年要录》卷 174。
④ 《建炎以来系年要录》卷 175。
⑤ 《建炎以来系年要录》卷 174。

第五章 传 承

01.《戒石铭》的由来与传播

人们对《戒石铭》可能不会陌生,它是自北宋起在全国各州县衙门外竖立的一块石刻,上书"尔俸尔禄,民膏民脂。下民易虐,上天难欺"十六个大字,是中国法制史和廉政史上的重要文物。但由于它最初的作者孟昶是五代后蜀的亡国之君,因而也使得它的由来被蒙上了一层厚厚的面纱。

说起孟昶,最为后人所熟知的,大概就是他的"七宝溺器"了。据欧阳修《新五代史》记载,孟昶"君臣务为奢侈以自娱,至于溺器,皆以七宝装之。"①司马光《涑水记闻》也记载:"太祖(赵匡胤)平蜀,孟昶宫中有宝装溺器,遽命碎之,曰:自奉如此,欲求无亡,可乎?"②但也有人认为这一记载是出于政治的原因,将孟昶妖魔化,把他描绘成了一个以声色犬马自娱的人。宋代野史《五国故事》中就说孟昶"寝处惟紫罗帐、紫碧绫帷褥而已,无加锦绣之饰。至于盥漱之具,亦但用银,兼以黑漆木器耳。每决死刑,多所矜减。而俭止一身",③显然与《新五代史》的记载

①《新五代史》卷64。
②《涑水记闻》卷1。
③《五国故事》卷上。

不同。另据《新五代史》记载,孟昶曾"多采良家子以充后宫,枢密副使韩保贞切谏,(孟)昶大悟,即日出之,赐(韩)保贞金数斤。"看来孟昶也能够闻过则改,至少不是一个昏君。

更为重要的是,孟昶为政也颇有可称道之处。《蜀梼杌》称他"自袭位,颇勤于政,边境不耸,国内阜安。"并称赞其"戒王衍(前蜀王)荒淫骄佚之失,孜孜求治,与民休息,虽刑罚稍峻,而不至酷虐,人颇安之。"①他很赞赏唐太宗李世民虚心纳谏的作风,并努力仿效;他也很注意用法律手段打击不法豪强,整饬吏治。当时一些将相大臣都是他父亲的故旧,他们依仗权势,横行不法,夺人良田,占人家产。孟昶即位后,便将其中罪大恶极者逮捕法办,杀一儆百。宰相张业手握军政、财政大权,对百姓横征暴敛,并在家中私设监狱,滥用酷刑,"蜀人大怨"。孟昶设计将他捕杀,为国除了一害。

为了督促、勉励地方官吏奉公守法,孟昶以箴言的形式,亲自撰写了一篇《官箴》(又名《令箴》),颁发给境内各州县,作为为官守则,这就是后世《戒石铭》的蓝本。当时中原地区正处于军阀割据混战的状态,后蜀偏安一隅,保境安民,致力于发展农业生产,使百姓免于战火的波及,数十年不识干戈。

后蜀灭亡后,孟昶全家被迁往东京开封,当地百姓感念他的恩情,一路哭送,至犍为县而别,此地因而被后人称为"哭王滩"。宋太祖赵匡胤发兵灭后蜀,命吕余庆出任成都太守,专门叮嘱他说:"蜀人思孟昶不忘。"②由此可见,如果孟昶真是一个昏君,是不可能得到百姓如此爱戴和思念的。

孟昶所作的《令箴》共二十四句:

> 朕念赤子,旰食宵衣。托之令长,抚养安绥。政在三异,
> 道在七丝。驱鸡为理,留犊为规。宽猛得所,风俗可移。无令

---

① 《蜀梼杌》卷下。
② 《邵氏闻见录》卷1。

侵削,毋使疮痍。下民易虐,上天难欺。赋舆是切,军国是资。朕之爵赏,固不逾时。尔俸尔禄,民膏民脂。为人父母,罔不仁慈。特为尔戒,体朕深思。①

其中讲到的"三异""七丝""驱鸡""留犊"等,都是与廉政相关的典故。三异,是指东汉中牟令鲁恭行德政而出现的三种奇迹,即"虫不犯境,此一异也;化及鸟兽,此二异也;竖子有仁心,此三异也。"②七丝是指古琴的七根弦,《文选》张衡《思玄赋》"考治乱於律均兮",李善注:"《琴道》曰:琴七丝,足以通万物而考治乱。"③驱鸡,即赶鸡,荀悦《申鉴·政体》:"睹孺子则驱鸡也,而见御民之方。孺子驱鸡者,急则惊,缓则滞。"比喻做官御民要宽严得当。留犊,是说东汉寿春令时苗"居官岁余,牛生一犊。及其去,留其犊,谓主簿曰:令来时本无此犊,犊是淮南所生有也。"④借喻居官清廉,纤介不取。因此,从内容上说,《令箴》事实上就是一篇廉政檄文,告诫文武百官要清正廉洁,克己奉公,以仁慈之心来对待百姓。

孟昶的《令箴》文笔显然优美,但内容深奥难懂。因此,宋太宗赵光义即位后,摘取了其中"尔俸尔禄,民膏民脂。下民易虐,上天难欺"四句,并亲笔书写,颁行天下,"以赐郡国,立于厅事之南,谓之《戒石铭》"⑤。这就是后世通行的《戒石铭》。而颁布《戒石铭》目的,就是"使守令僚佐触目警心,务求为良吏"⑥。

南宋建立后,宋高宗赵构于绍兴二年(1132 年),亲笔临摹黄庭坚书写的《戒石铭》,并"颁赐诸郡县",刻在石上,作为衙门的座右铭,"以为晨夕之戒"。⑦ 绍兴四年(1134 年)金兵将领在接见南宋使臣魏良臣

---

① 《蜀梼杌》卷下。
② 《后汉书》卷 25《卓鲁魏刘列传》。
③ 《文选》卷 15。
④ 《三国志》卷 23《魏书·常林传》注引《魏略》。
⑤ 《容斋续笔》卷 1。
⑥ 《郑忠肃奏议·遗集》卷下。
⑦ 《郑忠肃奏议·遗集》卷下,《建炎以来系年要录》卷 55。

时,还专门问起此事,说路过的"所在州县,多见恤刑手诏及《戒石铭》",①可见其影响之大。

衙门立《戒石铭》的制度也被后世所承袭。明太祖朱元璋称帝后,明令各府州县俱立《戒石铭》于衙署堂前的甬道中,并建亭保护,称为"戒石亭"。到了清代,因戒石亭居甬道正中出入不便,遂改为木制或石制牌坊,架于甬道之上,故又称为"戒石坊"。清朝雍正乾隆时的清官袁守定在其《居官通义》中说:每当自己看到衙门里的《戒石铭》,"摩挲读之,不禁泪下,安敢以一日之长,结怨于民,以获罪于天也。"②不仅如此,《戒石铭》还对周边国家也产生了影响。据说《戒石铭》于清乾隆年间传入日本,桃园天皇宽延二年(1749 年),日本国福岛县二本松藩王丹羽高宽将十六字碑文刻于该市霞城公园内一块巨石上,将其作为藩政官员的行政准则,后又谱成歌曲,命政府公务人员每日上班前吟唱。③

◻2.宋朝法典的雕版印行

中国古代在宋朝以前,法典都是以写本的形式颁布的。现存最早的《唐律疏议》的文本,就是敦煌吐鲁番出土文书中的《律疏》写本。虽然唐朝就有了雕版印刷,但无法进行法典这样的大型书籍的雕印。五代以来,随着雕版印刷术的发展,开始雕印《五经》《文选》等大型书籍,这也就为法典的雕版印行奠定了基础。

从现有文献记载和文物遗存来看,法典的雕版印行是从北宋开始的。北宋建隆四年(963 年)二月,判大理寺窦仪建议对沿用的后周《显德刑统》进行修订。于是由窦仪和权大理少卿苏晓等人负责此项工作,

---

① 《建炎以来系年要录》卷 81。
② 《牧令书》卷 1《治原》。
③ 《哪位皇帝的反腐诏令最具影响力?》https://www.doc88.com/p-481902036484.html,2022 年 4 月 1 日访问。

于同年八月完成。这部修订后的法典以后周的《显德刑统》为蓝本,将
《唐律疏议》全文收录,补入敕条 15 条,删除令、式、宣敕 109 条,另增加
"起请"32 条,共 31 卷(包括目录 1 卷),分为 213 门,其中律文 502 条,
令格式敕条 177 条,起请 32 条,共 711 条,并由大理寺"刻版摹印,颁行
天下",①称为《建隆重定刑统》,通称《宋刑统》,这也是中国历史上第一
部雕版印行的法典。同时,又将删除的"格、令、宣敕及后来续降要用
者"106 条另编为《编敕》4 卷(又称《建隆编敕》),与《宋刑统》一起摹印
颁行,由此开启了法典雕版印行的历史。

　　《宋刑统》颁布后,作为宋朝的基本法典,一直被沿用。而为了适应
需要,在实践中以君主敕令的形式,对《宋刑统》中的相关规定进行变
更。这些敕令有些是临时性的,有些则具有普遍的规范意义,可供后世
沿用。于是从宋太宗时起,沿用了北宋初年《建隆编敕》的做法,"编敕"
也因此成为了此后主要的法典编纂形式。太平兴国三年(978 年),"诏
有司取国初以来敕条纂为编敕颁行,凡十五卷,名曰《太平兴国编
敕》。"②由于《建隆编敕》的内容都是前朝君主的敕令,因此,《太平兴国
编敕》是真正意义上的宋朝的本朝编敕。淳化五年(994 年),又删定
《淳化编敕》30 卷,颁行天下,与《刑统》并行。③

　　史书中明确记载雕版印行的编敕,是宋真宗时的《咸平编敕》。《淳
化编敕》颁布后,短短几年时间,"宣敕至多,颇为繁密"。宋真宗即位
后,于咸平元年(998 年)命权判刑部李范、同知审刑院刘元吉、权判大
理寺尹玘等对敕令进行删定,并由给事中柴成务负责详订,共选定敕令
286 条,按照律文 12 篇的体例,分为 12 门,"诏镂版颁行"。④《咸平编
敕》在编纂体例上的一个变化,就是开创了以律文 12 篇分门别类汇编
敕令的体例。在《咸平编敕》之后,又雕版印行了两部编敕,一部是景德
二年(1005 年),"三司上《新编敕》十五卷,请雕印颁行,从之";另一部

---

① 《玉海》卷 66。
② 《宋会要辑稿·刑法一》。
③ 《玉海》卷 66。
④ 《玉海》卷 66,《宋会要辑稿·刑法一》。

是大中祥符九年（1016 年），"编敕所上《删定编敕》……诏镂版颁行"。①

此后，凡是大规模、综合性的编敕，基本都是雕版印行的。如宋仁宗庆历八年（1048 年），"上《删定编敕》、《赦书德音》、《附令敕》、《目录》二十卷，诏崇文院镂版颁行"；嘉祐七年（1062 年），"上《删定编敕》，……诏编敕所镂版颁行"；宋神宗熙宁六年（1073 年），"上《删定编敕》，……诏编敕所镂版颁行"；等。②

可能是考虑到印刷成本的原因，对编敕的雕版印行还是比较慎重的。宋仁宗天圣七年（1029 年）颁布《新定编敕》，但并未雕版印行，而是抄录给诸路转运司、发运司"看详行用，如内有未便事件，限一年内逐旋具实封奏闻"，由大理寺等于一年内将这些"未便事件"解决之后，再"下崇文院雕印施行"。而事实上，直到三年后的天圣十年（1032 年），才正式以《天圣编敕》之名，由崇文院镂版施行。③

由于受到北宋后期变法派与保守派党争的影响，还曾发生过将编敕毁版的事件。宋哲宗元祐二年（1087 年），曾"详订重修敕令书成，以《元祐详订敕令式》为名颁行。"但宋徽宗崇宁元年（1102 年），下令"其元祐后来所编修更不施行，仍并毁版"；"所有元祐敕令……并版并行毁弃"。④ 此外，对私人雕版印行法典的行为，同样也给予严厉禁止。庆历二年（1042 年）就发生过这样一起案件：时任杭州仁和知县的翟昭应将《宋刑统》中的"律疏"部分正本改名为《金科正义》，"镂版印卖"，被人告发，朝廷下令由转运司对其追责问罪，并"毁其版"。⑤

南宋延续了雕版印行法典的做法，绍兴元年（1131 年）编纂的《绍兴重修敕令格式》，也同样"镂版施行"。由于南渡时大量法律文本的散佚，为了给各衙门提供规范的法律文本以供适用，开始了较大规模的法律印行。建炎四年（1130 年），鉴于"自渡江以来，官司文籍散落，无从

---

① 《宋会要辑稿·刑法一》。
② 《宋会要辑稿·刑法一》。
③ 《宋会要辑稿·刑法一》。
④ 《宋会要辑稿·刑法一》。
⑤ 《宋会要辑稿·刑法二》。

稽考"，仅凭胥吏记忆，因而"凡所与夺，尽出胥吏，其间未免以私意增损，舞文出入"的现状，曾允许将一些重要的法律文件"雕印出卖"。[①] 其后，对一些重要的行政命令（指挥）等，也都"镂版施行"。同时还允许地方上翻印一些重要的法律文本，并"许人收买，所贵人皆晓然"，[②]对于普及传播这些法律起到了重要作用。

宋朝雕版印行的法典，除《宋刑统》和南宋的《庆元条法事类》外，今天大都已散佚了（《庆元条法事类》为残本）。而仅存完整的宋版法典，是天圣七年（1029 年）雕印的《律附音义》。这是判国子监孙奭鉴于"律文及疏未有印本，举人难得真本习读"的问题而专门编纂的，收录了《宋刑统》中"律"的全文（亦即《唐律》文本），并附有孙奭撰写的"音义"（律文的读音及解释），由崇文院雕印。现存的是南宋重刻本，原书藏于北京图书馆，1979 年上海古籍书店影印此书出版，使我们得以见到宋朝雕版印行的法典的面貌。

03. 宋朝的"职业法官"

在中国古代，法官是一种职务而非"职业"，因此，在中国古代的选官任官制度下，并不存在今天意义上的职业法官。像唐朝的徐有功那样终身基本都在司法机关任职的官员，可谓是凤毛麟角。而宋朝在选官的过程中，注重对官员法律知识的要求，"取士兼习律令，故儒者以经术润饰吏事，举能其官"，[③]特别是通过"明法科"和"试刑法"等与司法相关的考试，培育了一批类似于今天意义上的"职业法官"。

在宋朝称得上是职业法官的，当首推北宋的陈太素。他进士出身，为大理寺详断官，后又任审刑院详议官，权大理少卿，一直做到判大理寺，成为大理寺的长官。他"任刑法二十余年，朝廷有大狱疑，必召与

---

① 《宋会要辑稿·刑法一》。
② 《宋会要辑稿·刑法一》。
③ 《宋史》卷 330"论"。

议。"他办案并不拘泥于法条,而是"推原人情,以傅法意",但同时又坚持原则,认为"有司议法,当据文直断,不可求曲当法;求曲当法,所以乱也"。而且"每临案牍,至忘寝食,大寒暑不变。子弟或止之,答曰:图圄之苦,岂不甚于我也"。他也曾出任过兖州、明州等地的知州,所到之处都"有治迹"。在大理寺任上,因耳疾请求辞职,但未获批准。① 由此也可见朝廷对他的倚重。

与陈太素经历相似的,还有苏寀、杜纮、韩晋卿等人。

苏寀进士及第后,任兖州观察推官,后为大理详断官、审刑院详议官、御史台推直官等,在地方上也曾担任提点梓州益州路刑狱,利州路、成都路转运使等与司法相关的职务,最后做到侍御史知杂事,判刑部,纠察在京刑狱和知审刑院,成为京城和国家司法机关的长官,可以说是从中央到地方司法机关的官员都做过了,特别是做遍了除大理寺以外的所有国家司法机关的长官。这样的职业经历在宋朝可以说是绝无仅有的。史书中称他"长于刑名,故屡为法官,数以谳议受诏奖焉"②。

杜纮进士及第后,担任永年县知县。宋神宗听说他很有才干,任命他为大理寺详断官、检详枢密院刑房,开启了他的法官生涯。后被提升为刑部郎中、刑部侍郎,并两度出任大理寺卿。他办案的一个特点,就是"每议狱,必傅经谊",根据儒家的经书解释法律,避免拘泥于法条。《宋史》中就记载了他办的一起案件:一个女子年幼时就同丈夫订婚,到夫家做了童养媳,但并没有举行过结婚仪式。后未婚夫将她杀死以诬陷别人,案发后,在如何认定身份关系上发生了争论。按照法律规定,夫杀妻可以比照凡人减轻处罚,因此有官吏认为应当按照夫妻关系处理。但杜纮不同意,认为按照《礼》的规定,只有举行特定仪式才能成为夫妻;而根据法律规定,"定婚而夫犯,论同凡人",童养媳未婚就在夫家生活,虽不符合礼仪,但不能就此认定他们就是夫妻关系。最终他的意见被采纳。③

① 《宋史》卷 300《陈太素传》。
② 《宋史》卷 331《苏寀传》。
③ 《宋史》卷 330《杜纮传》。

韩晋卿历任安肃军司法参军、大理寺详断官、审刑院详议官,以及大理寺少卿、大理寺卿等司法职务,积累了丰富的办案经验,而且能依法坚持原则。开封府百姓因争夺鹌鹑而杀人,王安石认为是因盗拒捕争斗而死,属于正当防卫,"杀之无罪";但韩晋卿坚持认为应当按照"斗杀"定罪。在讨论阿云之狱时,也认为应当按照"谋杀已伤"判处死刑,"争论盈庭,终持之不肯变,用是知名。"宋神宗很欣赏他这种办案坚持原则的精神,因此"每谳狱虽明,若事连贵要、屡鞫弗成者,必以委之"。①

特别值得一提的是,宋朝的"职业法官"群体中,有一些是通过"明法科"和"试刑法"等与司法相关的考试成为法官的,如许遵、崔台符、王吉甫等。崔台符是明法科出身,为大理详断官,后历任判大理寺、知审刑院,以及大理卿、刑部侍郎等,长期担任中央司法机关长官,也是王安石主持变法时在司法方面所倚重的助手。② 王吉甫举明经出身,因"练习法律",参加"试刑法"考试合格,长期在大理寺任职,史称其"老于为吏,廉介不回,但一于用法,士恨其少缘饰",也是一个坚持原则的法官。③

而在通过司法考试成为职业法官的人中,许遵可以说是争议最大的一个。他进士及第后,"又中明法",任大理寺详断官,后又为审刑院详议官,并历任宿州、登州等地知州。他"累典刑狱,强敏明恕",在登州知州任上,因阿云之狱而引起争议,后两度出任大理寺长官。他提出的"按问欲举自首,减二等"的处理原则,被以敕令的形式确立下来,对后来的刑事法律产生了重要影响。④

在南宋的职业法官中,最具代表性的,大概要算是王衣了。他以门荫入仕,中明法科,历任深、冀二州法曹掾,入为大理评事,升大理寺正。担任一段时间的地方官后,又入朝任刑部员外郎、大理寺少卿,一直做

---

① 《宋史》卷 426《循吏》。
② 《宋史》卷 355《崔台符传》。
③ 《宋史》卷 300《王吉甫传》。
④ 《宋史》卷 426《许遵传》。

到大理寺卿,并两度出任刑部侍郎。他办案"持法不阿,议者贤之"。宋高宗赵构称他"议法详明",《宋史》也称赞他"明恕而用刑不刻"。①

04. 宋代理学家的法律主张与实践

无论是宋代的法制史还是法律思想史,理学家的法律思想与实践都是一个重要方面的内容。宋代的理学家不仅是一种学术流派,更是一种政治力量。他们倡导"明体达用",理论与实践相结合,将"存天理""致良知"的理论付诸司法实践,对整个中国古代社会后期的法律思想和理论都产生了极其重要的影响。

宋代理学家对法制的影响,突出表现在两个方面:一方面,理学家们在推行其思想理论以及参与政治实践的过程中,卷入了一些争议事件,从而引发了一些影响重大的案件。如庆历五年(1045年)因庆历党争而引发的石介"诈死"案,虽然不了了之,但范仲淹等推行的"庆历新政"却就此夭折。② 南宋理学大师朱熹淳熙九年(1182年)的弹劾唐仲友案,也为后来理学被查禁埋下了祸根。③ 而另一方面,宋代的不少理学家,特别是那些具有代表性的理学大师,大都有从政的经历,担任过各级地方官,他们在处理政务和办案的过程中,将他们的政治理念和学术主张付诸司法实践,同样也为宋代法律史添上了浓墨重彩的一笔。

宋代理学家法律观的一个突出特点,就是发挥了儒家"明刑弼教"思想,注重法律(司法)的规范与惩戒作用。从这个意义上说,他们在强调"慎刑"的同时,堪称是"重刑主义"者。作为宋代理学奠基者"二程"之一的程颐,在阐述治国平天下道理时,就说过"当用刑法,小则惩戒,大则诛戮,以除去之,然后天下之治得成矣。"并明确指出:"致刑者,必

---

① 《宋史》卷377《王衣传》。
② 见本书第二章《庆历党争与石介诈死案》一节。
③ 见本书第四章《扑朔迷离的朱熹弹劾唐仲友案》一节。

威于奸恶,惟断乃成。"①

而宋代理学的集大成者朱熹更是将这种"重刑"主张发挥到了极致。他担任过地方官以及提刑使等与司法相关的职务,所以特别强调"治狱之道,惟威与明",他针对"今之士大夫耻为法官,更相因循,以宽大为事,于法当死者,反求以生"的现象,认为"惩一人而天下知所劝诫,所谓辟以止辟,虽曰杀之,而仁爱之实已行乎中。今非法以求生,则人无所惩惧,陷于法者愈众,虽曰仁之,适以害之。"②他特别批评"今之法家多惑于报应福祸之说,故多出人罪,以求福报"的行为,认为"夫使无罪者不得直,而有罪者反得释,是乃所以为恶,何福报之有?"③值得注意的是,朱熹的这种"重刑"思想,在他的司法实践中得到了贯彻和体现。绍熙五年(1194 年),宋光宗打算将皇位传给宋宁宗,宰相赵汝愚将此事密告时任潭州知州的朱熹,打算召他入朝任焕章阁待制兼侍讲。而朱熹得到这一消息后,首先想到的是一旦宋宁宗即位,必定会大赦天下,于是他"藏简袖中,竟入狱,取大囚十八人立斩之",刚杀完人,宋宁宗的登基大赦令就到了。④

如前所述,宋代理学家不仅注重理论,更强调实践。宋代理学家中不少人同朱熹一样,担任过与司法相关的职务,他们将理学所倡导的义理观贯彻于司法实践。在《宋史·道学传》等史籍中,留下了不少他们的办案事例。

宋代理学的开山鼻祖周敦颐任安南军司理参军时,有囚犯法不当死,但转运使王逵必欲将其置于死地,其他官员畏惧王逵的权势,不敢争辩,周敦颐据法力争,王逵置之不理。周敦颐坚持自己的意见,并"委手版归,将弃官去,曰:如此尚可仕乎! 杀人以媚人,吾不为也。"王逵不得已,只得听取了周敦颐的意见,免除了囚犯的死罪。⑤

① 《大学衍义补》卷 100《慎刑宪·总论制刑之义上》。
② 《大学衍义补》卷 100《慎刑宪·总论制刑之义上》。
③ 《大学衍义补》卷 112《慎刑宪·存钦恤之心》。
④ 《荆溪林下偶谈》卷 3。
⑤ 《宋史》卷 427《道学一》。

理学大师程颢任晋城县知县时,有富人张氏的父亲死后,一个老头上门对他说:我才是你的亲生父亲。张氏惊疑莫测,同老头一起去县衙。老头对程颢说,自己是医生,经常去外地行医治病,妻子生了儿子,贫不能养,所以才过继给了张家。并拿出了一张契约,上面写着"某年月日,抱儿与张三翁家。"程颢看后问他说:张氏的父亲当时只有四十岁,怎么会称呼他"张三翁"? 老头一听大惊,只得承认自己假冒行为。①

陆九渊是与朱熹齐名的理学大师,他任荆门军知军时,"民有诉者,无早暮,皆得造于庭,复令其自持状以追,为立期,皆如约而至,即为酌情决之,而多所劝释。其有涉人伦者,使自毁其状,以厚风俗。唯不可训者,始置之法。其境内官吏之贪廉,民俗之习尚善恶,皆素知之。"②

而理学家中留下办案记录最多的,大概要算是朱熹的弟子张洽了。他任袁州司理参军时,"有大囚,讯之则服,寻复变异,且力能动摇官吏,累年不决,而逮系者甚众。洽以白提点刑狱,杀之。"颇有其师朱熹的办案风格。他任永新县知县时,"一日谒告,闻狱中榜笞声,盖狱吏受赇,乘间讯囚使诬服也。洽大怒,亟执付狱,明日以上于郡,黥之。"他任池州通判时,一个叫张德修的人,误踢人致死,狱吏诬以故杀,张洽审讯后觉得可疑,请求再审,但知州不同意。这时提举常平使袁甫至池州巡视,恰逢大旱,张洽趁机对袁甫说:"汉、晋以来,滥刑而致旱,伸冤而得雨,载于方册可考也。今天大旱,焉知非由(张)德修事乎?"袁甫为此调阅案卷进行重审,最终张德修被从轻判处徒刑。③

宋代理学家中对后世司法影响较大的,当数南宋时的黄干与真德秀。黄干是朱熹的嫡传弟子,朱熹临终前,"以深衣及所著书授干,手书与诀曰:吾道之托在此,吾无憾矣。"黄干长期在各地为官,积累了丰富的办案经验。他的《勉斋集》中保留了不少他办案所写的判词,为我们了解南宋地方司法提供了珍贵的第一手资料。真德秀是继朱熹之后的

① 《宋史》卷427《道学一》。
② 《宋史》卷434《儒林四》。
③ 《宋史》卷430《道学四》。

理学正宗传人，他为官清廉，整肃吏治。他任地方官时撰写的《西山政训》，是一份重要的宋代法制史资料。

05. 宋朝法律如何规制官场送往迎来

中国自古就是一个人情社会，送往迎来被视为是人之常情，官场之上更是如此。北宋时期随着商品经济的发展，市场繁荣，文人士大夫待遇优厚，生活优渥，使得相互之间送往迎来成为了官场文化的重要部分。但这种官场之上的送往迎来在应酬的幌子下，也加剧了请托送礼的不正之风，影响了公务活动的正常开展。虽然北宋王朝建立后，对官场之上的送往迎来也有一定的限制，如规定御史等特殊岗位的官员不得参与各类应酬，但实际效果并不明显。

北宋吴处厚的《青箱杂记》记载，宋仁宗"皇祐、嘉祐中，未有谒禁，士人多驰骛请托，而法官尤甚。"[1]尽管当时曾制定过相应的规定，但也遭到了一些大臣的反对，最典型的就是时任知谏院包拯针对"中书枢密院止许旬假见客，及不许百官巡厅，台谏官不得私谒"等规定，认为"皆非帝王推诚尽下之美政"，是"不识大体之臣过防谬论"，建议加以废除。[2]这也反映出在规制官场送往迎来问题上，确实存在较大的争议。即便是到了北宋后期，法律上对这种送往迎来有了明确的限制，但风气依然很盛。据《萍州可谈》记载，当时"士大夫以造请为勤，每遇休沐日，赍刺自旦至暮，遍走贵人门下。"太医学生颜天选以第三人及第，为谋得一官半职，硬闯太师府要求拜见蔡京，结果被"执送开封府鞫罪，特旨除名，送宿州编管，自此士风稍革。"[3]

现有史料记载来看，至迟从北宋中后期开始，对这种官场上的送往迎来行为，以禁令的方式，从法律上进行规范和限制，成为廉政立法的

---

① 《青箱杂记》卷 2。
② 《续资治通鉴长编》卷 172；《包孝肃奏议集》卷 1。
③ 《萍州可谈》卷 1。

一个重要方面。

从当时相关的禁令规定来看,对官场送往迎来规制的主体主要有三类:

一类是一般官员,尤其是地方的文武官员,非因公务需要,不得擅自拜访上司及会见宾客。宋神宗元丰元年(1078 年)就曾规定:"州县官吏毋得迎送过客";①宋哲宗元祐元年(1086 年)也规定,地方文武官员除职事相干及亲戚外,"其往谒及接见宾客,违法并见之者,各杖一百"。②

另一类是负有监察职能的官员,如御史、谏官,以及转运使、提刑使等被称为"监司"的官员。宋仁宗庆历七年(1047 年规定:"谏官除朝参外,非公事毋得出入请谒。"③宋徽宗崇宁五年(1106 年)也规定,诸路监司及属官出差,非因公务,"沿路不许见州县官及受馈送,违者徒二年,仍不得以赦降去官原减"。④ 大观二年(1108 年)又规定:监司并属官出差除正常公务接待外,"别作诸般名目收受"的,按照监主自盗论处,而且"许人陈告"。⑤

再一类就是执政大臣及司法机关等特殊岗位的官员,对这些人历来是有专门要求的。《朝野类要》记载:"若大理寺官,则又加禁谒,及亦不许出谒也。"⑥宋仁宗宝元二年(1039 年),"诏审刑院、大理寺、刑部毋通宾客。"⑦宋神宗元丰二年(1079 年)规定:"大理寺官属,可依御史台例,禁出谒及见宾客。"而对执政大臣接见宾客,宋仁宗时已有规定,皇祐元年(1049 年)"诏中书、枢密院非聚议,毋通宾客。"⑧针对通过执政大臣亲属子弟借谒见之机打通关节的行为,。宋神宗元丰四年(1081

---

① 《宋会要辑稿·刑法二》。
② 《宋会要辑稿·刑法二》。
③ 《续资治通鉴》卷 49。
④ 《宋会要辑稿·刑法二》。
⑤ 《宋会要辑稿·刑法二》。
⑥ 《朝野类要》卷 4。
⑦ 《续资治通鉴》卷 42。
⑧ 《续资治通鉴》卷 50。

年)由中书省立法,规定"执政官在京,本宗有服亲戚非职事相干及亲属,不得往还看谒。违者,并往还之人各杖一百。"①

此外,对官场之上正常的送往迎来活动也作了明确的规定。首先,官员因公赴任出差等,地方官虽然有义务安排接待所需的劳役和交通工具,但不得超标,不得因此而"非理扰民"。宋仁宗景祐五年(1038年)规定:"臣僚赴任、罢任不得差店户百姓担擎物色及借车牛。"其次是不得接受地方官员的馈送。②

南宋建立之初,虽然政局动荡,战乱频繁,但作为严厉整顿吏治、预防和惩治贪赃犯罪的一个重要方面,对于规制官场送往迎来在北宋的基础上,进一步作了明确的规定。宋高宗建炎三年(1129 年),就以"军兴之际,州郡将迎送谒,妨废日力"为由,下令南方各地知州通判等,"今后并不许出谒及受谒、接送,违者徒三年。虽监司亦不许接送",而且"官属非实缘干办事,妄作名目,辄求出差,与差者各徒二年。"③到了绍兴年间,随着政局的逐步稳定,也不断发布禁令,约束官场上的送往迎来。

与此前历朝历代相比,南宋对官场送往迎来行为除了发布禁令外,还制定了专门的法律。南宋宁宗嘉泰三年(1203)颁布了《庆元条法事类》,这部法典采取的是分门别类汇集敕、令、格、式和随敕申明的体例,按照门类将相关规定汇编在一起。其中《职制门》的"禁谒""迎送宴会""馈送"等门类,就对送往迎来作了明确、具体的规定。

首先,关于官员拜访及会见接待宾客的限制。《庆元条法事类》延续了北宋关于非公务需要严格限制官场送往迎来的规定,对拜访及接待宾客等行为作了明确规定,"诸知州通判县令,非假日辄出谒及宾客受谒者,各徒一年。"而且对官员子弟亲属也有同样的限制,如《职制令》规定:监司和知州、通判等"不得令随行子弟亲属接见所部官,其子弟亲属亦不许自接见。"违反者,按照《职制敕》的规定:"令随行子弟亲属接

---

① 《宋会要辑稿·刑法二》。
② 《宋会要辑稿·刑法二》。
③ 《宋会要辑稿·刑法二》。

见所部官,并见之者,各杖八十。"①

其次,关于公务接待的限制。南宋同北宋时一样,对官场之上的公务接待按照官员的职务、品级等有明确的标准。如《仪制令》规定:"诸臣僚过州、县、镇、寨,非泛遣使命及太中大夫、观察使以上,若本处见任、罢任官者,官吏不得迎送。"如果超标,或是违反标准的规定,依法要承担法律责任。如《职制敕》规定:"诸发运监司预妓乐宴会"的,各徒二年;"不应赴酒食而辄赴"的,各杖一百。②

其三,关于送往迎来过程中收受财物的限制。礼尚往来是古代官场的习俗,也可以说是一种陋习,南宋也不例外。但这种礼尚往来往往又是滋生腐败的温床,因此,《庆元条法事类》中,对送往迎来过程中收受礼物特别是钱财的行为也作出了明确的规定。

一是不得借正常接待巧立名目索取钱财。《职制敕》规定,官员"应迎送,辄以船脚之类为名,需索钱物入己,坐赃论。"③针对将正常接待的酒食费用折算成现钱收受的行为,《公用令》明确规定:"诸公使宴会,并不得折算价钱";④《仪制令》也规定:"应受酒食之类,辄受折送现钱者,许互察。"⑤违者按照受馈送法论处。

二是不得在正常接待之外收受钱财。根据《职制敕》的规定,监司和州县长官等及随行吏员参加下属安排的公务接待时,"受例外供馈,以受所监临财物论"。按照《宋刑统·职制律》的规定:"诸监临之官受所监临财物者,一尺笞四十,一匹加一等,八匹徒一年,八匹加一等,五十匹流二千里。与者减五等,罪止杖一百。乞取者加一等,强取者准枉法论";如果是朝廷派遣的使者接受供给馈送的,"以自盗论",按照《宋刑统·贼盗律》的规定:"诸监临主守自盗,及盗所监临财物者,加凡盗二等,三十匹绞。"⑥

---

① 《庆元条法事类》卷4《职制门·禁谒》。
② 《庆元条法事类》卷9《职制门·迎送宴会》。
③ 《庆元条法事类》卷5《职制门·到罢》。
④ 《庆元条法事类》卷9《职制门·迎送宴会》。
⑤ 《庆元条法事类》卷7《职制门·监司巡历》。
⑥ 《庆元条法事类》卷9《职制门·馈送》。

06. 宋朝法律关于婚姻关系解除的规定

在北宋著名的"阿云之狱"中,争论的焦点之一,就是韦阿大同阿云之间的婚姻关系是否成立,因为这涉及到整个案件的定性与量刑。[1] 虽然登州知州许遵与中央司法机关在此案认定及法律适用方面存在很大的分歧,但有一点是共同的,那就是他们都认为韦阿大同阿云属于"违律为婚",婚姻系无效,应当强制解除。这就涉及到了一个重要的法律问题:婚姻关系的解除。

在婚姻关系解除的问题上,宋朝基本上是延续了唐朝的做法,即虽然舆论上并不赞成,但法律上并不限制。王安石的儿子王雱娶同郡庞氏女为妻,但两人关系不好,"日相斗哄",结果王安石亲自为儿媳挑选了一个丈夫改嫁。[2] 而且女性婚姻关系的解除方面也有较大的选择权,据《高斋诗话》记载,直集贤院祖无择看上了美女徐氏,想娶她为妻,但提亲时,徐氏坚持要当面看人。祖无择自觉年老相貌丑陋,便请年轻英俊的同事冯京去顶替。成婚后,徐氏发现上当,"竟以反目离婚"。[3] 甚至还有不少官府衙门主动干预,强制解除婚姻系的事例。

从宋朝相关法律规定来看,婚姻关系的解除,分为申请解除与强制解除两类。申请解除即通常所说的"离婚",大体分为三种情形:

一是"七出",即由夫家单方面申请解除婚姻关系的七种情形或理由。依据《宋刑统·户婚律》"和娶人妻"门规定,七出包括无子、淫佚、不事舅姑、口舌、盗窃、妒忌、恶疾。据记载,陆游娶表妹唐氏为妻,"伉俪相得,而弗获于其姑",最终两人被迫离婚。[4] 这是宋朝因"不事舅姑"而解除婚姻关系的典型事例。

---

① 见本书第三章《阿云之狱的真相与影响》一节。
② 《东轩笔录》卷7。
③ 《高斋诗话·祖无择晚娶》。
④ 《齐东野语》卷1。

二是"和离",根据《宋刑统·户婚律》"和娶人妻"门规定:"若夫妻不相安谐而和离者,不坐。"和离申请可以是丈夫提出,也可以是妻子提出。而据宋代史籍记载,妻子申请和离的情形是比较普遍的,理由也五花八门。宋徽宗郑皇后的父亲郑绅早年做小官时,就因为"坐累被逐,贫窭之甚",妻子因而提出同他离婚,另嫁他人。[①]

三是因特殊情形申请解除婚姻关系,这种情形一般都是由妻子提出的。宋真宗大中祥符七年(1014年),京城开封百姓娶妻后,带着财产和妻子的陪嫁逃走了,但法律规定,丈夫逃亡的,需六年之后才能改嫁。妻子迫于饥寒,只得到登闻鼓院上诉。为此朝廷专门下诏规定:"不逞之民,娶妻给取其财而亡,妻不能自给者,自今许改适。"[②]宋神宗时,百姓傅泽的妻子丈夫出外不知消息,赴开封府申诉,请求解除同丈夫的婚姻关系。经开封府判状,许令改嫁。但后来傅泽回家,见妻子已改嫁,为此还打起了官司。[③]

除了申请解除婚姻关系外,宋朝法律还明确规定了婚姻关系的强制解除。申请解除婚姻关系的主动权在于婚姻关系双方家庭及其当事人,官府一般是不告不理,处于被动地位;而强制解除婚姻关系的主动权在于官府,由官府依法决定婚姻关系无效。从宋朝法律和司法实践来看,婚姻关系的强制解除也有三种情形:

一是"违律为婚",即违反法律规定而缔结的婚姻关系。《宋刑统·户婚律》"违律为婚"门"疏议":"违律为婚,谓依律不合作婚,而故违者。"官府对违律为婚的婚姻关系不仅不予承认,并且还要追究当事人(包括主婚人)的法律责任。我们前面提到的"阿云之狱"中,登州知州许遵认为阿云"纳采之日,母服未除",属于违律为婚;而大理寺、审刑院对此也给予了认可。[④]对"违律为婚"的,依法强制解除其婚姻关系,"虽会赦,犹离"。而南宋法律则将强制解除的年限定为

① 《玉照新志》卷2。
② 《续资治通鉴长编》卷82。
③ 《续资治通鉴长编》卷295。
④ 《宋史》卷330《许遵传》。

20 年。[①]

　　二是"义绝",义绝是夫妻一方殴打杀害对方的亲属,以及夫妻亲属相互之间的杀伤等行为。这些行为即便不是夫妻双方作出的,但依法也要强制解除其婚姻关系。在《齐东野语》中,就记载了这样一起案例:福建兴化军莆田县杨氏控告其子与媳妇不孝,官府审讯后发现,之前媳妇的父亲被人殴打致死,而她的丈夫(杨氏子)也参与了,但尚未结案时,遇到大赦,被释放回家,媳妇仍住杨家,官府也未过问,现在杨氏夫妇控告儿子与媳妇不孝,军衙判官姚瑶认为:"虽有仇隙,既仍为妇,则当尽妇礼",主张将媳妇一同问罪;而主持军衙事务的通判陈振孙不同意,认为"父子天合,夫妇人合;人合者,恩义有亏则已矣。在法,休离皆许还合,而独于义绝不许者,盖谓此类。况两下相杀,又义绝之尤大者乎!"当初杨氏子虽然被免于追究,但应当强制解除他们的婚姻关系,现在"当离不离,则是违法。在律,违律为婚,既不成婚,即有相犯,并同凡人。今其妇合比附此条,不合收坐。"媳妇因此被免于连坐追究不孝罪。[②] 从宋朝史籍来看,类似的案例也是不少的。

　　三是妻子控告丈夫。如北宋著名宰相夏竦于宋真宗天禧元年(1017 年)知制诰任上,与妻子杨氏不睦,杨氏"与弟倡疏(夏)竦阴事,窃出讼之,又(夏)竦母与杨氏母相诟骂",一直闹到了开封府,结果夏竦遭到御史台弹劾,被贬为黄州知州,"仍令与杨离异"。[③] 因妻子控告丈夫而强制解除婚姻关系最著名的案件,当数李清照诉张汝舟案。建炎三年(1129 年),李清照的丈夫赵明诚因病去世,三年后的绍兴二年(1132 年),李清照再嫁右承奉郎、监诸军审计司张汝舟。但不久两人就反目成仇。李清照为了达到解除婚姻关系的目的,向朝廷控告张汝舟"妄增举数入官",结果张汝舟被除名,柳州编管。[④] 婚姻关系虽然被强制解除了,但按照《宋刑统·斗讼律》的规定,妻子控告丈夫的,

---

① 《名公书判清明集》卷 4,"罗械乞将妻前夫田产没官"判。
② 《齐东野语》卷 8,另见《宋史翼》卷 29《陈振孙传》。
③ 《续资治通鉴长编》卷 90。
④ 《建炎以来系年要录》卷 58。

"虽得实,徒二年"。后来还是在翰林学士綦崇礼的帮助下,李清照才得以免于牢狱之灾,并因此留下了那篇名作:《投翰林学士綦崇礼启》。①

07. 从富弼《儿子帖》看对"请托"的处理

富弼是北宋时的著名宰相,被范仲淹誉为"王佐才也",以为官清廉著称。《宋史》称赞他"公忠直亮,临事果断""有大臣之风"。② 然而,就是这样一位一代名相,一封 2005 年 6 月 19 日在北京翰海春季拍卖会上以 462 万元人民币的高价拍出的书信真迹,③暴露了他的另一面。

信是富弼亲笔所写,收信人的姓名职务等已不可知,信内容不长,寥寥数语:

> "儿子赋性鲁钝,加之绝不更事。京城老夫绝少相知者。
> 频令请见,凡百望一一指教,幸甚! 幸甚! 此亦乞丙去。弼,
> 再上。"

显然,从信的内容来看,无非是请收信人"关照"自己的儿子。至于"关照"什么,信中没有说,大概也不便说,但最后特别强调的一句话,似乎揭示了缘由:"此亦乞丙去。弼,再上。"用常用的话说,就是阅后即焚。显然,这封信所托的大概是一件见不得人的事,所以不想让其他人知道;但为什么特别强调要"丙去"呢? 这是因为富弼书信的内容,涉及到法律上的一个行为:请托。

请托是以打招呼、拉关系等方式谋取个人私利的行为,古代法律一

---

① 《云麓漫钞》卷 14。

② 《宋史》卷 313《富弼传》。

③ 北宋宰相富弼《儿子帖》拍出 460 万! https://www.sohu.com/a/274589372_288958,
2022 年 1 月 28 日访问。

般称为"请求",即今天人们通常所说的"走后门"。它与一般的行贿不同,行贿是"有事之人以财行求",请托则仅仅是"从主司求曲法之事",两者的共同之处在于都是要求主管人员作出对自己有利的处理,而区别在于前者是"用财行求",而后者不用财,仅仅是打招呼而已。由于两者的手段不同,因此处理也不同。

《宋刑统》沿袭了《唐律》,在《职制律》专门规定了"请求公事"一门,明确规定:"诸有所请求者,笞五十,主司许者与同罪;已施行者,各杖一百。"但如果"所枉罪重者,主司以出入人罪论;他人及亲属为请求者,减主司罪三等;自请求者加本罪一等。"因此,富弼写信打招呼的行为,就属于法律上的"请求",依法要受到相应的处罚。虽然富弼身为宰相,不可能真的因此而受到刑罚的责罚,但毕竟有损于他的声誉,所以他在信后再三强调要将此信焚毁,只是没想到收信人将其保存了下来,才使我们今天能够看到这一真迹。

那么,如果富弼写信请托之事东窗事发,他会受到怎样的处理呢?对此,我们不妨看看稍后发生的《宋史·丰稷传》中提到的丰稷"治参知政事章惇请托事"。

据《续资治通鉴长编》记载,元丰三年(1080年),太学博士朱服被任命为监察御史里行(见习御史),他上任伊始,便上书宋神宗,检举揭发了这样一件事:朱服还在任太学博士时,同为博士的袁默悄悄告诉他,说他会有新的任命,将出任御史;一般御史的任命有一段考察期,但这次由于参知政事(副宰相)章惇的大力帮助,所以任命很快就会下来。朱服认为袁默说的是小道消息,也没有在意,听过就算了。但不久之后,成都路转运判官周之道又来找朱服,自称是受参知政事章惇所托,前来致意;因朱服身为御史,故不便书信表达,只是传达了章惇的口信。

监察御史里行的任命发布后,宋神宗亲自召见了朱服,勉励他尽心履职。朱服认为章惇身为参知政事,"乃委曲传意,揽为己恩,况执政之于御史,不应交通";章惇两次托人前来致意,必有不可告人的目的;尽管袁默与自己是同事,周之道又是自己的亲戚,"然以职居言责,不敢隐默",故而检举揭发了此事。于是宋神宗便令将此事交大理寺审理。①

由于章惇是执政大臣,不同于一般的人犯,所以侍御史知杂事舒亶建议,如果章惇不承认,可委派御史参与审理。于是宋神宗又派监察御史丰稷会同大理寺官员一同审理。章惇对这一指控自然矢口否认,说自己过去只见过朱服一面,后来再无往来;朱服做御史之后更是"无相闻之理",绝无请托之事。②

大理寺见章惇不承认,便又提出他父亲同弟弟倚仗权势横行乡里的事,对他进行指控。章惇父亲章俞及弟弟章恺侵占百姓沈立的田地,沈立拦章惇车驾告状,结果被章惇投入开封府大牢;而开封府官员畏惧章惇权势,不敢秉公执法。章惇向朱服请托致意,可能也与此事有关。于是,二罪俱发,最终章惇被免去参知政事,贬为蔡州知州;周之道和袁默替章惇传递口信请托,周之道被判处徒一年,袁默被判处杖一百,并勒令停职,这个处罚应该是很重的;开封府知府钱藻及相关官员也都受到处罚。③

章惇向一个见习御史请托致意,遭到举报;尽管他也担心落下把柄,只是请人传达口信,但还是遭到贬斥。由此可见,富弼再三要求收信人阅后烧毁信件,显然也是担心落下请托的罪证。富弼和章惇都是宰相级别的官员,一旦坐实请托的罪名,后果尚且如此严重,其他官员便可想而知了。

在《建炎以来系年要录》中,也记载了这样一件请托案:建炎四年(1130年),著名爱国词人王以宁被控在湖南鼎州任上"妄用便宜,专杀掊敛,害及两路",被贬为监台州酒税。王以宁的母亲陈氏向川陕宣抚使张浚请托,希望让王以宁能够自由行动。张浚将此事向朝廷作了汇报。宋高宗赵构认为王以宁"罪大责轻,今又干宣司(向宣抚司请托)",于绍兴二年(1132年)将其追贬为永州别驾、潮州安置。陈氏弄巧成

---

① 《续资治通鉴长编》卷310。

② 《续资治通鉴长编》卷311。

③ 《续资治通鉴长编》卷311。

拙，却也无可奈何。①

08. 从檀偕杀盗案看宋朝的"以例断案"

例是宋朝的法律形式之一，北宋时彭砺说过："刑部自祖宗以来，法与例兼行。"②例作为一种特定的法律形式，其形成有着复杂的原因。南宋许应龙就认为，例"或出于一时之特恩，或出于一时之权宜，有徇亲故而开是例者，有迫于势要而创是例者"；③但更多的情况是一些有争议的案件或者疑难案件经圣旨裁断后，成为了判例（断例），被后来司法裁判所援用。南宋绍兴四年（1134 年）判决的檀偕杀盗案，就是一起典型的"以例断案"的案例。

案件的经过并不复杂，一个叫叶全三的人偷了檀偕藏在地窖里的钱，被檀偕抓住。按理应当将叶全三送衙门法办，但檀偕却指使家里的帮工阮授和阮捷将叶全三及全家五人全部杀死，并抛尸河里。按照《宋刑统》规定，杀死一家非死罪三人的行为属于"十恶"中的"不道"，依法罪无首从，皆斩；妻子流二千里。宣州衙门据此判檀偕等依法当斩；但由于没有找到叶全三等人的尸体，当然也就无法进行验尸，这样又缺乏了认定檀偕等杀人的主要证据。于是，宣州衙门按程序将此案奏请皇帝裁决。檀偕的哥哥檀倬是朝廷大臣，宋徽宗时曾任中书舍人、给事中等；南渡后又复任徽猷阁待制、提举西京嵩山崇福宫。于是宋高宗赵构对檀偕等从轻发落，阮授和阮捷被处杖脊，流放三千里外；檀偕免死决杖发配琼州。

然而，中书舍人孙近对这一判决并不认同，他上奏说：檀偕等杀死一家五口，虽然没有检验尸体，但证据确凿，没有疑虑之处；现在"贷宥之恩，止及一（檀）偕，而被杀者五人，其何辜焉？"于是，宋高宗只得命大

---

① 《建炎以来系年要录》卷 58。
② 《续资治通鉴长编》卷 465。
③ 《历代名臣奏议》卷 214。

理寺重申此案。而大理寺则举出了孙近一年前任提点浙东刑狱时审理的一个案件:绍兴百姓俞富在追捕强盗时,连同强盗的妻子也一同杀死了。但孙近认为俞富与强盗并无私仇,其行为情有可原,因此曾奏请宋高宗从宽发落,免除了俞富死罪。大理寺根据这一判例,认为免除檀偕死罪是有先例的。

但孙近不同意大理寺的说法,认为俞富是持有县衙颁发的捕盗文书,在追捕过程中,因强盗拒捕,所以才将强盗及其妻女一同杀死;而檀偕是擅自用私刑拘禁,将叶全三等五人殴打折磨致死,犯罪情节是不同的,不能一概而论。

因双方意见不一,案件又交由刑部复审。刑部翻出了同年大理寺右治狱①判决的孙昱杀死一家七口的案件,当时也没有验尸,但大理寺认为证据确凿,并没有作为疑案上奏皇帝裁决。因此,刑部建议按照这一断例处理。但大理寺却坚持要求维持原判(因为一旦改判,大理寺的相关官员要按照错案追究责任)。于是宋高宗又将此案移送御史台"看详定夺"。侍御史辛炳等认为:"(檀)偕系故杀,众证分明,又已经委官审问,以近降申明条法,不应奏裁。"而执政大臣也同意御史台的处理意见。于是檀偕被依法处以死刑,而大理寺负责审理此案的官员则按照《宋刑统·职制律》"诸事应奏而不奏,不应奏而奏者,杖八十"的规定处理,因属于"公罪",被处赎金(按照《宋刑统》规定,杖八十赎铜八斤)。②

此案不同意见的双方都举出了相关的判例作为依据,可见在宋朝的司法实践中,判例的运用是非常普遍的。从运用判例的初衷来看,是通过一些有争议的典型案件的最终处理结果,作为后来类似案件处理的依据,以解决教条、僵化的法律文本与复杂的案情之间的矛盾。如北宋仁宗时的襄州(今湖北襄樊市)知州的马寻就办过这样一起案件:一群饥民闯入富豪家里抢劫囤粮,被衙门官吏以强盗罪论处,依法都要处以死刑。但马寻认为,饥民抢粮是为了活命,与一般的强盗行为是有区

---

① 宋代大理寺审判职能分为两部分:左断刑负责"审",右治狱负责"判"。

② 《建炎以来系年要录》卷72。

别的,不应判处死刑。结果"奏,得减死论,著为例"①。

从这一案件可以看出,作为断例的案件一般都是一些有争议的疑难案件。根据宋朝司法程序,重大或疑难案件经大理寺裁断后,由刑部(或审刑院)复核,如果有争议的,则由御史台或皇帝委派官员复审,或是交由"两制"讨论议定,然后由执政大臣提出处理意见,最终由皇帝定夺。一些具有典型意义的案件案件一般会成为断例,被以后援用。但这样一来,就产生了一个问题,这就是《宋史·刑法志》中所说的"隐例以坏法"。南宋光宗绍熙二年(1191年)臣僚建言中也说:"法之所无有者,则援例以当法;法之所不予者,则执例以破法。生奸起弊,莫此为甚。"但同时又承认:"法有所不及,则例也有不可得而废者",解决的办法是"收可行之例归于通行之法"②。

其实,为了解决这一问题,在北宋前期就采取了编集断例以供规范援引的做法。现有记载的最早的断例,是宋仁宗庆历三年(1043年)"诏刑部大理寺以前后所断狱及定夺公事编为例"。而就在檀偕杀盗案判决后不久,宋高宗赵构也启动编修断例的程序,"刊定见行断例"③。

但司法实践中,并不是完全按照编集的断例援引,有时候很久以前的旧例也会被用来作为判决的依据。如宋初开宝五年(972年)发生过一起案件:百姓范义超在后周显德中期(956—958年)杀死同村常古真一家12人,只常古真一人逃脱。常古真长大后,"擒(范)义超诉于官"。但官府认为这是发生在前朝的案件,经过多次大赦,依法应当免于追究。但宋太祖赵匡胤说:"岂有杀一家十二人而可以赦论乎?"下令将范义超处死④。时隔二百多年后,南宋俞澄在宋宁宗(1195—1224年在位)时判决的一起案件,就援引了这一断例:常德的艄公程亮杀死巡检宋正国一家12口,过了好几年才被抓获,但由于案件发生在宋宁宗登基发布大赦令之前,当地官吏收受程亮的贿赂,认为应当免除其罪责。

---

① 《宋史》卷300《陈太素传附马寻传》。
② 《宋会要辑稿·刑法一》。
③ 《建炎以来系年要录》卷78。
④ 《续资治通鉴长编》卷13。

但俞澄"奏援太祖朝戮范义超故事,以为杀人于异代,既更开国大霈,犹所不赦,况(程)亮乎?"最终将程亮绳之以法。①

09. 凌迟是如何成为法定刑的

凌迟,又称"陵迟",也称"剐"刑,是用刀将犯人身上的肉慢慢割尽,所以俗称"千刀万剐";又因其与古代的"磔"刑相似,所以也有将凌迟称为磔刑的。

据现有史料记载,凌迟的名称始于唐末年五代时期北方的辽国(契丹),《辽史·刑法志》:"死刑有绞、斩、凌迟之属。"中原王朝在五代时也开始适用凌迟刑。南宋陆游在《渭南文集·条对状》中说:"五季(五代)多故,以常法为不足,于是始于法外特置陵迟一条。肌肉已尽,而气息未绝;肝心联络,而视听犹存。"后晋时左拾遗窦俨在上疏中也说:"案《名例律》,死刑二:绞、斩之谓也。绞者,筋骨相连;斩者,头颈异处。大辟之目,不出两端。淫刑之兴,近出数等,……或长钉贯人手足,或短刀脔人肌肤,迁延信宿,不令就死。"②后周许迁为隰州刺史时,"切于除盗,疾恶过当,或钉磔贼人,令部下脔割"。③

笔者在《中国法制通史·隋唐卷》中曾提出:从这种刑罚的执行方式上来看,很可能从当时北方的游牧民族的政权契丹那里学来的,执行的方式也体现了游牧民族的特点。④ 北宋建立后,在司法实践中,也以凌迟作为制裁盗贼等严重犯罪行为的法外之刑。据《宋史·刑法志》记载:"凌迟者,先断其肢体,乃抉其吭,当时之极法也。"⑤关于它的发展,南宋马端临在《文献通考·刑考》中有过一段叙述:"凌迟之法,昭陵(宋

① 《齐东野语》卷10。
② 《宋史》卷263《窦俨传》。《旧五代史·刑法志》引窦俨语为"或以短刀脔割人肌肤,乃至累朝,半生半死"。
③ 《旧五代史》卷129《许迁传》。
④ 《中国法制通史》第4卷,法律出版社1999年版,第756页。
⑤ 《宋史》卷199《刑法一》。

仁宗)以前,虽凶强杀人之盗,亦未尝轻用。自诏狱既兴,而以口语枉悖者,皆丽此刑矣。诏狱盛于熙(宁)、元(丰)之间,盖柄国之权臣,藉此以威缙绅。"①

从《续资治通鉴长编》的记载来看,最早适用凌迟刑的,是宋真宗大中祥符八年(1015年)的一起纵火案。荣王赵元俨(即小说中的八贤王)的宫中失火,大火烧到皇宫,国库所藏的财宝也"一朝殆尽"。事后查明是荣王府的侍婢韩氏盗卖金器,担心罪行败露,故而纵火毁灭罪证。结果韩氏被宋真宗下令"断手足,令众三日,凌迟处死"。这一时期的凌迟刑并非法定的刑罚,而是作为对恶性犯罪的特别处罚手段,以起到威慑作用。宋仁宗天圣九年(1031年)的诏书中就规定:"闻荆湖杀人以祭鬼,自今首谋若加功者凌迟斩之。"②庆历三年(1043年)光化军(今湖北丹江口市)邵兴率众作乱,被擒获后,邵兴及其党"诏并凌迟处斩"。③

当然,这一时期对凌迟刑的适用还是比较慎重的。大中祥符八年(1015年),入内供奉官杨守珍出使陕西,督捕盗贼,请求对擒获的强盗适用凌迟刑"用戒凶恶",但宋真宗不同意,说:"法有常科,岂于安平之时而行惨毒之事",下令将捕获的盗贼"送所属依(法)论决,情理切害者奏裁"。④宋仁宗明道元年(1032年),庐州、寿州、光州等州都巡检使梁绍熙上奏,称擒获累行劫盗者6人,请求凌迟处死。宋仁宗下诏说:"获劫盗而情涉巨害者,毋得擅行凌迟,须听奏裁。"⑤

凌迟刑的广泛适用,是宋神宗时期。变法改革虽然推动了社会的发展,但同时也引起甚至激化了社会矛盾。为了打击制裁日益增多各种恶性犯罪,往往动用凌迟。熙宁七年(1074年),冀州军士作乱,宋神宗下令将为首者凌迟处斩。⑥

---

① 《文献通考》卷167《刑考六》。
② 《续资治通鉴长编》卷110。
③ 《续资治通鉴长编》卷145。
④ 《续资治通鉴长编》卷85。
⑤ 《续资治通鉴长编》卷111。
⑥ 《续资治通鉴长编》卷250。

而第一起因"以口语狂悖致罪"而被处凌迟的,是熙宁八年(1075年)的李逢"谋反"案。李逢是前余姚县主簿,百姓朱唐举报其谋反,提点刑狱王庭筠审讯后认为查无实据,仅仅是"语涉指斥及妄说休咎",建议处以编配(流放监管)。但宋神宗认为案情有疑,下令设立"诏狱",组成特别法庭审理此案,结果牵涉到包括皇室成员赵世居以及医官刘育、河中府观察推官徐革等一批官员。最终赵世居被赐死,李逢、刘育和徐革被凌迟处死。① 元丰四年(1081年),前山阴县主簿、太原府教授余行之也因为对自己被罢免不满,"妄造符谶,指斥乘舆,言极切害",被凌迟处死。

按照《宋刑统·职制律》"指斥乘舆"门规定:"诸指斥乘舆,情理切害者,斩。"这两起案件都涉及"指斥乘舆",但都适用了凌迟刑,说明这一时期对类似危害皇权的犯罪行为开始适用凌迟刑。这一时期另一起因"诏狱"被判处凌迟的重大案件,就是陈世儒妻杀婆案。这一案件我们在前面介绍过,陈世儒妻李氏的婢女高氏最终被凌迟处死。此外,对西北地区少数民族的"蕃官"也往往适用凌迟刑,如熙宁八年(1075年)熙河路蕃官奇默特叛逃西夏,被凌迟处死。②

从现有史料的记载来看,至迟在宋哲宗时期,凌迟作为"法定"的刑罚手段被确立下来。元祐二年(1087年)颁布了一项关于盗贼的特别法,其中就规定:"强盗该凌迟处斩,如能设方略生获者,于合得赏钱上增支三分",③显然,这一时期凌迟已经被作为制裁盗贼行为的法定刑了。特别是在"重法地"发生的盗贼案件,对首犯往往会适用凌迟刑。当然,凌迟刑的适用的程序还是比较严格的,一般都是经过君主"特旨"批准。到了南宋初年,尽管社会动荡,但这一做法依然被延续下来。绍兴四年(1134年),建昌(今江西永修)发生兵变,"纵火杀人,极其惨毒"。兵变平定后,为首者修达等五人被宋高宗下令凌迟处死;而此前

---

① 《宋史》卷200《刑法二》。
② 《续资治通鉴长编》卷264。
③ 《续资治通鉴长编》卷398。

建康百姓因报私怨,杀死 13 人,被特旨凌迟处斩。①

当然,由于文献资料的散佚,我们无法得知凌迟刑写入法典的具体时间。后人一般认为凌迟刑为法定刑是南宋宁宗嘉泰二年(1202 年)编撰的《庆元条法事类》,其实是《庆元条法事类》中"断狱式"关于上报每年所断死刑案件的格式有"凌迟若干,处斩若干,处死若干"的内容,②因此只能说《庆元条法事类》中有凌迟刑的记载,而不能说凌迟作为法定刑始于《庆元条法事类》。

10.《水浒》中的杀人罪是如何被轻判的

杀人者死,这是古代法律的一项基本原则,但在小说《水浒》中,几起杀人案,如杨志杀牛二、武松杀嫂(斗杀西门庆)和宋江杀惜,都没有被判死刑。其背后所折射出的,是一种情与理、情与法的交织和冲突下的一种无奈的选择。

《水浒》虽然写的是宋朝的故事,但作者是明朝时的人,因此,书中有关法律的描写,可以说是杂糅了宋朝和明朝的制度。唐宋以来法律关于斗殴杀人主要分为两种类型:一是"故杀",二是"斗杀"。两者的主要区别,就是在主观上有没有杀人的故意。唐宋时期法律规定:"诸斗殴杀人者,绞;以刃及故杀人者,斩;虽因斗,而用兵刃杀者,与故杀同。"明朝法律改为"凡斗殴杀人者,不问手足、他物、金刃,并绞;故杀者,斩。"因此,从法律的规定来,上述这些好汉是无法被轻判的;而且法律还规定,对已经造成杀伤后果的,"不在自首之例"。那么,他们又是如何被从轻发落的呢?

先看杨志。杨志可能是最冤的,自己生活无着,被迫出卖祖传的宝刀,却遇到牛二这个泼皮。牛二不仅硬夺杨志手里的刀,还口出狂言:

---

① 《建炎以来系年要录》卷 80。
② 《庆元条法事类》卷 73《刑狱门·决遣》。

"你说我打你，便打杀直什么！"对着杨志就是一拳打去。杨志一时性起，"望牛二嗓根上搠个着，扑地倒了。杨志赶入去，把牛二胸脯上又连搠了两刀，血流满地，死在地上。"然后同众人一起，去开封府衙门自首。按照法律，杨志自然应当抵命，所以被投入死囚牢里。但由于他是个有名的好汉，又与东京街上除了一害，况且牛二家又没苦主，因此官府法外开恩：

> 把款状都改得轻了，三推六问，却招做"一时斗殴杀伤，误伤人命"；待了六十日限满，当厅推司禀过府尹，将杨志带出厅前，除了长枷，断了二十脊杖，唤个文墨匠人刺了两行金印，迭配北京大名府留守司充军。

由于宋朝实行"折杖法"，加役流决脊杖二十，配役三年。而加役流是"减死"之刑，对杨志如此发落，法律上也说得过去了。

武松的情况比较复杂，他完全是属于蓄意杀人。先是当众杀死潘金莲，然后到狮子桥下酒楼上找到西门庆：

> 西门庆见来得凶，便把手虚指一指，早飞起右脚来。武松只顾奔入去，见他脚起，略闪一闪。恰好那一脚正踢中武松右手，那口刀踢将起来，直落下街心里去了。西门庆见踢去了刀，心里便不怕他。右手虚照一照，左手一拳，照着武松心窝里来。却被武松略躲个过，就势里从胁下钻入来，左手带住头，连肩胛只一提，右手早捽住西门庆左脚，叫声："下去！"那西门庆一者冤魂缠定，二乃天理难容，三来怎当武松勇力。只见头在下，脚在上，倒撞落在当街心里去了。跌得个发昏章第十一。街上两边人都吃了一惊。武松伸手去凳子边，提了淫妇的头，也钻出窗子外，涌身望下只一跳，跳在当街上。先抢了那口刀在手里。看这西门庆，已自跌得半死，直挺挺在地下，只把眼来动。武松按住，只一刀，割下西门庆的头来。把

两颗头相结做一处,提在手里。

武松的行为,按照法律,应该是没有活路的,但"县官念武松是个义气烈汉,又想他上京去了这一遭,一心要周全他,又寻思他的好处",于是便"把这人们招状,从新做过。改作:武松因祭献亡兄武大,有嫂不容祭祀,因而相争。妇人将灵床推倒。救护亡兄神主,与嫂斗殴,一时杀死。次后西门庆因与本妇通奸,前来强护,因而斗殴,互相不伏,扭打至狮子桥边,以致斗杀身死。"申报东平府。而东平府陈府尹也哀怜武松是个有义的烈汉,最终从轻发落,"脊杖四十,刺配二千里外"。这自然是小说家之言了,因为宋朝脊杖最多只有二十,明朝流刑加杖一百,不过是臀杖而非脊杖。不过这样的判决,确实很轻了。

宋江的情况就不一样了,他杀死阎婆惜,纯粹是杀人灭口;而且杀人之后,畏罪潜逃,遭到官府的通缉。从法律上说,应该是一点从轻的条件都不具备。但由于"朝廷册立皇太子,已降下一道赦书,应有民间犯了大罪尽减一等科断,俱已行开各处施行。"所以宋江被郓城县衙抓获后,知县为替他开脱,将供状改为"不合于前年秋间典赡到阎婆惜为妾。为因不良,一时恃酒,争论殴,致被误杀身死,一向避罪在逃",申报济州府;而济州府尹看了申解情由,赦前恩宥之事,已成减罪,把宋江脊杖二十,刺配江州牢城。

三起杀人案件,缘由各不相同,但都涉及到了所谓的法外开恩,或者法外循情问题;而杨志和武松的杀人案,更是涉及到了情与理、伦理与法律的冲突。面对僵化的法条,的确是对司法者的良心和智慧的一种考验。但这一切的前提,是官府衙门愿意。同样是出于义愤杀人,插翅虎雷横就没有这么幸运了,他因母亲被白秀英当众殴打,一时怒从心发,打死了白秀英,而知县恨雷横打死了他的婊子,一定要将雷横置于死地。无奈之下,同伴朱仝在押解途中,私自将他放跑,去梁山泊入伙了。

附　录

名臣名吏断案录(上)

按:

宋朝官员入仕,大都是从基层州县官吏做起,而且岗位调动频繁。因此,大多数官员在长期的仕途中,从中央到地方,基本上都有过与司法相关特别是办案的经历。也正因为如此,在选官和任官的过程中,对官员的法律知识和素养也提出了专门的要求。《宋史》中就有这样一段评论:

> 论曰:宋取士兼习律令,故儒者以经术润饰吏事,举能其官。(许)遵惠政及民,而缓登州妇狱,君子谓之失刑。(卢)士宗、(钱)象先皆执经劝讲,其为刑官,论法平恕,宜哉,(韩)璹吏事绝人,民怀其德。(杜)纯以微官能著清节,(杜)纮议狱必傅经谊,风义蔼然。(杜)常坐护危堞,(谢)麟定徭、獠,(王)宗望弭万州之变,皆靖至难之事于谈笑间。(王)吉甫一于用法,而廉介不回,有足称云。①

---

① 《宋史》卷330。

194

　　虽然这个评价是针对个别司法官员而言的,但它反映了宋朝官员司法活动的情况。在《宋史》和《宋史翼》中,记载了大量的官员办案的事例,其中一些案例,也被宋人郑克编入了案狱集《折狱龟鉴》中。通过这些事例,我们也可以比较直观地了解宋朝法制和司法运行大体情形。①

张齐贤（宰相）

　　时戚里有分财不均者更相讼,又入宫自诉。齐贤曰:“是非台府所能决,臣请自治。”上俞之。齐贤坐相府,召讼者问曰:“汝非以彼所分财多、汝所分少乎?”曰:“然。”命具款。乃召两吏,令甲家人乙舍,乙家人甲舍,货财无得动,分书则交易之。明日奏闻,上大悦曰:“朕固知非君莫能定者。”②

王质（庐州知州）

　　盗杀其徒,并赍而遁,捕得之。质论盗死,大理以谓法不当死,质曰:“盗杀其徒,自首者原之,所以疑坏其党,且许之自新,此法意也。今杀人取赍而捕获,贷之,岂法意乎?”疏上,不报,降监舒州灵仙观。③

宋庠（知审刑院）

　　密州豪王澥私酿酒,邻人往捕之,澥绐奴曰:“盗也。”尽使杀其父子四人。州论奴以法,澥独不死。宰相陈尧佐右澥,庠力争,卒抵澥死。④

薛奎（隰州军事推官）

　　州民常聚博僧舍,一日,盗杀寺奴取财去,博者适至,血偶浣衣,逻卒捕送州,考讯诬伏。奎独疑之,白州缓其狱,后果得杀人者。⑤

---

① 为了方便了解和检索,人物按照《宋史》和《宋史翼》记载的顺序排列,“上”为《宋史》的记载;“下”为《宋史翼》的记载。所列职务也是其办案时的职务。
② 《宋史》卷265《张齐贤传》。
③ 《宋史》卷269《王质传》。
④ 《宋史》卷284《宋庠传》。
⑤ 《宋史》卷286《薛奎传》。

蔡齐（枢密副使）

蜀大姓王齐雄坐杀人除名。齐雄，太后姻家，未更赦，复官。齐曰："果如此，法挠矣！"明日，入奏事曰："齐雄恃势杀人，不死，又亟授以官，是以恩废法也。"帝曰："降一等与官可乎？"齐曰："以恩废法，如朝廷何！"帝勉从之，乃抵齐雄罪。①

程琳（开封府知府）

王蒙正子齐雄捶老卒死，贷妻子使以病告。琳察其色辞异，令有司验得捶死状。蒙正连姻章献太后家，太后谓琳曰："齐雄非杀人者，乃其奴尝捶之。"琳曰："奴无自专理，且使令与己犯同。"太后嘿然，遂论如法。

外戚吴氏离其夫而挈其女归，夫诉于府。琳命还女，吴氏曰："已纳宫中矣。"琳请于帝曰："臣恐天下人有窃议陛下夺人妻女者。"帝亟命出之。笞而归其妻。②

赵稹（益州路转运使）

蒲江县捕劫盗不得，反逮系平民，楚掠诬服。稹适行部，意其冤，驰入县狱，问得状，悉纵之。③

丁度（知审刑院）

时江西转运使移属州，凡市米盐钞，每百缗贴纳钱三之一。通判吉州李虞卿受财免贴纳，事觉，大理将以枉法论。度曰："枉法，谓于典宪有所阿曲。虞卿所违者，转运使移文尔。"遂贷虞卿死。④

---

① 《宋史》卷 286《蔡齐传》。
② 《宋史》卷 288《程琳传》。
③ 《宋史》卷 288《赵稹传》。
④ 《宋史》卷 292《丁度传》。

张咏（杭州知州）

有民家子与姊婿讼家财。婿言妻父临终,此子裁三岁,故见命掌赀产;且有遗书,令异日以十之三与子,余七与婿。咏览之,索酒酹地,曰:"汝妻父,智人也,以子幼故托汝。苟以七与子,则子死汝手矣。"亟命以七给其子,余三给婿,人皆服其明断。①

司马旦（郑县主簿）

郑有妇蔺讼夺人田者,家多金钱,市党买吏,合为奸谩,十年不决。旦取案一阅,情伪立见,黜吏十数辈,冤者以直。②

李及（秦州知州）

会有禁卒白昼攫妇人金钗于市,束执以来。及方坐观书,召之使前,略加诘问,其人服罪。及亟命斩之,观书如故,于是将士皆惊服。③

马亮（潭州知州）

属县有亡命卒剽攻,为乡闾患,人共谋杀之。事觉,法当死者四人,亮咸贷之,曰:"为民去害,而反坐以死罪,非法意也。"④

张洞（颍州推官）

民刘甲者,强弟柳使鞭其妇,既而投杖,夫妇相持而泣。甲怒,逼柳使再鞭之。妇以无罪死。吏当夫极法,知州欧阳修欲从之。洞曰:"律以教令者为首,夫为从,且非其意,不当死。"众不听,洞即称疾不出,不得已谳于朝,果如洞言,修甚重之。⑤

---

① 《宋史》卷 293《张咏传》。
② 《宋史》卷 298《司马旦传》。
③ 《宋史》卷 298《李及传》。
④ 《宋史》卷 298《马亮传》。
⑤ 《宋史》卷 299《张洞传》。

姚仲孙（许州司理参军）

民妇马氏夫被杀，指里胥尝有求而其夫不应，以为里胥杀之，官捕系辞服。仲孙疑其枉，知州王嗣宗怒曰："若敢以身任之耶？"仲孙曰："幸毋遽决，冀得徐辨。"后两月，果得杀人者。①

马寻（襄州知州）

襄州饥，人或群入富家掠困粟，狱吏鞫以强盗，寻曰："此脱死尔，其情与强盗异。"奏得减死，论著为例。②

杜曾

为吏号知法，尝言："国朝因唐大中制，故杀，人虽已伤未死、已死更生，皆论如已杀。夫杀人者死，伤人者刑，先王不易之典。律虽谋杀已伤则绞，盖甚其处心积虑，阴致贼害尔。至于故杀，初无杀意，须其已死，乃有杀名；苟无杀名而用杀法，则与谋杀孰辨？自大中之制行，不知杀几何人矣。请格勿用。"又言："近世赦令，杀人已伤未死者，皆得原减，非律意。请伤者从律保辜法，死限内者论如已杀，勿赦。"皆著为令。③

寇瑊（开封府知府）

戚里有殴妻至死，更赦事发者。太后怒曰："夫妇齐体，奈何殴致死邪？"瑊对曰："伤居限外，事在赦前，有司不敢乱天下法。"卒免死。④

章频（九陇县知县）

眉州大姓孙延世伪为券夺族人田，久不能辨，转运使使按治之。频视券墨浮朱上，曰："是必先盗印然后书。"既引伏，狱未上，而其家人复

---

① 《宋史》卷 300《姚仲孙传》。
② 《宋史》卷 300《马寻传》。
③ 《宋史》卷 300《杜曾传》。
④ 《宋史》卷 301《寇瑊传》。

诉于转运使,更命知华阳县黄梦松覆按,无所异。梦松用此入为监察御史,频坐不时具狱,降监庆州酒,徙知长洲县。①

李宥（江宁府知府）

民有告人杀其子者,曰:"吾子去家时,巾若巾,今巾是矣。"民自诬服。宥疑,召问,卒伸其枉。②

齐廓（湖南提刑使）

潭州鞫系囚七人为强盗,当论死。廓讯得其状非强,付州使劾正,乃悉免死。③

王臻（福州知州）

闽人欲报仇,或先食野葛,而后趋仇家求斗,即死其处,以诬仇人。臻辨察格斗状,被诬者往往释去,俗为之少变。④

张昷之（淮南提刑使）

杨崇勋知亳州,恃恩为不法,诬蒙城知县王申罪,械送狱。昷之廉得冤状,乃出申,配奸吏若干人。⑤

魏琰

（陈州通判）适岁饥,百姓相率强取人粟,坐死者甚众,琰曰:"此迫于穷饿,岂得已者。"坐其首黥之。

（寿州知州）寿州盗杀寺童子,有司执僧笞服,琰悯其非罪,命脱械纵去,一府争以为不可,后数日得真盗。富人犯法当死而死狱中,琰曰:

---

①　《宋史》卷 301《章频传》。
②　《宋史》卷 301《李宥传》。
③　《宋史》卷 301《齐廓传》。
④　《宋史》卷 302《王臻传》。
⑤　《宋史》卷 303《张昷之传》。

"是尝欺匿异籍孤弱者财,所以自毙,觊不可穷治尔,其吏受赇而为之谋乎?"后有告者如琰所料。①

唐肃（泰州司理参军）

有商人寓逆旅,而同宿者杀人亡去,商人夜闻人声,往视之,血沾商人衣,为捕吏所执,州趣狱具。肃探知其冤,持之,后数日得杀人者。②

范正辞（江南路转运副使）

饶州民甘绍者,积财钜万,为群盗所掠,州捕系十四人,狱具,当死。正辞按部至,引问之,囚皆泣下,察其非实,命徙他所讯鞫。既而民有告群盗所在者,正辞潜召监军王愿掩捕之。愿未至,盗遁去,正辞即单骑出郭二十里,追及之。贼控弦持矟来逼,正辞大呼,以鞭击之,中贼双目,执之。贼自刃不殊,余贼渡江散走,追之不获,旁得所弃赃。贼尚有余息,正辞即载归,令医傅药,创既愈,按其奸状,伏法,而前十四人皆得释。③

方偕（御史台推直官）

澧州逃卒佣民家自给,一日,诬告民事摩驼神,岁杀十二人以祭。州逮其族三百人系狱,久不决。偕被诏就劾,令卒疏所杀主名,按验皆亡状,事遂辨,卒以诬告论死。④

杨告

（丰城县主簿）邑有贼杀人,投尸于江,人知主名,而畏不敢言,告闻,亲往擒贼。有言贼欲报怨者,告不为动。既而果乘夜欲刺告,告又捕得,致於法,境内肃然。

（江宁府通判）盗杀商人,凿舟沉尸江中。有被诬告者笞服,狱具,

---

① 《宋史》卷303《魏琰传》。
② 《宋史》卷303《唐肃传》。
③ 《宋史》卷304《范正辞传》。
④ 《宋史》卷304《方偕传》。

告疑其无状，后数日，果得真盗。①

刘湜（耀州知州）

富平有盗掠人子女者，既就擒，阳死，伺间逸去；捕得，复阳死，守者以报，湜趣焚其尸。②

王彬（抚州知州）

抚州民李甲、饶英恃财武断乡曲，县莫能制。甲从子詈县令，人告甲语斥乘舆。彬按治之，索其家得所藏兵械，又得服器有龙凤饰，甲坐大逆弃市。并按英尝强取人孥，配岭南，州里肃然。③

乔惟岳（淮南转运使）

尝按部至泗州，虑狱，法掾误断囚至死。维岳诘之，法掾俯伏，且泣曰："有母年八十余，今获罪，则母不能活矣。"维岳悯之，因谓曰："他日朝制按问，第云转运使令处兹罪。"卒如其言，获免；维岳坐赎金百二十斤，罢使职，权知楚州。④

李绛（华州知州）

蒲城民李蕴诉人盗其从子亡去，绛问曰："若有仇耶？"曰："无有。"曰："有失亡邪？"曰："无有。"绛挥蕴去，因密刺蕴。蕴有阴罪，侦觉之，惧事暴，杀之以灭口。遂收蕴致法。⑤

杜衍（知永兴军）

民有昼亡其妇者，为设方略捕，立得杀人贼，发所瘗尸，并得贼杀他

① 《宋史》卷304《杨告传》。
② 《宋史》卷304《刘湜传》。
③ 《宋史》卷304《王彬传》。
④ 《宋史》卷307《乔维岳传》。
⑤ 《宋史》卷307《李绛传》。

妇人尸二,秦人大惊。①

吕公弼（成都府知府）

其治尚宽,人疑少威断。营卒犯法当杖,捍不受,曰:"宁以剑死。"公弼曰:"杖者国法,剑汝自请。"杖而后斩之,军府肃然。②

王罕（漳州知州）

有狂妇数诉事,出言无章,却之则勃骂,前守每叱逐之。罕独引至前,委曲徐问,久稍可晓,乃本为人妻,无子,夫死,妾有子,遂逐妇而据家资,屡诉不得直,因愤恚发狂。罕为治妾而反其资,妇良愈,郡人传为神明。③

范纯礼（开封府知府）

中旨鞫享泽村民谋逆,纯礼审其故,此民入戏场观优,归途见匠者作桶,取而戴于首曰:"与刘先主如何?"遂为匠擒。明日入对,徽宗问何以处之,对曰:"愚人村野无所知,若以叛逆蔽罪,恐辜好生之德,以不应为杖之,足矣。"曰:"何以戒后人?"曰:"正欲外间知陛下刑宪不滥,足以为训尔。"徽宗从之。④

范纯仁（河中府知府）

录事参军宋儋年暴死,纯仁使子弟视丧,小殓,口鼻血出。纯仁疑其非命,按得其妾与小吏奸,因会,寘毒鳖肉中。纯仁问食肉在第几巡,曰:"岂有既中毒而尚能终席者乎?"再讯之,则儋年素不食鳖,其曰毒鳖肉者,盖妾与吏欲为变狱张本,以逃死尔。实儋年醉归,毒于酒而杀之。

---

① 《宋史》卷310《杜衍传》。
② 《宋史》卷311《吕公弼传》。
③ 《宋史》卷312《王罕传》。
④ 《宋史》卷314《范纯礼传》。

遂正其罪。①

韩亿（洋州知州）

州豪李甲，兄死迫嫂使嫁，因诬其子为他姓，以专其赀。嫂诉于官，甲辄赂吏掠服之，积十余年，诉不已。亿视旧牍未尝引乳医为证，召甲出乳医示之，甲亡以为辞，冤遂辨。②

韩绛（开封府推官）

有男子冷青，妄称其母顷在掖庭得幸，有娠而出生己，府以为狂，奏流汝州。绛言，留之在外将惑众。追责穷治，盖其母尝执役宫禁，嫁民冷绪，生一女，乃生青，遂论弃市。③

包拯（天长县知县）

有盗割人牛舌者，主来诉。拯曰："第归，杀而鬻之。"寻复有来告私杀牛者，拯曰："何为割牛舌而又告之？"盗惊服。④

赵抃（武安军节度推官）

人有赦前伪造印，更赦而用者，法吏当以死。抃曰："赦前不用，赦后不造，不当死。"谳而生之。⑤

唐义问（河北路转运副使）

属邑尉因捕盗误遗火，盗逸去，民家被焚，讼尉故纵火。郡守执尉，抑使服，义问辨出之。⑥

---

① 《宋史》卷 314《范纯仁传》。
② 《宋史》卷 315《韩亿传》。
③ 《宋史》卷 315《韩绛传》。
④ 《宋史》卷 316《包拯传》。
⑤ 《宋史》卷 316《赵抃传》。
⑥ 《宋史》卷 316《唐义问传》。

胡宿（宣州通判）

囚有杀人者，将抵死，宿疑而讯之，囚惮箠楚不敢言。辟左右复问，久乃云：“旦将之田，县吏缚以赴官，莫知其故。”宿取具狱翻阅，探其本辞，盖妇人与所私者杀其夫，而执平民以告也。①

刘敞（扬州知州）

天长县鞫王甲杀人，既具狱，敞见而察其冤，甲畏吏，不敢自直。敞以委户曹杜诱，诱不能有所平反，而傅致益牢。将论囚，敞曰：“冤也。”亲按问之。甲知能为己直，乃敢告，盖杀人者，富人陈氏也。相传以为神明。②

陈襄（蒲城县主簿，代理知县）

民有失物者，贼曹捕偷儿至，数辈相撑拄，襄语之曰：“某庙钟能辨盗，犯者扪之辄有声，余则否。”乃遣吏先引以行，自率同列诣钟所祭祷，阴涂以墨，而以帷蔽之。命群盗往扪，少焉呼出，独一人手无所污，扣之，乃为盗者；盖畏钟有声，故不敢触，遂服罪。③

杨绘（兴元府知府）

吏请摄穿窬盗库缣者，绘就视之，踪迹不类人所出入，则曰：“我知之矣。”呼戏沐猴者诘于庭，一讯具伏，府中服其明。④

张奎（秀洲推官）

徐生者殴人至死，系婺州狱，再问辄言冤。转运使命奎复治。奎视囚籍印窾伪，深探之，乃狱吏窜易，卒释徐生，抵吏罪，众惊伏。⑤

---

① 《宋史》卷318《胡宿传》。
② 《宋史》卷319《刘敞传》。
③ 《宋史》卷321《陈襄传》。
④ 《宋史》卷322《杨绘传》。
⑤ 《宋史》卷324《张奎传》。

郭申锡（晋陵县尉）

民诉弟为人所杀，申锡察其色惧而哭不哀，曰："吾得贼矣，非汝乎？"执而讯之，果然。①

杜紘（大理详断官）

民间有女幼许嫁，未行而养于婿氏，婿氏杀以诬人，吏当如昏法。紘曰："礼，妇三月而庙见，未庙见而死，则归葬于家，示未成妇也。律，定昏而夫犯，论同凡人。养妇虽非礼律，然未成妇则一也。"议乃定。②

谢麟（会昌县知县）

民被酒夜与仇斗，既归而所亲杀之，因诬仇。麟知死者无子，所亲利其财，一讯得实。③

孙长卿（和州知州）

民诉人杀弟，长卿察所言无理，问其资，曰："上等也。""家几人？"曰："惟此弟尔。"曰："然则汝杀弟也。"鞫之，服，郡人神明之。④

苏寀（大理详断官）

民有母改嫁而死，既葬，辄盗其柩归祔，法当死。寀曰："子取母祔父，岂与发冢取财等？"请而生之。⑤

穆衍（华池县知县）

民牛为仇家断舌而不知何人，讼于县，衍命杀之。明日，仇以私杀

① 《宋史》卷 330《郭申锡传》。
② 《宋史》卷 330《杜紘传》。
③ 《宋史》卷 330《谢麟传》。
④ 《宋史》卷 331《孙长卿传》。
⑤ 《宋史》卷 331《苏寀传》。

告,衍曰:"断牛舌者乃汝耶?"讯之具服。①

李兑（邓州知州）

富人榜仆死,系颈投井中而以缢为解。兑曰:"既赴井,复自缢,有是理乎? 必吏受赇教之尔。"讯之果然。②

李先（淮南转运使）

寿春民陈氏施僧田,其后贫弱,往丐食僧所而僧逐之,取僧园中笋,遂执以为盗。先诘其由,夺田之半以还之。

楚有民迫于输赋,杀牛鬻之。里胥白于官,先愍焉,但令与杖。通判孙龙舒以为徒刑,毁其案。明日龙舒来,先引囚曰:"汝罪应杖,以通判贷汝矣。"遣之出。③

荣諲（开封府判官）

太康民事浮屠法,相聚祈禳,号"白衣会",县捕数十人送府。尹贾黯疑为妖,请杀其为首者而流其余,諲持不从,各具议上之。中书是諲议,但流其首而杖余人。④

朱寿隆（九陇县知县）

吏告民一家七人以火死,寿隆曰:"宁有尽室就焚无一脱者,殆必有奸。"逾月获盗,果杀其人而纵火也。⑤

单煦（清平军使）

有二盗杀人,捕治不承,煦纵使之食,甲食之既,乙不下咽,执而讯

---

① 《宋史》卷 332《穆衍传》。
② 《宋史》卷 333《李兑传》。
③ 《宋史》卷 333《李先传》。
④ 《宋史》卷 333《荣諲传》。
⑤ 《宋史》卷 333《朱寿隆传》。

之，果杀人者。①

余良肱（荆南府司理参军）

属县捕得杀人者，既自诬服，良肱视验尸与刃，疑之曰："岂有刃盈尺伤不及寸乎？"白府请自捕逮，未几，果获真杀人者。

民有失财物逾十万，逮平民数十人，方暑，搒掠号呼闻于外；或有附吏耳语，良肱阴知其为盗，亟捕诘之，赃尽得。②

元绛

（上元县知县）甲与乙被酒相殴击，甲归卧，夜为盗断足。妻称乙，告里长，执乙诣县，而甲已死。绛敕其妻曰："归治而夫丧，乙已伏矣。"阴使信谨吏迹其后，望一僧迎笑，切切私语。绛命取僧系庑下，诘妻奸状，即吐实。人问其故，绛曰："吾见妻哭不哀，且与伤者共席而襦无血污，是以知之。"

（永新县知县）豪子龙聿诱少年周整饮博，以技胜之，计其赀折取上腴田，立券。久而整母始知之，讼于县，县索券为证，则母手印存，弗受。又讼于州，于使者，击登闻鼓，皆不得直。绛至，母又来诉，绛视券，呼谓聿曰："券年月居印上，是必得周母他牍尾印，而撰伪券续之耳。"聿骇谢，即日归整田。③

陆佃（江宁府知府）

句容人盗嫂害其兄，别诬三人同谋。既皆讯服，一囚父以冤诉，通判以下皆曰："彼怖死耳，狱已成，不可变。"佃为阅实，三人皆得生。④

---

① 《宋史》卷333《单煦传》。
② 《宋史》卷333《余良肱传》。
③ 《宋史》卷343《元绛传》。
④ 《宋史》卷343《陆佃传》。

马默（登州知州）

沙门岛囚众，官给粮者才三百人，每益数，则投诸海。砦主李庆以二年杀七百人，默责之曰："人命至重，恩既贷其生，又从而杀之，不若即时死乡里也。汝胡不以乏粮告，而颛杀之如此？"欲按其罪，庆惧，自缢死。默为奏请，更定《配岛法》凡二十条，溢数而年深无过者移登州，自是多全活者。①

吕陶（铜梁县知县）

民庞氏姊妹三人冒隐幼弟田，弟壮，诉官不得直，贫至庸奴于人。及是又诉。陶一问，三人服罪，弟泣拜，愿以田半作佛事以报。陶晓之曰："三姊皆汝同气，方汝幼时，适为汝主之尔；不然，亦为他人所欺。与其捐半供佛，曷若遗姊，复为兄弟，顾不美乎？"弟又拜听命。②

萧服（高安县知县）

尉获凶盗，狱具矣，服审其辞，疑之，且视其刀室不与刃合，顷之而杀人者得，囚盖平民也。③

石公弼

（卫州司法参军）淇水监牧马逸，食人稻，为田主所伤。时牧法至密，郡守韩宗哲欲坐以重辟。公弼当此人无罪，宗哲曰："人伤官马，奈何无罪？"公弼曰："禽兽食人食，主者安得不御，御之岂能无伤？使上林虎豹出而食人。可无杀乎？今但当惩围者，民不可罪。"宗哲委以属吏。既而使者来虑囚，如公弼议。

获嘉民甲与乙斗，伤指；病小愈，复与丙斗，病指流血死。郡吏具狱，两人以他物伤人，当死。公弼以为疑，驳而鞫之，乃甲捽丙发，指脱瘕中风死，非由击伤也。两人皆得免。

---

① 《宋史》卷 344《马默传》。
② 《宋史》卷 346《吕陶传》。
③ 《宋史》卷 348《萧服传》。

（涟水县丞）供奉高公备纲舟行淮，以溺告。公弼曰："数日无风，安有是？"使尉核其所载，钱失百万。呼舟人物色之，乃公备与寓客妻通，杀其夫，畏事觉，所至窃官钱赂其下，故诡为此说。即收捕穷治，皆服辜。①

林摅（开封府知府）

大驵负贾钱久不偿，一日，尽辇当十钱来，贾疑不纳，驵讼之。摅驰诣蔡京，问曰："钱法变乎？"京色动曰："方议之，未决也。"摅曰："令未布而贾人先知，必有与为表里者。"退鞫之，得省吏主名，置于法。②

唐恪（郴县县尉）

县民有被害而尸不获，吏执其邻人，抑使自诬，令以为信。恪争之，令曰："否将为君累。"恪曰："吾为尉而盗不能捕，更俾亡辜死乎？"躬出访求，夕，若有告者，旦而得尸，遂获盗。③

王安中（御史中丞）

开封逻卒夜迹盗，盗脱去，民有惊出与卒遇，缚以为盗；民讼诸府，不胜考掠之惨，遂诬服。安中廉知之，按得冤状，即出民，抵吏罪。④

程之邵（凤翔府知府）

民负债无以偿，自焚其居，而绐曰遗火；有主藏吏杀四婢，人无知者。之邵发擿，岐人传诵。⑤

上官均（监察御史里行）

时相州富人子杀人，谳狱为审刑、大理所疑，京师流言法官窦莘等

---

① 《宋史》卷348《石公弼传》。
② 《宋史》卷351《林摅传》。
③ 《宋史》卷352《唐恪传》。
④ 《宋史》卷352《王安中传》。
⑤ 《宋史》卷353《程之邵传》。

受赇。蔡确引猜险吏数十人,穷治莘等惨酷,无敢明其冤。均上疏言之,乞以狱事诏臣参治,坐是,谪知光泽县。莘等卒无罪,天下服其持平。①

杨汲(赵州司法参军)

州民曹浔者,兄遇之不善,兄子亦加侮焉。浔持刀逐兄子,兄挟之以走,浔曰:"兄勿避,自为侄尔。"既就吏,兄子云:"叔欲给吾父,止而杀之。"吏当浔谋杀兄,汲曰:"浔呼兄使勿避,何谓谋。若以意为狱,民无所措手足矣。"州用其言,谳上,浔得不死。②

李南公(长沙县知县)

有嫠妇携儿以嫁,七年,儿族取儿,妇谓非前子,讼于官。南公问儿年,族曰九岁,妇曰七岁。问其齿,曰:"去年毁矣。"南公曰:"男八岁而龀,尚何争?"命归儿族。③

张九成(刑部侍郎)

法寺以大辟成案上,九成阅始末得其情,因请覆实,囚果诬服者。朝论欲以平反为赏,九成曰:"职在详刑,可邀赏乎?"辞之。④

谢鄂(吉州录事参军)

郡民陈氏僮窃其箧以逃,有匿之者。陈于官,词过其实,反为匿僮者所诬。帅龚茂良怒,欲坐以罪,谔为书白茂良,陈氏获免,茂良亦以是知之。⑤

---

① 《宋史》卷 355《上官均传》。
② 《宋史》卷 355《杨汲传》。
③ 《宋史》卷 355《李南公传》。
④ 《宋史》卷 374《张九成传》。
⑤ 《宋史》卷 389《谢鄂传》。

莫濛（大理寺正）

吏部火，连坐者数百人，久不决，命濛治之。濛察其最可疑者留于狱，出余人为耳目以踪迹之，约三日复来，遂得其实，系者乃得释。

黄州卒奏亲擒盗五十余人，上命濛穷竟，既至，咸以冤告。濛命囚去桎梏，引卒至庭，询窃发之由，斗敌之所，远近时日悉皆牴牾，折之，语塞。濛具正犯数人奏上，余释之。①

谢深甫（嵊县县尉）

岁饥，有死道旁者，一妪哭诉曰："吾儿也。佣于某家，遭掠而毙。"深甫疑焉，徐廉得妪子他所，召妪出示之，妪惊伏曰："某与某有隙，赂我使诬告耳。"②

徐应龙（湖南提刑司检法官）

潭获劫盗，首谋者已系狱，妄指逸者为首，吏信之，及获逸盗，治之急，遂诬服。吏以成宪谳于宪司，应龙阅实其辞，谓："首从不明，法当奏。"时周必大判潭州，提刑卢彦德不欲反其事，将置逸盗于死，应龙力与之辨。先是，彦德许应龙京削，至是怒曰："君不欲出我门邪？"应龙曰："以人命傅文字，所不忍也。"彦德不能夺，闻者多其有守，交荐之。③

徐谊（徽州知州）

歙县有妻杀夫系狱，以五岁女为证，谊疑曰："妇人能一掌致人死乎？"缓之未覆也。会郡究实税于庭，死者父母及弟在焉，乃言："我子欠租久系，饥而大叫，役者批之，堕水死矣。"然后冤者得释，吏皆坐罪，阖郡以为神。④

① 《宋史》卷 390《莫濛传》。
② 《宋史》卷 394《谢深甫传》。
③ 《宋史》卷 395《徐应龙传》。
④ 《宋史》卷 397《徐谊传》。

高登（富川县主簿）

摄狱事，有囚杀人，守欲奏裁曰："阴德可为。"登曰："阴德岂可有心为之，杀人者死，而可幸免，则被死之冤何时而销？"①

汪大猷（泉州知州）

故事蕃商与人争斗，非伤折罪，皆以牛赎，大猷曰："安有中国用岛夷俗者，苟在吾境，当用吾法。"②

李祥（钱塘县主簿）

时姚宪尹临安，俾摄录参。逻者以巧发为能，每事下有司，必监视锻炼，囚服乃已。尝诬告一武臣子谤朝政，鞫于狱，祥不使逻者入门。既而所告无实，具以白尹，尹惊曰："上命无实乎？"祥曰："即坐谴，自甘。"宪具论如祥意，上骇曰："朕几误矣，卿吾争臣也。"遂赐宪出身为谏大夫，祥调濠州录事参军。安丰守臣冒占民田，讼屡改而不决，监司委祥，卒归之民。③

刘宰（泰兴县知县）

富室亡金钗，惟二仆妇在，置之有司，咸以为冤。命各持一芦，曰："非盗钗者，诘朝芦当自若；果盗，则长于今二寸。"明旦视之，一自若，一去其芦二寸矣，即讯之，果伏其罪。

有姑诉妇不养者二，召二妇并姑置一室，或饷其妇而不及姑，徐伺之，一妇每以己馔馈姑，姑犹呵之，其一反之。如是累日，遂得其情。④

---

① 《宋史》卷399《高登传》。
② 《宋史》卷400《汪大猷传》。
③ 《宋史》卷400《李祥传》。
④ 《宋史》卷401《刘宰传》。

崔与之（淮西提刑司检法官）

民有窘于豪民逋负，殴死其子诬之者，其长欲流之，与之曰："小民计出仓猝，忍使一家转徙乎？况故杀子孙，罪止徒。"卒从之。①

杨简（乐平县知县）

杨、石二少年为民害，简置狱中，谕以祸福，咸感悟，愿自赎。由是邑人以讼为耻，夜无盗警，路不拾遗。②

汪纲（浙东提刑使）

虑囚，至婺，有奴挟刃欲戕其主，不遇而杀其子，瞒谰妄牵连，径出斩之。释衢囚之冤者。③

高定子（夹江县知县）

邻邑有争田十余年不决，部使者以属定子，定子察知伪为质剂，其人不伏。定子曰："嘉定改元诏三月始至县，安得有嘉定元年正月文书邪？"两造遂决。④

高斯得（湖南提刑使）

攸县富民陈衡老，以家丁粮食资强贼，劫杀平民。斯得至，有诉其事者，首吏受赇而左右之，衡老造庭，首吏拱立。斯得发其奸，械首吏下狱，群胥失色股栗。于是研鞫具得其状，乃黥配首吏，具白朝省，追毁衡老官资，簿录其家。会诸邑水灾，衡老愿出米五万石振济以赎罪。衡老婿吴自性，与衡老馆客太学生冯炜等谋中伤斯得盗拆官椟。斯得白于朝，复正其罪，出一箧书，具得自性等交通省部吏胥情状。斯得并言于

---

① 《宋史》卷406《崔与之传》。
② 《宋史》卷407《杨简传》。
③ 《宋史》卷408《汪纲传》。
④ 《宋史》卷409《高定子传》。

朝,下其事天府,索出赇银六万余两,黥配自性及省寺高铸等二十余人。初,自性厚赂宦者言于理宗曰:"斯得以缗钱百万进,愿易近地一节。"理宗曰:"高某硬汉,安得有是。"①

唐璘（吴县县尉）

有杀人于货挟其舟亡者,有司求贼急,屠者自告吾儿实杀之,儿亦自诬伏。璘问:"舟安在? 钱何用?"其辞差,为缓之,果得贼太湖,与舟俱至,举县感服。②

杜杲

（福建县尉）民有甲之子死,诬乙杀之,验发中得沙,而甲舍旁有池沙类发中者,鞫问,子果溺死。

（六安县知县）民有嬖其妾者,治命与二子均分。二子谓妾无分法,杲书其牍云:"《传》云'子从父令',律曰'违父教令',是父之言为令也,父令子违,不可以训。然妾守志则可,或去或终,当归二子。"③

赵汝谠（江西提刑使）

瑞州大姓幸氏贪徐氏田不可得,强取其禾,终不与,诬以杀婢,置徐狱。徐诉其冤,汝谠以反坐法黥窜幸氏,籍其家。④

董槐（广德军录事参军）

民有诬富人李桷私铸兵结豪杰以应李全者,郡捕系之狱,槐察其枉,以白守,守曰:"为反者解说,族矣。"槐曰:"吏明知狱有枉,而挤诸死地以傅于法,顾法岂谓诸被告者无论枉不枉,皆可杀乎?"不听。顷之,守以忧去,槐摄通判州事,叹曰:"桷诚枉,今不为出之,生无籍矣。"乃为

① 《宋史》卷 409《高斯得传》。
② 《宋史》卷 409《唐璘传》。
③ 《宋史》卷 412《杜杲传》。
④ 《宋史》卷 413《赵汝谠传》。

翻其辞,明其不反,书上,卒脱桁狱。①

黄畴若（祁阳县主簿）

邑民有诉僧为盗且杀人,移鞫治,畴若疑其无证,以白提点刑狱马大同,且争之甚力,已而得真盗。②

包恢

（浙西提刑使）嘉兴吏因和籴受赇百万,恢被旨虑囚,曰:"吾用此消瘴气。"乃减死,断其手。

（江西路转运使）有母诉子者,年月后状作"疏"字,恢疑之,呼其子至,泣不言。及得其情,母孀居,与僧通,恶其子谏,以不孝坐之,状则僧为之也。因责子侍养,跬步不离,僧无由至。母乃托夫讳日,入寺作佛事,以笼盛衣帛,因纳僧于内以归。恢知之,使人要之,置笼公库,逾旬,吏报笼中臭达于外,恢命沉于江,语其子曰:"为汝除此害矣。"

又姑死者假子妇棺以敛,家贫不能偿,妇愬于恢,恢怒,买一棺,给其妇卧棺中以试,就掩而葬之。③

史弥鞏（江东提刑使）

徽之休宁有淮民三十余辈,操戈劫人财,逮捕,法曹以不伤人论罪。弥巩曰:"持兵为盗,贷之,是滋盗也。"推情重者僇数人,一道以宁。④

孙子秀（浙西提刑使）

安吉州有妇人诉人杀其夫与二仆,郡守捐赏万缗,逮系考掠十余人,终莫得其实。子秀密访之,乃妇人赂宗室子杀其夫,仆救之,并杀以

① 《宋史》卷 414《董槐传》。
② 《宋史》卷 415《黄畴若传》。
③ 《宋史》卷 421《包恢传》。
④ 《宋史》卷 423《史弥鞏传》。

灭口。一问即伏诛。①

刘应龙（饶州录事参军）

有毛隆者，务剽掠杀人，州民被盗，遥呼盗曰："汝毛隆也?"盗亦曰："我毛隆也。"既，讼于官，捕隆置狱，应龙曰："盗诚毛隆，其肯自谓?"因言于州，州不可，乃委它官，隆诬伏抵死，未几盗败，应龙繇是著名。②

邵晔（蓬州录事参军）

时太子中舍杨全知州，性悍率蒙昧，部民张道丰等三人被诬为劫盗，悉置于死，狱已具，晔察其枉，不署牍，白全当核其实。全不听，引道丰等抵法，号呼不服，再系狱按验。既而捕获正盗，盗丰等遂得释，全坐削籍为民。晔代还引对，太宗谓曰："尔能活吾平民，深可嘉也。"赐钱五万，下诏以全事戒谕天下。③

鲁有开（金州知州）

有蛊狱，当死者数十人，有开曰："欲杀人，衷谋之足矣，安得若是众邪?"讯之则诬。天方旱，狱白而雨。④

张逸（益州知州）

华阳驺长杀人，诬道旁行者，县吏受财，狱既具，乃使杀人者守囚。逸曰："囚色冤，守者气不直，岂守者杀人乎?"囚始敢言，而守者果服，立诛之。⑤

---

① 《宋史》卷 424《孙子秀传》。
② 《宋史》卷 425《刘应龙传》。
③ 《宋史》卷 426《循吏》。
④ 《宋史》卷 426《循吏》。
⑤ 《宋史》卷 426《循吏》。

周敦颐（安南军司理参军）

有囚法不当死，转运使王逵欲深治之。逵，酷悍吏也，众莫敢争，敦颐独与之辨，不听，乃委手版归，将弃官去，曰："如此尚可仕乎！杀人以媚人，吾不为也。"逵悟，囚得免。[①]

程颢

（上元县主簿）鄞民有借兄宅居者，发地得瘞钱，兄之子诉曰："父所藏。"颢问："几何年？"曰："四十年。""彼借居几时？"曰："二十年矣。"遣吏取十千视之，谓诉者曰："今官所铸钱，不五六年即遍天下，此皆未藏前数十年所铸，何也？"其人不能答。

（晋城县知县）富人张氏父死，旦有老叟踵门曰："我，汝父也。"子惊疑莫测，相与诣县。叟曰："身为医，远出治疾，而妻生子，贫不能养，以与张。"颢质其验。取怀中一书进，其所记曰："某年月日，抱儿与张三翁家。"颢问："张是时才四十，安得有翁称？"叟骇谢。[②]

张洽

（袁州司理参军）有大囚，讯之则服，寻复变异，且力能动摇官吏，累年不决，而逮系者甚众。洽以白提点刑狱，杀之。

有盗黠甚，辞不能折。会狱有兄弟争财者，洽谕之曰："讼于官，祇为胥吏之地，且冒法以求胜，孰与各守分以全手足之爱乎？"辞气恳切，讼者感悟。盗闻之，自伏。

民有杀人，贿其子焚之，居数年，事败，洽治其狱无状，忧之，且白郡委官体访。俄梦有人拜于庭，示以伤痕在胁。翌日，委官上其事，果然。

郡守以仓廪虚，籍仓吏二十余家，命洽鞫之，洽廉知为都吏所卖。都吏者，州之巨蠹也，尝干于仓不获，故以此中之。洽度守意锐未可婴，姑系之，而密令计仓庾所入以白守曰："君之籍二十余家者，以胥吏也。

---

① 《宋史》卷 427《道学一》。
② 《宋史》卷 427《道学一》。

今校数岁之中所入,已丰于昔,由是观之,胥吏妄矣。君必不忍受胥吏之妄,而籍无罪之家也。若以罪胥吏,过乃可免。"守悟,为罢都吏,而免所籍之家。

(永新县知县)一日谒告,闻狱中榜笞声,盖狱吏受赇,乘间讯囚使诬服也。洽大怒,亟执付狱,明日以上于郡,黥之。

(池州通判)狱有张德修者,误蹴人以死,狱吏诬以故杀,洽讯而疑之,请再鞫,守不听。会提点常平袁甫至,时方大旱,祷不应,洽言于甫曰:"汉、晋以来,滥刑而致旱,伸冤而得雨,载于方册可考也。今天大旱,焉知非由德修事乎?"甫为阅款状于狱,德修遂从徒罪。①

陆九渊(荆门军知军)

民有诉者,无早暮,皆得造于庭,复令其自持状以追,为立期,皆如约而至,即为酌情决之,而多所劝释。其有涉人伦者,使自毁其状,以厚风俗。唯不可训者,始置之法。其境内官吏之贪廉,民俗之习尚善恶,皆素知之。

有诉人杀其子者,九渊曰:"不至是。"及追究,其子果无恙。有诉窃取而不知其人,九渊出二人姓名,使捕至,讯之伏辜,尽得所窃物还诉者,且宥其罪使自新。因语吏以某所某人为暴,翌日有诉遇夺掠者,即其人也,乃加追治。吏大惊,郡人以为神。申严保伍之法,盗贼或发,擒之不逸一人,群盗屏息。②

程迥(德兴县丞)

盗入县民齐匊家,平素所不快者,皆冒絓逮狱。州属迥决禁囚,辨其冤者纵遣之。匊讼不已。会获盗宁国,匊犹讼还所纵之人,迥曰:"盗既获矣,再令追捕,或死于道路,使其骨肉何依,岂审冤之道哉!"③

① 《宋史》卷 430《道学四》。
② 《宋史》卷 434《儒林四》。
③ 《宋史》卷 437《儒林七》。

萧贯（饶州知州）

有抚州司法参军孙齐者，初以明法得官，以其妻杜氏留里中，而绐娶周氏入蜀。后周欲诉于官，齐断发誓出杜氏。久之，又纳倡陈氏，挈周所生子之抚州。未逾月，周氏至，齐捽置庑下，出伪券曰："若佣婢也，敢尔邪！"乃杀其所生子。周诉于州及转运使，皆不受。人或告之曰："得知饶州萧史君者诉之，事当白矣。"周氏以布衣书姓名，乞食道上，驰告贯。抚非所部，而贯特为治之。更赦，犹编管齐濠州。①

唐震（信州知州）

州有民庸童牧牛，童逸而牧舍火，其父讼庸者杀其子投火中，民不胜掠，自诬服。震视牍疑之，密物色之，得童傍郡，以诘其父，对如初，震出其子示之，狱遂直。②

名臣名吏断案录（下）

毕从古（婺州判官）

婺人有郭令儿者，与叔居，叔杀里中子而厚赂令儿父母，使验其子为杀人者。狱成，从古从太守戚舜元问状，皆是。从古独念叔壮而富，侄甚幼且贫，其辞气与情颇不类，疑之。因谓太守请移其狱鞫治，太守良久许之。狱既移，令儿父母果自首服，遂反，论杀其叔。舜元且惭且喜，谓令儿曰："汝之更生，签判之明也，太守几误杀汝！"③

吕希道

（扬州通判）大姓汤氏讼阅十二年不决，部刺史檄责，州将患之。希

---

① 《宋史》卷442《文苑四》。
② 《宋史》卷450《忠义五》。
③ 《宋史翼》卷1《毕从古传》。

道曰"世岂有不可穷竟事实耶？请不问汤，先治吏。"果得情，鞫吏受财数百千，黥吏止讼。

（澶州知州）河朔保甲白昼持挺，公为盗，教队巡检和德挟提举司势，因缘枉法，掠聚货贿，监司隐忍不敢诘。希道一日发其赃状，僚属皆惶恐。希道即独奏其事，捕德下狱。提举官闻之，驰驿至澶，取保甲囚尽释之。希道曰："山可移，狱不可变。"既穷治，取其首领，于劫掠处斩之，余皆配隶。澶人感泣，朝廷亦命他路监司审其狱，皆实，重贬德。①

赵彦若（淄州通判）

狱有失火、伪印者，法当死。彦若谓："在律，杂犯死罪，亲年九十而无兼养，应上请。"与知州解宾王议异，遂独劾奏，二人皆得贷死。②

汪义和（左司郎中）

吴兴有纠合凶人、尽戕主家而火其庐延及一市者，刑寺欲分首从定罪，死者一夫而止。义和驳之曰："杀人放火，俱合抵死。凶徒肆虐，厥罪惟均，何首从之有？"中都会子之狱，抵罪者数人，集议欲轻之，义和又曰："伪造者斩，法也。犯而轻之，是不信于民也，和惮而不犯？"皆请论如律。③

周必正（南丰县知县）

民栢氏夜被盗，并杀守藏奴，贼逸去。必正物色求之，果获。面诘，犹不承，搜其家，得白金器一箧。既至，倒奁出之，囚闻其声，即引服。

净梵寺有盗夜斩关入，既获，必正察其非盗，挺出之，立赏捕真盗。僧恨甚，诉之郡，郡即逮所系纵囚鞫甚峻，囚不能自伸，并邑吏皆重坐。未几，获真盗，送郡，拒不肯治，乃以御史闻之，奏徙大理，乃得实，如必

① 《宋史翼》卷1《吕希道传》。
② 《宋史翼》卷3《赵彦若传》。
③ 《宋史翼》卷14《汪义和传》。

正所言。①

徐瑄（大理少卿）

宝庆元年，湖州民潘甫与弟丙、壬聚亡命数十人为乱，夜入州劫济王。寻败，甫死于兵，丙磔于市，壬逸去，余党就擒。守臣谢周卿、通判张宗涛以下悉付大理狱，诏瑄鞫其事。时宰面授风旨，又数以手简罗致不附己者，且谕瑄可立致贵显。瑄曰："王忠嗣，唐武将也不肯以人命易官，吾忍乎？"狱具，腾书于朝谓迹涉疑似者罪不当死，复执论数四，不报。②

西门成允

（莱州司法参军）莱守苟深，尝有强盗，欲置之死，使高赇估。成允阅案，请估依犯时，持议甚坚。会使者在郡，守语先入，交以责成允，成允益不屈，二囚遂不死。

（商洛县知县）商洛有兄弟讼财，引父为左。成允戚曰："所贵乎人者，为其有恩也。今何以自别于异类？虽然，岂天性本然哉，利蔽亡之耳。姑归，推吾言思之。"于是相泣于庭，曰："某曹小人，今而后知利心不足以移亲爱，实自长官赐之。"拜而去，一邑感动。③

陈耿（永定军司理参军）

在永定军，人有杀死于路者，贼不得，其子疑怨家所为，诣吏辨诉。吏以子言名捕，诉者按之，证逮讻讻，囚无以自明。耿察其不真，讼系待讯，而急白守丞请捕贼。守丞怒曰："司理侮法耶？何敢为死罪解脱？"遣他掾与杂治囚，笞掠数百千，不胜痛诬服，具狱待报。耿犹守之不听，人皆为耿惧。明年，博野县捕得真杀人者，举郡大惊，众乃皆服。④

---

① 《宋史翼》卷14《周必正传》。
② 《宋史翼》卷15《徐瑄传》。
③ 《宋史翼》卷18《循吏一》。
④ 《宋史翼》卷18《循吏一》。

欧阳颖（歙州知州）

盗有杀民董氏于市者，三年捕不获。颖至则得之，以抵法。又富家有盗夜入启其藏者，百计捕之不获，有司苦之。颖独召富家二子，械赴狱鞫。吏民皆曰："是素良子也。"惊疑互谏。颖不听，鞫愈急，二子服，取其所盗某物于某所，皆是。金以为神明。①

王平（许州司理参军）

有女子乘驴单行，盗杀诸田间，褫其衣而去。驴逸，田旁家收系之。吏捕得驴，指为杀女子者，平疑其枉。州守趣令具狱，平持益坚，守怒曰："掾懦耶？"平曰："坐懦而免，不过一官耳。与其阿意以杀无辜，孰为轻重？"守不能夺。数日，河南移逃卒至许，核之，乃实杀女子者。守谢曰："微司理，几误戮平人。"②

赵诚（抚州通判）

有疑狱，守刻深趣上，薄暮请判。诚知翼日有赦，故延谳实。黎明，赦果至，获免者众。③

寇平（淮康军知军）

始至淮阳，会狱有系囚当死，平疑其未得实，更讯之，果为吏所诬，囚且释，吏仅得减死。④

沈衡

泉有二商人，负担出而一人独过期不返，其家意为先归者所杀，得敝裘与荷担之人适相类者，即诉于县。其人不能自直，遂诬服，云弃尸

---

① 《宋史翼》卷18《循吏一》。
② 《宋史翼》卷18《循吏一》。
③ 《宋史翼》卷18《循吏一》。
④ 《宋史翼》卷18《循吏一》。

于溪侧。官使人视之，则腐败不可识矣。虽县吏亦以为真杀人者，乃送之州。衡省案，摘其情曰："岂半夜杀人而能负重走百里，且至城下乎？且其人存亡未可知。"因揭于道以访后行者。数日，果有人言常见之于它郡，即召而归之，因遂得释，一郡皆叹伏。①

李彤

万州有箠人之脉者，提点刑狱视之，疑且怒，欲以骨折论。太守畏不敢辩，彤提伤者以告曰："折则上下不能相属，今举其上而下不稍曲，非折明矣。"使者无以胜，卒轻之。

又有三人谋杀一人者，彤方摄督邮，当议法，即白守曰："一人死，安可戮三人？坐谋首可也。"守不听，有诟责言。彤持之益坚，请于提点刑狱，且曰："某宁解印绶去，安忍妄杀人求顺太守意耶？"得闻之朝，只报一人。②

侍其玮（开封府右军巡判官）

有亡命卒坐剽金论弃市，狱具，玮视文案，疑有冤，得其情，白尹（包拯）平之，囚以不死。③

黄莘（陕西提点刑狱）

驾部员外郎汲逢坐市易事，系秦州诏狱，逮累三百人。主者幸有功，惨核巧诋，绐言逢病，故缓之。莘摄州事，亟遣医诊视，得逢无恙状，乃檄问不实之由。主者见情，趣竟狱，不敢小出入，逢得无冤。④

皇甫鉴

（光山县知县兼买茶厂事）百姓贩私茶犯法，鉴曰："贫民以茶养生，

---

① 《宋史翼》卷18《循吏一》。
② 《宋史翼》卷18《循吏一》。
③ 《宋史翼》卷19《循吏二》。
④ 《宋史翼》卷19《循吏二》。

亦何异于为农?"不忍绳之以重法。郡守以问鉴,对曰:"贫民不得贩茶,且为他盗,罪辟益重。不如容之,使有以自存。"

(并州录事参军)曲阳县民兄弟讼官,兄告其弟非同父,不分与田产,弟不能自明,县邑久不决,府使鉴治之。鉴使人按视其父母葬,告曰:"彼虽无石铭,棺椁外当有题志者。"于是验之,果悉书其子孙名字,而其弟在焉,讼者于是首服。①

费琦(安喜县知县)

民有妇自经,父母谓夫家杀,琦验谓无他,覆视者既异,讼辩不已。州将置疑,有司皆附会,连逮数十辈,淹系累月,竟不能夺琦议。

黍苗将熟,匹夫荫其下,逻者执为寇,诬以巨罪,琦索其情,辄释之。郡欲深治,琦不忍致之法。未几,旁邑果获真盗,众服其明。②

陆琼(虔化县知县)

邑号难治,风俗坏久矣,至于子辗父足,弟搣兄臂,为之者莫怪。有翁在庭诉其子殴者,使腰以石沈诸江,若是者杀三人。于是一邑大惊,俗骤变,或以比邺令杀河伯娶妇。③

李撰

(余姚县主簿)有茶商夜行,遇海舶钲鼓偕鸣,疑为盗,持短兵格斗,杀伤十余人,系萧山狱,久不能决。赵抃守越州,檄撰摄县事。撰至,视案牍,即得其情,曰:"犯时不知,在律勿论。"具闻于州,杖遣之。

(彭泽县知县)彭泽俗喜讼而尚鬼,撰一导以信义,讼日益希。巫觋有前期唱某日所灾者,已而果然。民惧祸,转相趋奉。撰召群巫于庭,问以火起日期、处所,令将诣伺,有不信,抵罪。群巫恐,皆曰:"无有。"

---

① 《宋史翼》卷 19《循吏二》。
② 《宋史翼》卷 19《循吏二》。
③ 《宋史翼》卷 19《循吏二》。

乃下令敢假鬼神造言惑众者坐之,人心悉安。①

郭子皋

(昌州知州)泸卒谯青因博戏杀人,狱五徙辄变,监司委子皋一讯而折,以具狱谳,竟获免死。

(剑州知州)官军讨泸夷,道出剑关,戍关卒数十人辄亡从军以幸战功。及师还,主将悉捕送郡,有司以为禁卒逋亡逾月当死。子皋曰:"离戍从军,非亡命也。"止罚而释之。②

吴革

(贵池县知县)兄弟相与讼田,为垂涕说同生当相尽以恩义意,兄弟皆感泣去。

(南雄州知州)南雄州有吏胥鬻狱,把持长短,闻革严能,乃匿去为外台吏。革下车,尽得其奸状,捕取伏法,郡内肃清。③

吴思

(虔州右司理参军)虔俗犷悍,喜讼斗,视他郡为难治。思敏达强济,事至辄迎刃解。会昌民有诬告毒毙者,县狱具,思直其冤,得不死。令狠愎,讼思不已。守遣思更讯,卒如思所断。

(吉水县知县)有老吏舞法为蠹,思廉得实,系治之。欲污思以缓其狱,阚思出,谬为家问,置金其中,使小吏纳之。思妻黄氏得书觉重,疑之,却不受。思适自外至,发书得金,诘得其情,吏遂伏辜。④

杨存（奉符县知县）

奉符,岱岳祠筵在焉,仕者相传以为膏腴之邑。令与祠官同掌其

---

① 《宋史翼》卷19《循吏二》。
② 《宋史翼》卷19《循吏二》。
③ 《宋史翼》卷19《循吏二》。
④ 《宋史翼》卷19《循吏二》。

利,故前令多墨。存为置策书,凡四方之民捐金以奉香火者,皆书之,属之祠官,隶之府廷,己无与焉。有戚里任氏子为祠官,转移祭器,存白诸部刺史以闻,有诏漕使韩鞫之。任置对穷,反诬存。既具狱,存无秋毫,而任抵罪。韩叹曰:"存之清,虽畏人知,神知之矣。"①

汪恺

(饶州通判)饶有酒官郝陞者,出军伍,怙勇挟奸,持郡短长,郡守不能制,而深怨之。会盗侵旁郡,举城皆奔,陞之子亦佩剑出城,为关吏所录,守即诬以叛,并其父械于狱,将斩之。恺曰:"急遽时以刀剑自卫,人情也,可尽诛乎?"持之数日,陞与其子皆免。

(抚州知州)抚州民许以女归其邻久矣,既而悔之,一日白官,女死于兵半年,请署为异日之信。恺立械其人于狱,僚属愕然,恺笑曰:"女诚死,不白官也。必女家不良其夫,欲盗吾判耳。请为诸君致其女。"明日而女果出,人以为神。②

张琯(潭州右司理参军)

有老卒夫妇居牙城中,白昼为人所屠而掠其资。卒有义子,官兵疑之,执送州,且以同处之卒及牧羊儿为证。既系狱,琯亲诘之,皆词服。琯察其冤,他日取牧羊儿置壁间,引义子者与他重囚杂立庭中,出儿问孰为杀老卒者,懵无以对。乃入白州,请揭厚赏募告真盗,不阅日获之,则卒王青也。捕至具伏,且得其赀于市库无遗,即日释义子去。

湘乡县械铺卒上州,以为手刃其叔祖。琯引至前,语之曰:"兹罪十恶,赦宥所不及,汝兄与叔同居,如暂自外来,有何憾而戕之?"德泣曰:"因来省叔祖不得见,兄以疾告,就视则死,而非疾也。方愕视,兄与里正及邻人共谋执诬之,且以言胁诱,谓决不死,今乃知死矣。"因称冤不已。琯亟呼其兄与对,兄情得语塞,遂伏辜。③

① 《宋史翼》卷19《循吏二》。
② 《宋史翼》卷20《循吏三》。
③ 《宋史翼》卷20《循吏三》。

罗棐恭（签书道州军事）

朝旨命鞫邵州民张巨驷狱。初，巨驷为仇诬与贼通，狱吏得赂，力主仇家，遂起大狱，连坐者三百余人，瘐死者七十人，黥而流者二十八人，没入赀产者十八家。棐恭廉得其实，正狱吏罪，而前狱尽得释。①

宇文师献（绵州知州）

郡旧有冤狱，佃人杀主之仆而诬其主，外台执偏见不释。主家死于狱者三人，其他亡辜逮系死者又以十数。方春，天为雨雪，地为震，历两使者不能决，更送师献所。详究其牍，得情，数语折之。佃人引服，致之法。②

陈琦（衡阳县主簿）

有杀人于野而主名不立，提刑郑丙责主者急，吏迹一驿卒，其襜有血，掠讯诬伏。琦疑之，诊尸得死者裯，署曰罗仲美，乃悬之衢，有见之者曰："吾子也，与吾族子余皆商，今乃死耶？"即命逮余，一讯而服。盖仲美赀倍于余，以此致死，而驿卒乃得白。③

郭份（湖南转运司干办公事）

醴陵有豪族，取民田治宫室，上流有古陂，辄徙之，田以芜废，讼数十年不息。份以地比与图视之，一讯而决，还陂于上流，溉田如初。④

李大训（庐陵县丞）

适大旱，狱囚淹滞。提刑司檄大训虑囚，有以峒寇系者七十余人，大训鞫得正犯十余人，余皆平民，官军掠之以邀功。狱具上，捕盗者力

---

① 《宋史翼》卷20《循吏三》。
② 《宋史翼》卷21《循吏四》。
③ 《宋史翼》卷21《循吏四》。
④ 《宋史翼》卷22《循吏五》。

争于庭下,大训正色曰:"将官杀人军前,则狱官不得与;今既付狱,是非曲直,当听有司,军安得辄争乎?"所活者五十余人。①

楼大年

(南昌县知县)有杀其仇者,赂给其甥就辟,甥自陈杀人状甚悉。大年疑之,县丞与府录事受赇,使焚尸以灭迹。大年正色抗辨,上之宪台,推官重谳,事始白。

(吉州通判,摄郡事)江东大姓查氏据幼弟赀产六十万,争诉二十年不解。大年举张咏决子婿争财故事,命归其弟,人以为允。②

陈振孙(兴化军通判)

时有杨氏讼子及妇不孝者,逮问,则妇之翁为人殴死,杨亦预焉。狱未竟,值覃霈得不坐。其后父又讼子及妇,振孙时以倅摄郡,谓:"父子天合,夫妻人合,在法离绝,皆许还合,而独于义绝不许者,盖谓此类。若杨妇尽礼于舅姑,则为反亲事仇,稍有不至,反得以不孝罪之。初问杨罪,既脱,合勒某妇休离。当离不离,则是违法为婚。既不成婚,即有相犯,并同凡人。今其妇合比此条,不合收坐。"时皆服其得法之意焉。③

刘滂(新昌县知县)

豪邹氏横里中,挟贵姻诬人死。滂捕致,械治之。部使为请,不听,卒敷以法。④

---

① 《宋史翼》卷22《循吏五》。
② 《宋史翼》卷22《循吏五》。
③ 《宋史翼》卷29《文苑四》。
④ 《宋史翼》卷30《忠义一》。

后　　记

　　拿到书稿的清样时,刚办好退休手续,因此,这本书可以说是我的职业生涯的"封笔"之作了。

　　虽然是正宗的法学科班出身,但对于历史似乎有着一种天然的爱好。1966年刚进小学,就赶上了"文化大革命"开始后的"停课闹革命";而当10年后中学毕业,又正逢"文革"结束,所以,在那个年代,全凭着对历史的爱好,杂七杂八地看了几本书。特别是到了中学时代,赶上"批林批孔"运动,一些法家著作,如《韩非子》《商君书》等可以上架出售,平时攒下的零花钱基本都送到了书店。中学毕业后,分配到了当时崇明东风农场场部学校工作,又有了一个相对良好的学习环境,所以才能在恢复高考后的1979年考入了华东政法学院,成为了复校后的首届学生(尽管当时的高考数学分数只有13分)。

　　也正是这种对历史的爱好,在本科学习过程中,对中国法制史产生了浓厚的兴趣,以至于在毕业后又考取了本校中国法制史专业的研究生,毕业后留中国法制史教研室任教,后来又转行进行宪法学的教学与研究(这一过程,在《秦镜高悬:中国古代的法律与社会》一书的"后记"中有说道,有兴趣的可以参看),但对历史特别是法制史的兴趣始终没有放下,特别是近几年来也发表了大量的这方面的文章。本书中的大部分内容,也可以说是这些成果的结晶。

　　前几年,应《解放日报》"上海观察"栏目主编王多兄和《法治日报》理论部主编蒋安杰女士之邀,开始撰写系列文章,并在这些文章的基础上撰写出版了《公堂内外:明清讼师与州县衙门》(2019)、《资治通鉴中的政治智慧：两晋——五代》(2021)。本书中的一些内容，也曾在《法治日报》"法学院"专刊和"上海观察"及《解放日报》"文史"版刊登。在此，对蒋安杰主编和王多主编的支持表示诚挚的感谢！

本书的出版，得到了上海社会科学院法学研究所以及上海三联书店的大力支持，法学研究所姚建龙所长和李建伟副所长为本书的写作与出版提供了多方面帮助；责任编辑郑秀艳对本书进行了精心的编校，对此表示真诚的谢意！

职业生涯虽然结束，但学术生涯没有止境。这本书的出版，既是一个总结，也是一个新的开始。

殷啸虎

2022 年初冬于沪上寓所

图书在版编目(CIP)数据

两宋法制风云录/殷啸虎著. —上海：上海三联书店,2023.3
(上海社会科学院法学研究所学术精品文库)
ISBN 978－7－5426－8064－8

Ⅰ.①两…　Ⅱ.①殷…　Ⅲ.①法制史－研究－中国－宋代
Ⅳ.①D929.44

中国版本图书馆 CIP 数据核字(2023)第 053954 号

两宋法制风云录

著　　者 / 殷啸虎

责任编辑 / 郑秀艳
装帧设计 / 一本好书
监　　制 / 姚　军
责任校对 / 王凌霄

出版发行 / 上海三联书店
　　　　　(200030)中国上海市漕溪北路 331 号 A 座 6 楼
邮　　箱 / sdxsanlian@sina.com
邮购电话 / 021－22895540
印　　刷 / 上海惠敦印务科技有限公司

版　　次 / 2023 年 3 月第 1 版
印　　次 / 2023 年 3 月第 1 次印刷
开　　本 / 640 mm×960 mm　1/16
字　　数 / 220 千字
印　　张 / 15.25
书　　号 / ISBN 978－7－5426－8064－8/D・574
定　　价 / 68.00 元

敬启读者,如发现本书有印装质量问题,请与印刷厂联系 021－63779028